Libreria delle donne di Milano · Wie weibliche Freiheit entsteht

Libreria delle donne di Milano
Wie weibliche Freiheit entsteht
Eine neue politische Praxis

Aus dem Italienischen von Traudel Sattler

Mit einem Vorwort von Antje Schrupp

Orlanda Frauenverlag

Originaltitel: Non credere di avere dei diritti
© Rosenberg & Sellier Editori, Turin 1987

Die Deutsche Bibliothek - CIP-Einheitsaufnahme
Wie weibliche Freiheit entsteht : eine neue politische Praxis / Libreria delle donne di Milano. Aus d. Ital. von Traudel Sattler. Mit einem Vorwort von Antje Schrupp. – 5. Aufl.. – Berlin : Orlanda, 2001
Einheitssacht: Non credere di avere dei diritti [dt.]
ISBN 3-929823-83-7

5. Auflage 2001, 10,5–11,5 Tsd.

Für die deutsche Ausgabe
© 1988 Orlanda Frauenverlag GmbH, Berlin
Alle Rechte vorbehalten

Lektorat: Claudia Koppert
Umschlaggestaltung: Birgit Lukowski, Berlin
Herstellung: Anna Mandalka
Satz: Adele Meyer, Berlin
Druck: Fuldaer Verlagsagentur, Fulda

Die Autorinnen

Luisa Abbà
Laura Balestrini
Lia Bellora
Valentina Berardinone
Piera Bosotti
Fiorella Cagnoni
Grazia Campari
Pat Carra
Lia Cigarini
Vita Cosentino
Sylvie Coyaud
Mariola de Angelis
Flora de Musso
Renata Dionigi
Cristiana Fisher
Micaela Francisetti
Francesca Graziani
Gabriella Lazzerini
Angela Loaldi
Wilma Lorenzi
Mariri Martinengo
Donatella Massara
Bice Mauri
Luisa Muraro
Tiziana Nasali
Elena Paciotti
Rita Pasotti
Milena Raimondi
Sandra Rio
Laura Roseo
Renata Sarfati
Traudel Sattler
Claudia Shammah
Giovanna Silvestri
Fabiola Somaschini
Bibi Tomasi
Nilde Vinci
Grazia Zerman

»... nicht glauben, Rechte zu haben. Das bedeutet nicht, die Gerechtigkeit in Frage zu stellen oder zu deformieren, aber wir können nicht mit Recht erwarten, daß die Dinge gemäß der Gerechtigkeit geschehen, zumal wir doch selbst weit davon entfernt sind, gerecht zu sein.

Es gibt eine schlechte Art zu glauben, Rechte zu haben, und eine schlechte Art zu glauben, keine zu haben.«

Simone Weil

Inhalt

Vorwort 9

Die Autorinnen 15

Einleitung 17

Erstes Kapitel
Die ersten Gruppen:
Demau und Rivolta femminile 31

Selbsterfahrung, die erste Erfindung
in der Politik der Frauen 37

Sich spiegeln und verändern 41

Auf der Suche nach Begriffen –
das erste Treffen mit den Französinnen 46

Die Praxis des Unbewußten 52

Das Treffen in Pinarella 55

Eine Politik, die nicht den Namen Politik hatte 59

Zweites Kapitel
Das alte Problem der Abtreibung 64

Streichung der Abtreibungsgesetze –
ein Vorschlag, der kein Gehör fand 69

Gleiche Gesetze für alle Frauen –
aber nicht alle Frauen sind gleich 73

Wie die Rechtsprechung zu verändern ist –
in der Praxis 77

Gegen Vergewaltigung:
ein Gesetz der Frauen über die Frauen 79

Die Diskussion um das Vergewaltigungsgesetz 84

Drittes Kapitel
Die Projektepraxis 91

Gegen den ideologischen Feminismus 96

Der Buchladen in Mailand
und die Bibliothek in Parma 103

Zwei denkwürdige Desaster:
Das Zentrum in Via Col di Lana und
das Treffen in Paestum 110

Neue Standpunkte in der Reflexion von Frauen,
die die Schule der 150 Stunden besuchten 118

Viertes Kapitel
Die ersten Figuren der Freiheit
aus der Frauenliteratur 126

Das Grüne »Sottosopra« 133

In der Perspektive der sexuellen Differenz 143

Die qualitativen Unterschiede bewahren 157

Gerechtigkeit herstellen, ausgehend von sich selbst 162

Die Ebene des Überlebens und die Ebene der Freiheit 174

Bibliographie 185

Vorwort zur Neuauflage

Dass für einen Text aus der Frauenbewegung auch noch nach 13 Jahren eine so kontinuierliche Nachfrage besteht, dass er nun zum fünften Mal aufgelegt wird – über 10 000 Exemplare wurden bereits verkauft – ist eine Ausnahme. Ein Grund dafür ist sicher, dass eine der Hauptthesen, die die Autorinnen in diesem Buch entwickeln, nämlich die Ablehnung einer »Politik der Forderungen«, die Feminismus als einen Kampf um gleiche Rechte, Quoten und Frauenförderpläne versteht, erst in den letzten Jahren so richtig aktuell geworden ist. Anders als noch vor zehn Jahren sind die Grenzen und Fallen der Gleichstellungspolitik inzwischen offensichtlicher geworden. In Zeiten öffentlichen Sparens werden Gelder für Frauenprojekte gekürzt, Frauenbeauftragte verausgaben sich im Gewirr von Paragrafen und Bürokratien. In einer solchen Situation wird deutlich, dass ein Teil der Frauenbewegung sich hier in eine neue materielle und symbolische Abhängigkeit begeben hat, von »Vater Staat« nämlich. Immer mehr Frauen ahnen, dass die Basis für weibliche Freiheit anderswo zu suchen ist. Hierauf gibt dieses Buch eine Antwort: Es sind die Beziehungen unter Frauen, auf denen weibliche Freiheit gründet.

Ein Buch, das 13 Jahre nach dem ersten Erscheinen wieder aufgelegt wird, ist aber ein anderes Buch, auch wenn sich am Text nichts verändert hat. Das gilt erst recht für *Wie weibliche Freiheit entsteht*, ein Buch das, wie der Untertitel betont, »eine neue politische Praxis« beschreibt. Inzwischen ist die Praxis der »Italienerinnen«, wie die Frauen um den Mailänder Frauenbuchladen und die Philosophinnengruppe DIOTIMA an der Universität von Verona hier zu Lande meist genannt werden, nicht mehr neu. Sie hatte 13 Jahre Zeit, bekämpft zu werden, gelobt zu werden, Anlass für Polemik zu bieten, Nachahmerinnen zu finden, mit anderen Worten: sich auszubreiten und Früchte zu tragen. Viele neue Texte wurden in den letzten Jahren dazu geschrieben, sowohl in Italien, als auch in Deutschland. Die Thesen, die mit *Wie weibliche Freiheit entsteht* 1988 erstmals dem deutschsprachigen Publikum zugänglich gemacht wurden, sind weiter diskutiert und fortgeführt worden, neue Erkenntnisse und neue Fragen kamen hinzu. *Wie weibliche Freiheit entsteht* ist heute fast schon ein historisches Dokument.

Dargestellt wird ein Stück Geschichte der italienischen Frauenbewegung von Mitte der sechziger bis Ende der achtziger Jahre. Es sind Erfahrungsberichte und Analysen von Feministinnen, die ihre Wurzeln in den Selbsterfahrungsgruppen der frühen Siebziger hatten, was eine zeitlang – auch in Deutschland – eine nützliche und befreiende frauenpolitische Praxis war, die jedoch an einem gewissen Punkt an ihre Grenzen kam: Sie tendierte nämlich dazu, die Unterschiede zwischen Frauen zu ignorieren, sie auf eine Opferrolle festzuschreiben und eine Art sozialer Kontrolle zu etablieren, die jede Frau, die sich anders verhielt oder anderer Meinung war, dem Verdacht aussetzte, unsolidarisch zu sein. Dieses Buch schildert das Ringen darum, der Ungleichheit der Frauen nicht nur Raum in der frauenpolitischen Praxis zu geben, sondern sie zum Ausgangspunkt einer neuen Philosophie zu machen. Es ist die Geburt eines weiblichen Denkens, das konsequent auf vorgefertigte Interpretationsschemata verzichtet und stattdessen das »von-sich-selbst-Ausgehen«, die eigene, individuelle Erfahrung und vor allem das eigene »Begehren« zur Grundlage von Welterkenntnis und politischem Handeln macht. Und zwar gerade nicht in Form einer psychologisierenden Nabelschau, sondern indem diese weiblichen Erfahrungen zur Diskussion gestellt und dem Urteil anderer Frauen ausgesetzt werden. Das führte folgerichtig zur Notwendigkeit, sich mit dem Phänomen der Ungleichheit unter Frauen, des Neides, der Tatsache, dass eine andere Frau ein »Mehr« besitzt, auseinandersetzen zu müssen. Hieraus entwickelten die Italienerinnen eine eigene, der Realität angemessene neue Sichtweise der Beziehungen unter Frauen: Die Anerkennung weiblicher Autorität nämlich, die einen Ausweg bietet aus der Zwickmühle, entweder die Beteiligung an der Macht einzuklagen oder jede Überlegenheit und Ungleichheit kategorisch abzulehnen und zu bekämpfen.

Ganz unbestreitbar ist die Geschichte dieses neuen Denkens eine Erfolgsgeschichte. Begriffe wie »Affidamento«, »Von-sich-selbst-Ausgehen«, »symbolische Ordnung« oder »weibliche Autorität« kursieren inzwischen ganz selbstverständlich auf frauenpolitischen Bildungsveranstaltungen. Weitere kamen hinzu, die ebenfalls ihre Wurzeln in Italien haben, vor allem die Freude über das »Ende des Patriarchats«, von dem die Mailänderinnen 1995 in ihrem roten *Sottosopra* schreiben, das schon kurz darauf in deutscher Übersetzung vorlag[1]. Deutsche Philosophinnen und Denkerinnen wie Andrea Günter, Gisela Jürgens, Angelika Dickmann und andere haben den Denkansatz der Italienerinnen aufgegriffen, weitergedacht und durch Vorträge und Veröffentlichungen bekannt gemacht.[2] Auch der Fortgang der Diskussion in Italien wurde inzwischen durch Übersetzungen von Texten der Philosophinnengruppe DIOTIMA und Artikeln aus *Via Dogana*, der Zeitung des Mailänder Frauenbuchladens, für die deutsche Diskussion verfügbar gemacht.[3] Andere Initiativen wie etwa die 1999 erschienene Flugschrift *Liebe zur Freiheit, Hunger nach Sinn*, die in frauenbewegten Zusammenhängen als Verständigungstext zu den Themen Wirtschaft, Politik und Ethik dient, verdanken formal wie inhaltlich viel den Anregungen aus Italien.[4] Dass der Versuch, das Denken der »Italienerinnen« der deutschen Frauenbewegung zugänglich zu machen, eine Erfolgsgeschichte werden würde, war zunächst keineswegs sicher, ja nicht einmal wahrscheinlich. In Deutschland waren die Diskussionen um die in *Wie weibliche Freiheit entsteht* vorgestellten Thesen in der ersten Hälfte der neunziger Jahre vor allem von Polemiken begleitet. Dass eine Theorie, die voraussagt, die Freiheit der Frauen lasse sich nicht über Gesetzesänderungen und bürokratische Vorgänge verwirklichen (der italienische Originaltitel lautet übersetzt: »Glaube nicht, Rechte zu haben«) in Deutschland schwer zu vermitteln war, ist eigentlich wenig verwunderlich. Schließlich hat hier die politische Tradition in viel stärkerem Maß als in Italien auf den Gerechtigkeit schaffenden Rechtsstaat gesetzt.

Doch es fand sich noch ein anderes Reizthema in dem Text: Von »sexueller Differenz« zu sprechen und diesem Faktum auch noch etwas Positives abzugewinnen, stand Ende der achtziger Jahre bei vielen Feministinnen unter striktem Biologismus-Verdacht. Plausibler erschienen Theorien, die zu zeigen versuchten, dass die Geschlechtsidentität ausschließlich kulturell konstruiert sei, und darauf abzielten, dies zu »dekonstruieren«, die Frauen also geradezu von ihrer Weiblichkeit zu »befreien«. Der Versuch, der weiblichen Differenz einen Sinn von Freiheit zu geben, einer Freiheit, die ihren Grund und ihre Stärke in der Beziehung zu anderen Frauen hat und nicht in der Abgrenzung oder Angleichung an Männer, das war damals ein so ungewohnter Gedanke, dass Missverständnisse wohl unvermeidlich waren. Und so geriet das Denken der Mailänderinnen zunächst in den Sog des unfruchtbaren Streits zwischen »Gleichheitsfeministinnen« und »Differenzfeministinnen«.

In den letzten Jahren hat sich dieser Streit jedoch entschärft. Es ist deutlich geworden, dass das Nachdenken über sexuelle Differenz keineswegs bedeutet, Frauen auf überkommene Rollenklischees oder angeblich natürliche Eigenschaften festzunageln, sondern dass dahinter die Aufforderung steht, das Faktum, eine Frau zu sein, zur Grundlage der eigenen Freiheit zu machen und durch die Beziehung zu anderen Frauen mit Leben und Bedeutung zu füllen: Ich will frei sein, weil ich eine Frau bin, nicht obwohl ich eine Frau bin. Dieses Angebot einer neuen Sichtweise ist für Frauen in ganz unterschiedlichen Lebenssituationen, Berufen, Interessenslagen und politischen Gruppen attraktiv.

Der Erfolg dieses Denkansatzes verdankt sich in erster Linie der Stärke dieser Philosophie, die, wenn man bereit ist, sich mit den Texten wirklich auseinander zu setzen, sich gegen platte Interpretationen sperrt. Hier werden Gedanken in die Welt gesetzt, die eine Antwort auf die Erfahrungen und Herausforderungen geben, mit denen Frauen konfrontiert sind, das heißt, sie können sich in dem Text wiederfinden. Der Erfolg verdankt sich aber auch den zahlreichen Frauen, die in Frauenzentren oder Bildungseinrichtungen arbeiten und dort seit Jahren kontinuierlich Räume und Gelegenheiten eröffnen, damit diese Gedanken auch Raum greifen und einer breiteren Öffentlichkeit zugänglich gemacht werden können. So ist inzwischen ein Netzwerk von Frauen entstanden, die sich die von den Mailänderinnen in diesem Buch vorgeschlagene »neue politische Praxis« zu eigen gemacht haben, an den Thesen weiterarbeiten und sie an den Orten, an denen sie jeweils tätig sind, ausüben und sichtbar machen. Zu diesem informellen Netzwerk gehören Frauen, die inhaltlich an ganz unterschiedlichen Orten stehen: Kirchen, autonome Frauenzentren, politische Gruppen, Hausfrauenverbände. So hat es sich auch in der Praxis bestätigt, dass die Zukunft einer frauenbewegten Politik gerade nicht darin liegt, ein gemeinsames »Wir« der Frauen zu schaffen, das sich – ähnlich wie eine politische Partei – auf bestimmte gemeinsame Inhalte verständigt. Es geht vielmehr darum, sich in den Rahmen einer neuen »symbolischen Ordnung« zu stellen, die Frauen nicht als homogene soziale Gruppe, sondern als ein Geschlecht mit einer Vielfalt an Interessen, Wünschen und Fähigkeiten wahrnimmt – was gerade den Konflikt, die Auseinandersetzung, ja auch den Streit ermöglicht. Darüber, was es bedeutet, eine Frau zu sein, vor allem aber, wie wir in dieser Welt handeln wollen und sollen. Dafür gibt es keine einfachen Rezepte. Die Texte der Italienerinnen lassen sich nicht einfach konsumieren, sondern sie führen dazu, dass Frauen ihre eigene Praxis, ihr Leben und ihr Handeln, hinterfragen müssen. Das macht dieses Buch gleichzeitig so schwierig, aber auch sehr lebensnah – und damit attraktiv für alle, die von Philosophie erwarten, dass sie nicht nur ein theoretisches Konstrukt ist, sondern einen Interpretationsschlüssel liefert für Erfahrungen, die im realen Leben gemacht werden. Die Philosophie der sexuellen Differenz hat ihre Wurzeln in der politischen Praxis der Frauenbewegung. Ihre Entstehungsgeschichte erzählt dieses Buch. Wer sich darauf einlässt, wird merken, dass es möglich und notwendig ist, einen neuen Blick auf die Realität zu wagen, ohne sich dabei auf bereits vorhandene Theorien oder gar Ideologien zu stützen, einfach indem frau vom eigenen Begehren ausgeht und für die eigenen Erfahrungen in der Beziehung mit anderen Frauen nach angemessenen Worten sucht. So entsteht eine neue, eine weibliche symbolische Ordnung, die nicht ohne Wirkung auf die Welt bleibt. Denn, wie die Philosophin Chiara Zamboni es formuliert: »Die Welt selbst verändert sich, wenn ich meine Beziehung zu ihr verändere«[5].

Antje Schrupp, im Juni 2001

Ich danke Traudel Sattler für ihre Anregungen, die in diesen Text eingeflossen sind, und Christel Göttert für's Gegenlesen.

Anmerkungen:

[1] Libreria delle donne di Milano: *Das Patriarchat ist zu Ende. Es ist passiert – nicht aus Zufall*, Rüsselsheim 1996.

[2] vgl. zum Beispiel Gisela Jürgens und Angelika Dickmann: *Frauenlehren* (Rüsselsheim 1996), Andrea Günter: *Weibliche Autorität, Freiheit und Geschlechterdifferenz. Bausteine einer feministischen politischen Theorie* (Königstein/Taunus 1996), dies.: *Politische Theorie und sexuelle Differenz. Feministische Praxis und die symbolische Ordnung der Mutter* (Königstein/Taunus 1998), dies.: *Die weibliche Hoffnung der Welt. Die Bedeutung des Geborenseins und der Sinn der Geschlechterdifferenz* (Gütersloh 2000), dies.: *Die weibliche Seite der Politik: Ordnung der Seele, Gerechtigkeit der Welt* (Königstein/Taunus 2001), Ina Prätorius: *Zum Ende des Patriarchats. Theologisch-politische Texte im Übergang* (Mainz 2000).

[3] vgl. insbes. Luisa Muraro: *Die symbolische Ordnung der Mutter* (Frankfurt 1993), *DIOTIMA: Die Welt zur Welt bringen. Politik, Geschlechterdifferenz und die Arbeit am Symbolischen* (Königstein/Taunus 1999), dies.: *Jenseits der Gleichheit. Über Macht und die weiblichen Wurzeln der Autorität* (Königstein/Taunus 1999), Frankfurter Frauenschule (Hg): *Materialienband 21. Frauen – Arbeit: Entfremdung und Freiheit. Reflexionen aus Italien* (Königstein/Taunus 1999), Luisa Muraro: *Die Menge im Herzen* (Rüsselsheim 2001),

[4] Ulrike Wagener, Dorothee Markert, Antje Schrupp, Andrea Günter: *Liebe zur Freiheit, Hunger nach Sinn. Flugschrift über Weiberwirtschaft und den Anfang der Politik* (Rüsselsheim 1999). Zur aktuellen Weiterführung der Diskussion siehe im Internet www.flugschrift.de.

[5] *DIOTIMA: Die Welt zur Welt bringen*, a.a.O., S. 157.

Die Autorinnen

Die Gruppe der Autorinnen firmiert unter dem Namen »Libreria delle donne«, weil der Mailänder Frauenbuchladen für sie der politische Bezugspunkt ist. Anders als in den Frauenbuchläden in der BRD (und auch in den anderen Städten in Italien) definieren die Frauen hier ihre Zugehörigkeit zum Buchladen nicht darüber, daß sie dort – bezahlt oder unbezahlt – arbeiten, sondern daß er für sie den symbolischen Ort einer bestimmten politischen Praxis darstellt.
Nicht alle Autorinnen machen also Dienst im Buchladen (z.B. die Juristinnen, die das zweite Kapitel geschrieben haben), dafür nehmen sie an den regelmäßig stattfindenden politischen Diskussionen teil. Der Buchladen entstand 1975 sozusagen als »Nebenprodukt« der politischen Arbeit, und das ist er in dem Sinne geblieben, daß der kommerzielle Aspekt sich niemals verselbständigt hat.
Von der Organisation her ist der Buchladen eine Kooperative mit 60 Mitgliederinnen.
Innerhalb der italienischen Frauenbewegung hat die Libreria schon immer eine Sonderstellung eingenommen, wie auch im vorliegenden Buch deutlich wird. Dem Feminismus, der nur aus Forderungen an die Männer besteht, setzte sie die Forderung entgegen, die Frauen sollten sich erst einmal über sich und ihre Beziehungen untereinander Gedanken machen. So lautete auch der Kommentar der Libreria zu der kürzlich in Rom veranstalteten Demonstration von 200 000 Frauen: »Eine Masse ohne Kopf – besser 50 Frauen, die tagtäglich effektiv eine politische Praxis leben, als 200 000, für die am Tag danach alles wie vorher bleibt«.

Die politische Aktivität der Autorinnen – zumindest der aktivsten – bestand nach Erscheinen des Buches unter anderem auch darin, das Buch in ganz Italien zu diskutieren.
In folgenden Städten fanden Veranstaltungen statt:
Bologna, Mestre, Palermo, Livorno, Mantova, Bozen (jeweils im Frauenzentrum)
Parma, Savona (jeweils in der Frauenbibliothek)
Rom, Pesaro (jeweils beim Festival dell'Unita, Fest der KPI)
Bari, Neapel (jeweils an der Philosophischen Fakultät der Universität)
Turin (Gewerkschaftsveranstaltung)

Die Reaktionen reichten von enthusiastischem Beifall bis zu polemischen Attacken.
Besonders intensiv diskutiert wurde das Buch in Frauenprojekten, die

daraufhin ihre eigene Geschichte anders »lesen« konnten, von den Frauen in Gewerkschaften und Parteien, vor allem der KPI, die die Terminologie und die politische Praxis teilweise übernahmen.
Auf Widerstand stieß das Buch bei Frauen, die zu stark dem linken Denken verhaftet sind und nicht vom Primat der Klassenwidersprüche abrücken wollen, bei den sogenannten «Emanzipierten» sowie bei Frauen, die lieber weiterhin von Frauensolidarität träumen, anstatt die tatsächlichen Ungleichheiten zwischen Frauen positiv zu werten.

Einleitung

Dieses Buch handelt von der Notwendigkeit, der Beziehung einer Frau zu einer anderen Frau Sinn und Wert zu verleihen, sie in Worten und Bildern darzustellen. Wenn Theorie produzieren bedeutet, eine politische Praxis in Worte zu fassen, dann ist das ein Theoriebuch, denn die Beziehungen zwischen Frauen sind die Substanz unserer Politik.
Ein Theoriebuch also, aber vermischt mit Erzählungen. Theorie zu formulieren heißt für uns teilweise einfach, eine Praxis zu erzählen. Normalerweise beziehen sich theoretische Reflexionen auf Dinge, die schon einen Namen haben, hier aber geht es zum Teil um Dinge, die noch keinen hatten.
Die Ereignisse und Ideen, die wir hier darstellen, stammen aus den Jahren 1966 bis 1986 und hauptsächlich aus Mailand. Meist werden sie unter dem Terminus »Feminismus« eingeordnet. Wir möchten ihnen einen anderen Namen geben, um ihren wahren Sinn ans Tageslicht zu bringen. Dieser Name ist »Genealogie«. In diesen Jahren haben wir miterlebt, daß Frauen eine eigene Geschichte erworben haben und sich in der Öffentlichkeit auf die Frauen vor ihnen, auf ihre weibliche Herkunft, berufen konnten.
Das sagen wir nicht ohne Emotionen; auch deshalb, weil das Ganze noch keine festen Umrisse hat. Wir sind nicht sicher, ob wir mit der historischen Rekonstruktion in diesem Buch wirklich das erreichen, was wir suchen, nämlich uns in eine Generationenfolge der Frauen einzuschreiben. Es ist nicht auszuschließen, daß sich unser Experiment später nur als einer der vielen Wechselfälle im zerbrechlichen Konzept »Frau« erweisen wird.
Die Wurzel *gen* in Wörtern wie Genus, Genealogie, Generation ist – so lehrt uns die Sprachwissenschaft – Merkmal der Wörter, die herkömmlicherweise mit der Geburt als gesellschaftlichem Faktum, genauer gesagt mit der ehelich legitimierten Geburt von freien männlichen Individuen, assoziiert werden. Wie Luce Irigaray gezeigt hat, fehlt in unserer Kultur die Repräsentation der Mutter-Tochter-Beziehung; die Mutter hat immer den Sohn im Arm.

Eines der Phänomene, die noch keinen Namen hatten, ist das Leiden daran, auf diese Weise – ohne symbolisches Bezugssystem – in die Welt gesetzt zu werden. Ein Lebewesen ist Körper und Geist; bei seiner Geburt befindet es sich zufällig zu einer bestimmten Zeit an einem bestimmten Ort. Für den Geist beginnt nun die Arbeit der Suche, der

Suche nach einem Bezugssystem. Der Körper hat einen äußeren Bezugsrahmen, aber der Geist muß seinen Ort selbst bestimmen, mit Hilfe derer, die vor ihm da waren.
Aber wessen Hilfe bekommst du, wenn du als Frau geboren wirst? Die Gesellschaft sieht vor, daß der weibliche Geist da ist, wo der Körper ist. Oder andernfalls nirgendwo ist.
Wie die Anthropologen lehren, hat sich die menschliche Gesellschaft über den Austausch von Zeichen, Waren und Frauen konstituiert. Diese merkwürdige Art, die Dinge darzustellen, ist eine künstliche Vereinfachung, die der Wissenschaft eigen ist. Sie dient zur Verschleierung der grauenhaften Unordung, die durch die Herrschaft des einen Geschlechts über das andere entstanden ist, und der gewaltsamen Zerstörung der Beziehungen zwischen Frauen – zuallererst der Beziehung zur Mutter. Diese Zerstörung führt oft dazu, daß Frauen über die Produkte ihrer Arbeit nicht verfügen können, weshalb es ihnen fast immer schwer fällt, eigene Zeichen zu entwickeln. Denn was sollten diese bedeuten und mit wem könnten sie ausgetauscht werden?
Wenn von der Lage der Frau die Rede ist, denken wir als erstes an den Zustand der Verwirrung zwischen dem Körper-Sein und dem Sprache-Sein, in den eine Frau gerät, wenn sie in eine männliche Genealogie verpflanzt wird. Wir denken an jenen Zustand, der als weibliche Hysterie – weiblich fast per definitionem – bekannt ist.

Auch ihr werdet in eurer Stadt schon Frauen gesehen haben – oft sind sie jung, sehr jung, gerade in der Pubertät –, die allein, ganz konzentriert, die Straße entlanggehen, als hätten sie ein ganz bestimmtes Ziel. Sie haben aber keins; mit großen Schritten gehen sie mal hier-, mal dorthin. Dabei folgen sie aber nicht dem Zufall, denn Tag für Tag gehen sie denselben Weg.
Nach der herkömmlichen Terminologie handelt es sich hier um Rituale der Zwangsneurose, in diesem Fall mehr weibliche als männliche Rituale – auch wenn man so gut wie nichts über die weibliche Zwangsneurose weiß. Wir wissen eins: Diese Frauen suchen Raum und Zeit, wo sie sich symbolisch einbinden können; dieses Hin- und Herlaufen ist ein Versuch, sich einen rationalen Körper zu schaffen, eine Topologie zu zeichnen, an der sich der Geist orientieren kann.
Virginia Woolf schrieb, zur intellektuellen Arbeit brauchten die Frauen ein Zimmer für sich allein. Aber vielleicht ist es in diesem Zimmer unmöglich, stillzusitzen und sich der Arbeit zu widmen, weil sich die Texte und ihre Inhalte wie bedrückende Fremdkörper, wie Hindernisse aus Wörtern und Fakten vor uns aufbauen. Der Geist kann sich keinen Weg hindurchbahnen, da er von Gefühlen gelähmt ist, für die es in der Sprache keine Entsprechung gibt.

Das Zimmer ist also in einem anderen Sinn zu verstehen: als symbolischer Bezugsrahmen, als weiblich geprägter Orts- und Zeitrahmen, wo unsere Existenz Bedeutung hat, im Vorher und im Nachher, zur Vorbereitung und zur Bestätigung.
Wie das Zimmer von Emily Dickinson. Deren Einsamkeit, so schreibt Ellen Moers, wurde durch die geistige Anwesenheit anderer Schriftstellerinnen durchbrochen, die Emily lediglich aus deren Werken und ein paar Informationen über ihr Leben kannte – aber sie kannte sie bis ins Innerste. Auf dem Gebiet der großen Männerliteratur war sie erschreckend unwissend, anscheinend hatte sie keine Zeile von Poe, von Melville, von Irving gelesen. Dagegen vertiefte sie sich immer wieder in sämtliche angloamerikanische Schriftstellerinnen ihrer Zeit – George Eliot, Elizabeth Barrett Browning, die Schwestern Brontë, Helen Hunt Jackson, Lydia Maria Child, Harriet Beecher Stowe, Lady Georgina Fullerton, Dinah Maria Craik, Elizabeth Stuart Phelps, Rebecca Harding Davis... Ein anderer Wissenschaftler bemerkte in seiner Untersuchung über diese große amerikanische Dichterin, zwischen ihr und diesen Autorinnen bestehe eine enge Verwandtschaft, eine Art familiäre, durch engen Kontakt entstandene Vertrautheit.
Emily Dickinson kannte das Gedicht *Aurora Leigh* von Elizabeth Barrett Browning so gut wie auswendig. Diese Schriftstellerin nannte sie in ihrem Werk »Aurora der Welt« und betrachtete sie als Leitfigur. Wie Ellen Moers zeigt, verarbeitete Emily Dickinson in einigen ihrer Verse Gefühle, die nicht ihrer eigenen Erfahrung, sondern der Lektüre von *Aurora Leigh* entstammen.
»In ihrem poetischen Ausdruck war Emily Dickinson bewußt weiblich, und darauf war sie stolz. Das wird jedoch gerne übersehen. Gerade in dieser Hinsicht bedeutete Elizabeth Browning sehr viel für Emily Dickinson, denn sie besaß die Fähigkeit, die Erfahrung der Frauen und die weiblichen Attribute (Kleider, Äußeres, Pflege, Haushalt) für höhere Ziele einzusetzen« (Ellen Moers).

Wir haben entdeckt, daß die Suche nach symbolischen Bezugspunkten, die von Frauen verkörpert werden, ein sehr alte Suche ist. Manchmal hat sie dieselbe Form angenommen, die wir ihr gegeben haben, nämlich die einer Beziehung des *affidamento*.* Eine solche Beziehung finden wir schon in der Bibel, in der Geschichte von Naëmi und Ruth.
Im *Buch Ruth* wird erzählt, daß zu der Zeit, als die Richter richteten, ein

---

* Wörtl.: Anvertrauen, sich anvertrauen. In der Praxis bedeutet das, daß eine Frau, die sich eine soziale Existenz verschaffen möchte, sich eine andere Frau, welche für sie ein »Mehr« verkörpert, als Vermittlungsinstanz zwischen sich und der Welt sucht. Anders als in der Politik der Emanzipation, wo die Frau sich an männliche Vermittlungsinstanzen wendet. (Anm.d.Ü.)

Mann aus Bethlehem wegen einer Hungersnot mit seiner Frau und seinen beiden Söhnen sein Land verließ und ins Land der Moabiter zog. Der Mann starb dort, seine Söhne heirateten Orpa und Ruth, zwei Moabiterinnen. Zehn Jahre später starben auch die beiden Söhne, und da fand sich die verwitwete Naëmi mit ihren verwitweten Schwiegertöchtern im fremden Land. Sie beschloß, in ihr Land zurückzukehren, denn sie hatte erfahren, daß es wieder fruchtbar war.
Naëmi machte sich auf den Weg; auf halber Strecke küßte sie ihre Schwiegertöchter und sagte zu ihnen: »Geht hin und kehrt um, eine jede ins Haus ihrer Mutter! Der Herr helfe euch, einen Mann zu finden, so wie ihr mir und meinen Toten geholfen habt.«
Die beiden jungen Frauen brachen in Tränen aus und baten sie, mit ihr kommen zu dürfen. Naëmi gab ihnen zu bedenken: »Von mir könnt ihr keinen Mann bekommen; ich bin zu alt. Und selbst wenn ich noch Söhne gebären würde, könntet ihr nicht warten, bis sie alt genug sind, um sie zu heiraten.« Da küßte Orpa Naëmi und kehrte um. Ruth aber blieb bei ihr. »Deine Schwägerin ist zu ihrem Volk und zu ihren Göttern zurückgekehrt«, sagte Naëmi da zu ihr, »kehre auch du um!«
»Ich werde dich nicht verlassen«, antwortete ihr Ruth. »Ich werde bei dir bleiben; wo du hingehst, da will auch ich hingehen; wo du bleibst, da bleibe ich auch. Dein Volk ist mein Volk, und dein Gott ist mein Gott. Wo du stirbst, da sterbe ich auch, da will ich auch begraben werden.«
Als Naëmi sah, daß Ruth so fest in ihrer Überzeugung war, nahm sie sie mit sich. Zusammen erreichten sie Bethlehem, wo die Frauen Naëmi wiedererkannten, obwohl so viele Jahre vergangen waren. Die Gerstenernte hatte gerade begonnen, so berichtet das *Buch Ruth* weiter, und nach Naëmis Anweisungen wurde Ruth Frau eines guten und reichen Mannes namens Boas und Mutter von dessen Erben.
Nach der Geburt von Ruths Sohn sagten die Frauen zu Naëmi: »Gelobt sei der Herr, nun hast du einen, der dich im Alter versorgen wird, dank deiner Schwiegertochter, die dich liebt und die dir mehr wert ist als sieben Söhne.« Naëmi nahm das Kind auf den Schoß, die Nachbarinnen gratulierten ihr und sagten:»Naëmi ist ein Sohn geboren.«
Wir haben der Beziehung Ruths zu Naëmi einen Namen gegeben, nannten sie *affidamento*. In vielen Sprachen einer jahrtausendealten Kultur gab es nämlich keinen Begriff, um eine solche soziale Beziehung zu bezeichnen. Für keine Beziehung zwischen Frauen, die diese im Interesse ihres Geschlechts eingehen, gab es einen Namen.
Der Name »affidamento« ist schön, er trägt in sich die Wurzel von Wörtern wie fede (Glaube), fedeltà (Treue), fidarsi (vertrauen), confidare (anvertrauen). Manchen Frauen hat er jedoch nicht gefallen, weil er an eine soziale Beziehung erinnert, die das Gesetz zwischen Kind und

Erwachsenem vorsieht.* Es ist zwar durchaus möglich, daß eine Beziehung des affidamento zwischen einem Mädchen und einer erwachsenen Frau entsteht, aber das ist nur eine der möglichen Ausformungen dieser Beziehung. Wir haben sie hauptsächlich als eine Form der Beziehung zwischen erwachsenen Frauen gesehen und konzipiert. Daß eine dabei einem Kind gleichgesetzt wird, haben manche als sehr störend empfunden.
Da jedoch keine ein ernsthaftes Problem daraus gemacht hat, könnten wir einfach darüber hinweggehen. Und doch ist dieses Zurückschrecken vor einem an sich schönen Wort – nur weil andere es anders verwenden– ein Symptom der Ohnmacht gegenüber dem, was andere schon gedacht haben. In diesem Fall gegenüber den festgelegten Vorstellungen darüber, was sich für eine erwachsene Frau gehört und was nicht. Oft kommt es vor, daß uns die Sprache aufgezwungen wird, oft übt die Sprache als Ausdruck der Erfahrungen und des Urteils von anderen Herrschaft über uns aus. Die Sprache an sich ist jedoch nicht die Herrschaft einer Erfahrung oder eines Denkens unter Ausschluß der anderen. Die Sprache ist eins mit den gesellschaftlichen Verhältnissen, und die sind nicht gerade günstig für die Verwirklichung dessen, was eine Frau in ihrer Differenz zum Mann lebt und für sich will.
Wahrscheinlich wurde keiner von uns beigebracht, daß es notwendig ist, die Beziehungen zu anderen Frauen besonders zu pflegen und sie als unersetzliche Quelle persönlicher Stärke, geistiger Originalität und sozialen Eingebundenseins zu betrachten. Es ist schwer, sich diese Notwendigkeit überhaupt nur vorzustellen, denn in der überlieferten Kultur haben sich zwar einige Werke von weiblicher Hand erhalten, aber nicht ihre ursprüngliche weibliche Symbolhaftigkeit, so daß uns diese Werke erscheinen, als seien sie vom männlichen Denken neu erschaffen worden.

Die politische Praxis der Beziehungen zwischen Frauen führte uns zu einer genaueren Betrachtung der Vergangenheit. Da entdeckten wir mit Erstaunen, daß es schon zu den ältesten Zeiten Frauen gegeben hatte, die am Aufbau sozialer Beziehungen arbeiteten, die für sie und ihr Geschlecht von Vorteil waren, und daß die Größe einer Frau oft (vielleicht immer?) durch Ideen und Energien, die unter Frauen zirkulieren, zustandekommt.
So ließ sich Jane Austen, wie aus ihren Briefen hervorgeht, in den Jahren ihrer Schriftstellerkarriere von der zeitgenössischen Frauenliteratur inspirieren. Sie las Herriet Burney, Jane West, Anna Maria Porter, Anne

---

* Im juristischen Sprachgebrauch bedeutet »affidamento« bzw. »affido« Pflegschaft, Vormundschaft. (Anm.d.Ü.)

Grant, Ann Radcliffe, Laetitia Matilda Hawkins, Elizabeth Hamilton, Helen Maria Williams...

Die Ungleichheit zwischen diesen Schriftstellerinnen und Jane Austen ist so groß, daß sie ihr nur aufgrund einer Tatsache weitergeholfen haben können: dadurch, daß es Frauen waren, die wie sie schrieben und veröffentlichten. Durch sie taten sich für Jane Austen neue Wege auf; mit ihnen setzte sie sich in ihrem Bemühen um ein Erfassen der Realität aus weiblicher Sicht auseinander. Sie suchte ihr Vorbild nicht unter den wenigen Schriftstellern, die sie kannte – nicht in ihrem geliebten Samuel Johnson und nicht im berühmten Walter Scott. Sie zog die Schriftstellerinnen vor, denn mit diesen gab es für sie eine Übereinstimmung auf einer grundlegenderen Ebene, nämlich auf der Ebene von Realität, wo der große Künstler oder die große Künstlerin arbeitet und Erfolg hat. Das Ergebnis waren sieben hervorragende Romane, die Jane Austen zu einer Meisterin der englischen Erzählkunst und des modernen Romans machten.

Und dennoch kann eine Frau in der heutigen Gesellschaft den höchsten Bildungsgrad erreichen oder die verantwortungsvollsten Aufgaben in fast jedem Bereich übernehmen, ohne zu wissen, wie Jane Austen in ihrem Metier so bedeutend geworden ist – also ohne zu wissen, wieviel geistige Stärke eine Frau durch den Umgang mit ihresgleichen gewinnen kann.

In Gesellschaften, wo sich die Emanzipation durchgesetzt hat, haben sich die Begrenzungen, die dem weiblichen Begehren gesetzt waren, gelockert, aber die Kraft zur Verwirklichung des Begehrens ist nicht größer geworden. Auch in Gesellschaften mit fortgeschrittener Emanzipation wird der Ursprung der weiblichen Stärke negiert, vergangene Ereignisse wie gegenwärtige Ideen werden ausgelöscht.

Darauf spielt schon der antike Mythos der Persephone oder Proserpina an, die ihrer Mutter Demeter geraubt und von Pluto in die Unterwelt entführt wurde. In der Moderne finden wir das in der Geschichte von Madame du Deffand und Mademoiselle de l'Espinasse wieder.

Madame du Deffand – wir sind im 18. Jahrhundert – hatte lange Zeit den berühmtesten Salon von Paris. Zu jener Zeit war der Salon ein Ort der Macht und des Vergnügens von Frauen, wie wir uns das heute gar nicht mehr vorstellen können. Auch die Politik der Männer basierte auf persönlichen Beziehungen, und die Salons waren ein strategisch wichtiger Ort politischer Machenschaften. Das sollte nicht mehr lange so sein. Es entstanden nämlich Parteien und andere Formen politischer Organisation. In Frankreich, in Paris, entsteht die Partei der »Philosophen«, der Aufklärer. Madame du Deffand bekämpft sie. Zwar teilt sie einen Großteil ihrer Ideen; mit einigen

Philosophen, vor allem mit Voltaire, ist sie auch befreundet, aber dennoch ist sie gegen deren Partei, weil sie sich ihrem Einflußbereich und ihrem Verständnis von Politik entzieht.
In einer umfassenden Studie über Madame du Deffand und ihre Welt zeigt Benedetta Craveri, mit welch großangelegten und raffinierten Manövern Madame du Deffand eine uneheliche Tochter ihres Bruders als Gesellschaftsdame zu sich nach Paris holte – Mademoiselle de l'Espinasse, von deren Intelligenz und Sensibilität sie fasziniert war. Wie Benedetta Craveri schildert, dauerte diese Beziehung zehn Jahre. Dann kam es zum Bruch, weil sich die junge Frau gegen den Willen ihrer Protektorin mit D'Alembert und anderen Mitgliedern der Philosophenpartei traf.

Madame du Deffand stand in einer Tradition weiblicher Gelehrsamkeit und weiblichen Prestiges, die mit anderen großen Damen wie Madame de Lafayette und Madame de Sevigné begonnen hatte. Mit ihrer Rebellion unterbricht Mademoiselle de l'Espinasse diese Tradition, nicht weil sie sie ablehnt, sondern eher weil sie sie nicht versteht. Sie ist die erste in einer langen, noch nicht abgeschlossenen Reihe von intelligenten, leidenschaftlich engagierten Frauen, die für eine Sache oder eine Idee kämpfen, die zwar meistens richtig ist, aber keinerlei Bezug zum weiblichen Geschlecht hat – die heiligen Theresen, die nichts hervorbringen, wie sie George Eliot nennt.
Zwischen die alte Dame und ihre junge Freundin stellte sich niemand mit Gewalt, wie zwischen Demeter und Persephone. Ihr Band zerriß, weil die junge Frau der Autorität des weiblichen Denkens die Autorität jenen Denkens vorzog, das gerade die Zeitgeschichte beherrschte. Das ist ganz normal. Aber es hatte zur Folge, daß sie das, was sich auf der Bühne des Zeitgeschehens abspielte, nicht verstand: Von dem Augenblick an, als sie begann, aus ihrem Denken ihre Geschlechtszugehörigkeit auszuschalten, trug ihr Frausein nichts mehr zur Erkenntnis bei, sondern trat in den Schatten einer Geschichte, auf deren Sonnenseite ausschließlich männliche Kulturleistungen glänzten.
Daraus können wir ersehen, daß das weibliche Vermächtnis durch die Frauen selbst bedroht werden kann. Diesen Fall hat Henry James in seinem Roman *Die Damen aus Boston* geschildert.
Dort geht es um Olive Chancellor, eine Frauenrechtlerin aus Boston, der es an Geld, Ideen und Willensstärke nicht mangelt. Sie lernt die junge Verena kennen, deren begnadetes Redetalent sie sofort erahnt. Sie unterweist sie in den neuen Ideen und macht eine große Vortragskünstlerin aus ihr. Doch am Ende überredet Olives Vetter Basil Random, ein Gentleman aus den Südstaaten, Verena, ihre Freundin zu verlassen und ihn zu heiraten.

Verenas endgültige Entscheidung erfolgt unter äußerst theatralischen, nahezu unwahrscheinlichen Umständen. Der äußere Rahmen des Romans spiegelt jedoch eine damals für Neu-England typische gesellschaftliche Realität wider, nämlich Frauenfreundschaften, die Züge einer Ehe aufwiesen, weshalb sie auch »Boston-Ehe« genannt wurden.

Es handelte sich um feste Beziehungen zwischen zwei ökonomisch unabhängigen Frauen. Manchmal lebten sie zusammen, oft waren sie in den gesellschaftlichen Auseinandersetzungen engagiert. Über diese neue Art von sozialer Beziehung war Henry James' durch seine Schwester Alice recht gut informiert. Diese führte nämlich in den letzten zehn Jahren ihres relativ kurzen Lebens eine solche Boston-Ehe mit Katherine Loring.

Die Art und Weise, wie die Beziehung zwischen Olive und Verena endet, ist der Phantasie Henry James' entsprungen. Die Beziehungen, die uns von der Geschichte überliefert werden, waren im allgemeinen stabil. Allerdings hat James recht, was die strukturelle Zerbrechlichkeit dieser Form von sozialer Beziehung anbelangt. Sie ist nicht durch die Anziehungskraft des einzelnen Mannes, sondern durch die männliche Geschlechtlichkeit überhaupt gefährdet. Durch eine Geschlechtlichkeit also, die sich auf die symbolische Homosexualität der Vater-Sohn-Beziehung gründet, welche in allen herrschenden Formen des Wissens und der Macht verherrlicht wird.

In demselben Land, wo man die Entwicklung einer Frauenfreundschaft zu einer festen und konsequenten sozialen Beziehung hatte beobachten können, finden wir ein oder zwei Generationen später die Freundinnen der *Clique* von Mary McCarthy – Frauen, die so gebildet wie orientierungslos sind, ohne eigene Projekte und ohne eine Spur der Entschlossenheit ihrer Vorfahrinnen. Als erstes fällt uns da die Figur der Vassar-Doktorandin ein, die darauf besteht, ihr Kind zu stillen, obwohl sie fast keine Brustdrüsen hat, nur um ihrem Ehemann – einem wissenschaftlichen Verfechter des natürlichen Stillens – eine Freude zu machen.

Der Zeitraum von einer Generation scheint also zu genügen, um die ursprüngliche Form der weiblichen Stärke auszulöschen. Doch dann entsteht sie wieder neu, unter anderen Bedingungen, in anderen Formen. Vielleicht aus dem ununterdrückbaren Bedürfnis heraus, zwischen uns und der Welt eine getreue Vermittlungsinstanz zu finden; eine, die uns gleicht, in der wir uns spiegeln und mit der wir uns konfrontieren können; die in der Auseinandersetzung mit der Welt unsere Fürsprecherin, Verteidigerin und Richterin ist.

Das findet fast immer im Rahmen der persönlichen Freundschaft statt, denn es gibt keine andere soziale Form, die dem Bedürfnis einer Frau, sich an ihresgleichen zu messen, entgegenkommt. Vielleicht pflegen deshalb die Frauen ihre Freundschaften so sorgfältig und sind viel erfahrener in der Kunst, eine Freundschaft zu gestalten, wie Vita Sackville-West an ihre Freundin Virginia Woolf schreibt.

Vita, die »schöne Aristokratin«, verfaßt Bücher, deren Qualität nicht so unumstritten wie ihr Erfolg ist. Sie ist dreißig, als sie Virginia Woolf zum ersten Mal sieht. Diese ist vierzig, anerkannte Schriftstellerin und hat zusammen mit ihrem Mann Leonard einen kleinen, anspruchsvollen Verlag, Hogarth Press. Schon bevor Vita Virginia kennenlernte, sah sie in dieser ihren »guten Geist«. Dann schlägt ihr Virginia eine für beide günstige Abmachung vor, nämlich bei Hogarth Press zu veröffentlichen.

Als Vita nun für Virginia schreibt, muß sie ihre leichte und oberflächliche Prosa an Virginias hohen Ansprüchen messen. Diese ist und bleibt der einzige Mensch auf der Welt, der ihr mit schonungsloser Offenheit sagen kann, was an ihren Texten nicht gut ist – und was gut ist.

Vita akzeptiert das und weiß es zu schätzen. Beide machen keinen Hehl aus der Überlegenheit Virginias. Doch es entsteht kein Lehrer-Schüler-Verhältnis, wo die eine versuchen würde, die andere nach ihrem Vorbild zu formen. Ganz im Gegenteil, Virginia hebt positiv hervor, was Vita von ihr unterscheidet: sie findet, daß sie eine abwechslungsreiche und großzügige Art zu schreiben hat; manchmal beneidet sie sie ganz offen um ihre leichte Hand beim Schreiben.

Jahrelang treten Vita und Virginia öffentlich füreinander ein. Vita würdigt Virginias Bücher in Artikeln und Radiosendungen. Und obwohl beide sehr beschäftigt sind, ist die eine immer da, wenn die andere in der Öffentlichkeit auftreten muß, um ihr beizustehen und die Daumen zu drücken.

Bis der Krieg kommt, und der Tod Vita die zerbrechliche Virginia nimmt. Diese hatte ihrer Freundin *Orlando* gewidmet, den einzigen Roman, den sie mit glücklicher Begeisterung und fast leichter Hand schrieb.

Hier sehen wir, daß sich das Grundmuster einer weiblichen symbolischen Ordnung wiederherstellt. Es hatte einen Riß bekommen, aber nun kann der weibliche Geist wieder davon zehren. Damit erhält auch die sexuelle Differenz wieder Bedeutung. Sie läßt sich nicht an bestimmten Inhalten festmachen, sondern sie besteht in den Beziehungen und Bezügen, die einen Rahmen für die weibliche Existenz darstellen.

Es ist wichtiger, Lehrmeisterinnen zu haben, als anerkannte Rechte zu besitzen. Eine Frau braucht eine positive weibliche Autorität, wenn sie ihr Leben in einem Entwurf der Freiheit leben und darauf ihr Frausein gründen will. Der weibliche Geist ohne symbolischen Bezugsrahmen ist furchtsam. Er findet sich unvorhersehbaren Ereignissen ausgeliefert –

alles stürzt von außen auf den Körper ein. Aber Sicherheit bekommt eine Frau nicht durch Gesetze und nicht durch Rechte. Unverletzbar wird eine Frau, wenn sie ihre Existenz von sich selbst ausgehend entwirft und innerhalb sozialer weiblicher Lebenszusammenhänge Stabilität gewinnt.

Nachdem wir all dies gesehen und durchdacht haben, sind wir zu dem Schluß gekommen, daß die Beziehung des *affidamento* zwischen zwei Frauen eine politische Frage ist. So entstand auch die Idee, dieses Buch zu schreiben und unsere politische Geschichte zu erzählen.

Besonders ausschlaggebend war für uns die Entdeckung, daß das *affidamento* zwischen Frauen spontan entsteht, seine Potenz aber kaum bewußt wahrgenommen wird. Ganz ähnlich wie Vita und Virginia in ihrer literarischen Karriere, unterstützen sich zum Beispiel auch viele Frauen innerhalb der Männerorganisationen auf diese Weise, um Sicherheit zu gewinnen und um sich ein eigenes Bild von der sie umgebenden Realität zu verschaffen.

Oft – wenn nicht sogar immer – ist für eine Frau, die ein bestimmtes Ziel in der Gesellschaft erreichen möchte, das *affidamento* mit einer anderen Frau unerläßlich. Es handelt sich also um eine vorrangige Form der Politik, das muß ausgesprochen und durchgesetzt werden, gegebenenfalls auch gegen die Formen von Politik, die die Männer in ihren Organisationen für vorrangig halten.

Die Politik der Forderungen* – und diese Forderungen mögen noch so richtig, noch so verbreitet sein – ist eine untergeordnete Politik der Unterordnung, denn sie geht von einem Rechtsbewußtsein aus, das einer von anderen geschaffenen Realität entspringt und somit zwangsläufig deren politische Formen übernimmt.

Eine Politik der Befreiung, wie wir den Feminismus genannt haben, muß die Grundlage für die Freiheit der Frauen schaffen. Die soziale Beziehung des *affidamento* ist zugleich Inhalt und Strategie in diesem grundlegenden Kampf.

Wenn das affidamento von einer zweitrangigen, unbedeutenden persönlichen Beziehung zu einer sozialen Beziehung wird, ändern sich natürlich auch seine Formen und Konsequenzen.

Die männlichen Formen der Politik und anderer Dinge sind nicht einfach nur anders als die Formen, die der weiblichen Erfahrung entsprechen. Sie sind nicht nur anders, sondern richten sich oft gegen die Frauen, denn sie erheben den Anspruch auf Universalität und stehen damit der Sichtbarmachung der sexuellen Differenz entgegen.

---

* Die Politik der Frauen, die Rechte fordert, wie z.B. Recht auf Abtreibung, 50%-Quoten etc. (Anm.d.Ü.)

Das ist ein ungleicher Kampf; die Macht, die Tradition, die materiellen und symbolischen Mittel gehören alle einer Seite – es erübrigt sich zu sagen, welcher. Aber auf der Seite der Frauen läßt sich eine Tatsache niemals auslöschen: Es ist ausgeschlossen, daß eine Frau nicht weiß, welchen Unterschied im Menschsein es bedeutet, als Frau geboren zu sein.

Das Problem besteht darin, dieses Wissen um die geschlechtliche Dualität mit hohen Ansprüchen ans Menschsein zu verbinden. Einige Frauen haben das geschafft. Es sind allerdings wenige; viel häufiger geschieht es, daß eine Frau, die sich ihrer Differenz bewußt ist, sie als Zwang zum Verzicht oder zur Unterordnung interpretiert, während die Frau, die weder Verzicht noch Unterordnung akzeptiert, ihre Zugehörigkeit zum weiblichen Menschengeschlecht zu verleugnen versucht.

Überall da, wo eine Frau ihre hohen Ansprüche mit dem Wissen um die sexuelle Differenz verbunden hat, entdecken wir, daß sich diese Frau eine andere Frau als Bezugspunkt gewählt hat.
Von den Geschichten, die uns dazu einfallen, möchten wir hier die in gewisser Hinsicht seltsamste, aber zugleich einfachste und deutlichste erzählen, nämlich die Geschichte der Erscheinungen an der Wand. Protagonistin ist die Dichterin H.D. (Hilda Doolittle, 1886-1961); sie schildert sie in *Tribute to Freud*, einem kleinen Buch, das sie Freud widmete. Wir geben hier ihre Worte wieder.
»Nun möchte ich von diesen Erscheinungen an der Wand sprechen, denn sie schienen dem Professor das gefährlichste Symptom, ja sogar das einzig gefährliche Symptom zu sein.« Der Professor ist Freud, bei dem H.D. 1930 in Analyse gewesen war. »Die Schattenbilder, oder besser Bilder des Lichts, die ich an die Wand meines Hotelzimmers geworfen sah, als ich Ende April 1920 auf der ionischen Insel Korfu war, besaßen eine derartige Schärfe und Intensität, daß sie derselben psychischen Kategorie zuzuordnen sind wie der Traum von der Pharaonentochter, die die Treppe herabschreitet.«
Zuvor beschreibt H.D., die zusammen mit einer jungen Bekannten auf Korfu ist, daß 1919, im Jahr zuvor, ihre Gesundheit, ja ihr Leben auf dem Spiel gestanden hatte. »Materiellen und geistigen Beistand in dieser schrecklichen Situation leistete mir eine junge Frau, die ich erst kurz zuvor kennengelernt hatte. Ihr Pseudonym ist Bryher.«
»Sie wollte mich in das Land mitnehmen, dessen Geist und dessen geographische Lage ich schon immer besonders geliebt und von dem ich schon immer geträumt hatte.«
»Vielleicht hätte man meine Griechenlandreise in jenem Frühling als Flucht vor der Realität interpretieren können. Und vielleicht hätte man das, was ich in jenem Zimmer erlebte, als weitere Flucht interpretieren

können – als Flucht vor der Flucht. Jedenfalls waren an der Wand Flügel.«

Der Professor interpretierte diese Vision als Wunsch, mit ihrer Mutter vereint zu bleiben.

»Ich muß sagen, daß dies die erste und letzte Erfahrung dieser Art war. Ich sah, wie ein undeutlicher Fleck an der Wand eine Form annahm.« Es war eine menschliche Gestalt mit verschwommenen Umrissen, »aber es war ein Lichtbild, kein Schattenbild – auch wenn ich es kaum erkannte.«

Dann wird die Vision deutlicher, verändert ihre Formen, was H.D. mit aufmerksamem, starrem Blick verfolgt. »Doch hier mache ich eine Pause, vielmehr meine Hand macht sie – jetzt taucht die Frage auf, welcher Sinn, welche Deutung diesen Symbolen zu geben ist.«

»Ich frage mich, ob es gut für mich ist, dieses Experiment fortzusetzen, oder ob es nicht vielleicht gefährlich ist. Denn mein Verstand sagt mir schon, daß diese geistige Dimension sehr ungewöhnlich ist – auch wenn die Entstehung dieser Bilder nicht länger als ein paar Minuten gedauert haben kann – , daß diese Art zu *denken* sehr ungewöhnlich ist, und daß mein Intellekt und mein Geist der Situation nicht gewachsen sind.«

Während H.D. diese weit zurückliegende Geschichte rekonstruiert, fällt ihr wieder ein, wie Freud im Jahr 1930 ihre Visionen beurteilt hatte, und sie denkt: »Vielleicht hatte der Professor recht, vielleicht war das wirklich ein 'gefährliches Symptom'«. Sie dagegen hatte es immer als »Inspiration« angesehen, die poetische Inspiration im Reinzustand, eine Vision des »Schreibens, das sich selbst schreibt«.

Die Erzählung setzt wieder ein: »Aber es ist nicht einfach, diesen Gemütszustand, dieses 'Symptom' oder diese 'Inspiration' festzuhalten. Und hier sitze ich nun in diesem Zimmer mit meiner Freundin Bryher, die mich nach Griechenland mitgenommen hat. Ich kann zu ihr sprechen, auch wenn ich mich nicht einen Zentimeter bewege und unablässig die Wand vor mir, diese Kristallkugel, fixiere. – 'An der Wand sind einige Bilder erschienen', sage ich zu Bryher. 'Zuerst dachte ich, das seien Schatten, es sind aber keine Schatten, es sind Bilder des Lichts. Sie stellen ganz einfache Gegenstände dar, aber das ist trotzdem ein sehr seltsames Phänomen. Wenn ich will, kann ich meinen Blick auch davon ablenken, das ist nur eine Frage der Konzentration. Was meinst du? Soll ich aufhören oder weitermachen?' – Ohne zu zögern antwortete Bryher: 'Mach' weiter'.«

Dann wird die Vision jedoch durch eine Menge umherschwirrender schwarzer Punkte gestört.

»...Ich weiß, daß es Leute waren, die in mir ein Gefühl des Gereiztseins hervorriefen, dabei hegte ich gegen niemanden Haß oder Groll. Ich hatte äußerst begabte und reizende Leute kennengelernt. Sie hatten mir viel

Aufmerksamkeit geschenkt, manche hatten mich ignoriert. Aber Aufmerksamkeit zu erfahren oder ignoriert zu werden war völlig unwichtig angesichts der viel größeren Probleme – angesichts des Lebens und des Todes. (Ich hatte meine Tochter zur Welt gebracht und lebte noch.) Aber auf merkwürdige Art war mir klar, daß ich diese Erscheinungen an der Wand, daß ich diese Erfahrung mit denen nicht teilen konnte – mit niemandem konnte ich sie teilen außer mit der Frau, die mir so mutig zur Seite stand. Und diese Frau hatte mir ohne zu zögern gesagt: 'Mach' weiter.' Sie hatte wirklich die Distanz und die Integrität der Pythia von Delphi. Aber ich war es – ich in meinem jämmerlichen Zustand, so weit weg von meiner Familie in Amerika und von meinen englischen Freunden – ich war es, die die Bilder sah und die Zeichen las, oder man könnte auch sagen, ich war diejenige, der diese innere Vision gewährt war. Eigentlich 'sahen' wir diese Bilder gemeinsam, denn ich muß zugeben, daß ich ohne Bryher nicht hätte weitermachen können.«

Der Bericht über die Vision geht weiter bis zu dem Moment, als »ich den 'Lichtschalter' ausknipste, den 'Strom' unterbrach, bevor das Schlußbild erschien, bevor sich sozusagen die Explosion ereignete. Aber wenn ich auch das Gefühl verspüre, daß ich nun genug habe – vielleicht sogar auch schon etwas zuviel – fährt Bryher, die geduldig bei mir geblieben ist, da, wo ich aufgehört habe, mit dem 'Lesen' fort. – Bis zu dem Augenblick, als ich meinen Kopf in den Händen vergrub, sagte sie dann zu mir, hatte sie an der Wand nichts gesehen. Sie hatte mir beigestanden, geduldig, etwas ratlos und sicher auch sehr besorgt und beunruhigt wegen meiner Verfassung und meines Gemütszustandes. Aber als ich mich entspannte und mich fallen ließ, körperlich und geistig völlig erschöpft, sah Bryher das, was ich nicht gesehen hatte: den letzten Teil der Sequenz, das Schlußsymbol.«

Bryher sagte, sie habe einen Kreis gesehen, der wie die Sonnenscheibe aussah, mittendrin eine Gestalt – ihrer Ansicht nach ein Mann –, die die Hand ausstreckte, um eine Frauengestalt zu sich in die Sonne zu ziehen (meine Nike).«

Nike, oder auch Victoria, ist die letzte der an der Wand erschienenen Gestalten. Die Autorin beschreibt sie detailliert: »Sie ist wie ein Engel mit gewöhnlichen Zügen, wie man sie auf Weihnachts- oder Osterkarten abgebildet findet.« Sie ist ganz aus Licht, wie die drei Gestalten zuvor, die sie auch »meine drei Karten« nennt, »aber im Unterschied zu diesen ist es kein statisches oder flächenhaftes Bild – es bewegt sich im Raum, einem nicht näher bestimmten Raum; es ist aber nicht direkt an die Wand gepreßt, auch wenn es sich nach oben bewegt, als würde es auf der Maueroberfläche dahingleiten. Es ist ein Bild, das sich bewegt – und zum Glück bewegt es sich schnell. Das heißt, nicht direkt schnell, es ist eher ein ständiges Fließen; das gestattet dem Geist wenigstens etwas

Ruhe, der dem Gefängnis jener Treppe (die unmittelbar vor Nike erschienen war) entkommen, der oben angekommen ist, der nicht mehr in diesem Käfig gefangen, sondern frei und geflügelt ist ...«
»Der Wunsch, mit meiner Mutter vereint zu bleiben – so interpretierte der Professor die Figurenschrift.« Ohne in Widerspruch zu ihm zu geraten, gibt H.D. eine, ja sogar zwei andere Interpretationen der Erscheinungen an der Wand. »Man kann sie als das unterdrückte Bedürfnis interpretieren, verbotene 'Erscheinungen und Prophezeiungen' zu verkünden, die sämtliche Regeln durchbrechen; als das unterdrückte Bedürfnis Prophetin zu sein.« »Oder diese Erscheinungen an der Wand sind einfach eine Verlängerung des künstlerischen Geistes, eine *Figuren*-Schrift oder ein illustriertes Gedicht, dem Inhalt von wirklichem Traum und von Tagtraum entzogen und aus dem Inneren heraus projiziert.«
Auf jeden Fall handelte es sich um eine grundlegende Erfahrung, die Erfahrung einer alten lebendigen Materie, die sich in Schreiben transformiert. Sie offenbarte H.D. ihre Berufung zur Dichterin sowie die Gewißheit, daß all dies dank einer Frau möglich war, die ihr beistand und die ihr im Augenblick der Entscheidung gesagt hatte: 'Mach' weiter'.

Erstes Kapitel

Hier wollen wir erzählen, wie das, was die großen Frauen für sich und für uns erreicht haben, für uns zum Gewinn wurde.
Diese Erzählung muß zwangsläufig unvollständig bleiben.
Unter den Fragen, die wir nicht behandeln können, weil wir keine Unterlagen darüber haben, soll eine zumindest genannt werden: Die Rolle der Mutter. Unserer realen Mutter. Durch sie gelangten wir zur Vorstellung von einer möglichen Größe des weiblichen Geschlechts, eine allererste, naive Vorstellung, die wir dann später – fast immer vergebens – von ihr bestätigt haben wollten. In den meisten Fällen wußte sie nichts mehr davon, oder das, was sie wußte, war so chaotisch, daß für uns alles noch schwieriger wurde.

Die ersten Gruppen : Demau und Rivolta femminile

Das erste Dokument des italienischen Feminismus trägt das Datum vom 1. Dezember 1966; der Titel lautet *Programmatisches Manifest der Gruppe Demau*. Demau war die Abkürzung von »demistificazione dell'autoritarismo patriarcale« (»Entmystifizierung des patriarchalen Autoritarismus«). In Wirklichkeit hatte weder die Gruppe noch ihr Manifest viel mit der Entmystifizierung des Autoritarismus zu tun.
Zentrales Thema dieses Manifestes sowie der darauffolgenden Texte *Einige Probleme zur Frauenfrage* (1967) und *Das Männliche als herrschender Wert* (1968) ist der Widerspruch zwischen Frau und Gesellschaft. Es gibt einen Widerspruch – die Frauen stellen ein Problem für die Gesellschaft dar. Aber wenn es sich um einen Widerspruch handelt, kann zu Recht auch behauptet werden, daß die Gesellschaft ihrerseits ein Problem für die Frauen darstellt.
Das ist die neue Perspektive, die von Demau in die Diskussion eingebracht wurde. Die Frauen sind ein gesellschaftliches Problem – dieses Problem wurde damals »Frauenfrage« genannt –, aber es kann nicht gelöst werden, solange es die Frauen nicht als das Problem betrachten, das die Gesellschaft den Frauen macht. Das heißt, solange die Frauen Objekt von sozialhistorischen Betrachtungen sind, solange diese Perspektive nicht umgedreht wird und die Frauen nicht in die Rolle des Subjekts versetzt werden bzw. sich selbst darein versetzen – in die Rolle des Subjekts, das von der eigenen Person ausgehend über Geschichte und Gesellschaft nachdenkt.

»Suche der Frauen nach Autonomie« lautet der dritte Punkt des *Programmatischen Manifests*. Hier heißt es: »Diese Suche setzt eine neue und weitergefaßte Methodik zur Untersuchung der Stellung der Frau voraus. Diese Methodik soll die Frau nicht nur unter dem historisch-evolutionistischen Aspekt der 'Lage der Frau' betrachten.« Es genügt nicht, die Konditionierungsmechanismen, denen die Frauen unterworfen sind, zu studieren, wir müssen »die Frau als autonomes Objekt und Subjekt der Analyse« betrachten.

Die Angriffe von Demau richteten sich vor allem auf die Politik der »Integration der Frau in die gegenwärtige Gesellschaft«. Die polemischen Bemerkungen sind vor allem auf die »zahlreichen Frauenverbände und Interessengruppen, die sich mit der Frau und ihrer Emanzipation beschäftigen«, gemünzt. Diese Verbände, heißt es, versuchen, »die Emanzipation der Frau zu propagieren und zu erleichtern, und zwar in der Gesellschaft, so wie sie ist«. Sie stellen nicht die Gesellschaft ausgehend von sich als Frauen in Frage, sondern sich selbst im Hinblick auf die Gesellschaft, »das heißt auf eine Gesellschaft, in der die Entscheidungsgewalt schon immer bei den Männern lag.«

Konsequenterweise kritisieren die Verfasserinnen die »bevorzugte Behandlung« der Frauen in Form von Gesetzen oder sonstigen, nur den Frauen vorbehaltenen Maßnahmen, die diesen helfen, ihre traditionelle weibliche Rolle weiterhin zu erfüllen, wenn sie ins Arbeitsleben einsteigen wollen bzw. müssen. Die Arbeit, die die Frauen außer Haus verrichten, heißt nicht aus reinem Zufall »außerhäuslich«. Von ihrem Wesen her gesehen kommt der Frau weiterhin die »Reproduktions- und Hausarbeit« zu. In einer Gesellschaft, in der die Frau ihren Platz unter den obengenannten Bedingungen findet, entdeckt sie zwangsläufig, daß das Weibliche »ohne jeglichen gesellschaftlichen Wert ist«. Daraus folgt, daß die einzelne Frau, wenn sie mit der »Männerwelt« konfrontiert wird, nur die Alternative hat, sich zu »vermännlichen« oder in die alte Frauenrolle zu flüchten. In jedem Fall bleibt die »Substanz der männlichen Macht und der darauf aufbauenden Gesellschaft« unverändert.

Die Politik der Integration wird deshalb als »Kamillentee für das wahre Übel« bezeichnet. Sie »bringt den Frauen äußere Erleichterungen, die ihre Eingliederung in die Männerwelt ermöglichen sollen«, aber »diese Welt wird immer einen Widerspruch für die Frauen darstellen, denn es ist eine Welt der Männer, d.h. unter Ausschluß der Frauen entstanden. Die Frau befindet sich mitten in einer anderen, einer separaten Welt«.

Über diese »andere, separate Welt« erfahren wir allerdings wenig in diesen Texten von Demau, ebensowenig wie über das »wahre Übel«. Das eine wie das andere, das Abgetrenntwerden von den weiblichen Erfahrungen und das Gefühl der Gespaltenheit, das eine Frau bei ihrem Eintritt in die

Gesellschaft empfindet, sind menschlicher Erfahrungsstoff, den wir bei den Autorinnen der Texte zwar erahnen können, die jedoch noch stumm bleiben. In derselben Form, nämlich materiell vorhanden, aber dennoch ohne Worte, deuten sich die andere Welt und das wahre Übel in diesen Texten an. Zum Beispiel in jenen »Ganz kurzen Schlußbemerkungen«, dem schwierigen letzten Abschnitt von *Einige Probleme*, wo eine Antwort auf die Frage »Was bedeutet das alles für die Frauen?« gesucht wird. Die Antwort lautet: »Das bedeutet, daß die Frau als erstes über ihr Geschlecht hinwegsehen sollte – das eine zweitrangige, zufällige Gegebenheit in ihrem eigentlichen Sein und Dasein sein soll bzw. ist –, um sich von all dem loszusagen, was in einer chauvinistischen Gesellschaft und deren Strukturen theoretisiert, behauptet und angestrebt wird, und was die Frauen an diese Strukturen bindet und in ihrer Rolle bestätigt.« Im folgenden wird diese Aussage korrigiert: »Damit soll nicht die Sexualität und ihre Frucht verleugnet werden, doch wir wollen eine Befreiung von den Fallstricken und Begrenzungen, die diese beiden, nur von anderen und nicht von den Frauen selbst gedeuteten Begriffe (Sexualität und Kinder) in der Entwicklungsgeschichte der Frau dargestellt haben.«

Das ist Fremdheit in der weiblichen Erfahrung: Andere geben ihr eine Bedeutung, nach eigenen Kriterien – an Stelle derjenigen, die diese Erfahrung lebt, und deshalb sitzt sie wie ein Tier in der Falle fest. Sexuelle Differenz, die den weiblichen Körper zeichnet, ohne zum Zeichen, zum Wort, zur Bedeutung zu werden, und so wird der Körper selbst zur Falle oder zu einem Teil der Falle für die Frau. Daher diese furchtbare Aufforderung, einen Teil der eigenen Erfahrung zu »vergessen«, nämlich den Teil, den andere zum Zweck der Herrschaft entworfen und benutzt haben. Aber daher auch die Aufforderung weiter unten, »den Mut zu finden, von vorn anzufangen«, um von »Konditionierten« zu »Konditionierenden« zu werden, zu »Teilhaberinnen an der Geschichte«, die »die Geschichte machen«.
Im Gegensatz zu der dogmatischen Aufforderung, unseren Körper zu vergessen, steht ein unerwarteter und fruchtbarer Begriff, nämlich der einer weiblichen »Transzendenz«. Der Begriff taucht in der späteren feministischen Literatur nicht mehr auf, abgesehen von einer bemerkenswerten Ausnahme, auf die wir in Kürze zu sprechen kommen.
»Solange wir uns nur darum kümmern, die Probleme der Frauen zu lösen – so heißt es in diesem Text aus dem Jahr 1967 –, konzentrieren wir uns weiterhin auf die Frau in ihrer biologischen Funktion. So kann die Frau, auch wenn sie sich weiterentwickelt, niemals zur (menschlichen) Frau mit einer autonomen Transzendenz werden.« »Wenn die Frau nicht mehr per definitionem für die Reproduktion zuständig sein wird«, so ist weiter unten zu lesen, »wenn die Auswirkungen der Verschiedenheit, der Dualität

der Geschlechter klar gesehen und von beiden in gleichem Maße mitgetragen« werden, dann wird die Frau, von sich selbst ausgehend und somit befreit, in sich und für sich' eine wahre, richtige Transzendenz entdecken«. Unter Transzendenz wird verstanden, daß Frauen ein Bewußtsein erwerben müssen, mit dem sie ihrem Wollen und ihrem Können in der Geschichte der Menschheit Geltung verschaffen, im Gegensatz zur Geschichte der Vergangenheit, in der sie von Entscheidungsbefugnissen ausgeschlossen waren.

Nun folgt die Aufforderung, »Mut zu fassen und von vorn zu beginnen«, Mut, der notwendig ist, um die Frauenfrage radikal auf den Kopf zu stellen und um schließlich eine »gesellschaftliche Revolution« in Gang zu setzen, die sich auf die Freiheit der Frau gründet.

Einige dieser neuen Ideen fanden später bei den Frauen sehr große Resonanz und wurden weiterentwickelt. Dies war aber nicht sofort der Fall. Der 1965 gegründeten Gruppe Demau traten anfangs nur wenige Frauen bei. 1968 reduzierte sich die ohnehin schon kleine Gruppe um die Hälfte. Es waren Jahre, die für die Suche nach Freiheit günstig waren, auch für Frauen; doch suchten damals viele von ihnen, wie schon öfters bei solchen Gelegenheiten, die Freiheit lieber mit den Gruppen und politischen Bewegungen der Männer, denn die waren größer und ihr Sieg schien sicherer.

Es muß hinzugefügt werden, daß die Theorie des Demau, abgesehen davon, daß sie etwas ganz Neues darstellte, aus einem weiteren Grund schwierig war: Ihr fehlte der Begriff der sexuellen Differenz. In den Texten ist die Rede vom Geschlechterunterschied als biologischer Tatsache, der auch ein Sinn zuerkannt wird, da sie für die Fortpflanzung der menschlichen Gattung notwendig ist. Dieser Sinn, heißt es, wurde von der Gesellschaft pervertiert und zur Versklavung des weiblichen Geschlechts verbogen; der Frau wurde per historischer Definition die Fortpflanzung zugeschrieben, der Mann dagegen hatte die Möglichkeit, seine Geschlechtsrolle selbst zu bestimmen und konnte sie somit auch »transzendieren«, allerdings auf Kosten der Frau.

Diese an sich gültige Auffassung der sexuellen Differenz verdeckt die Tatsache, daß die Differenz mit ganz anderem Gewicht und anderer Konsequenz den Text erfüllt, wenn von Auf-den-Kopf-Stellen, von Neubeginn und gesellschaftlicher Revolution die Rede ist. Daher dreht sich die Argumentation um sich selbst, führt zwar wie in einer Schraubbewegung in die Tiefe, fördert jedoch nicht das unmittelbare Verständnis.

1970 kommt in Mailand und Rom das *Manifest von Rivolta femminile* heraus, zusammen mit einer Schrift von Carla Lonzi, *Wir pfeifen auf Hegel*. Sprache und Inhalt der beiden Texte lassen darauf schließen, daß auch der erste von dieser Verfasserin stammt.

Neben der Unabhängigkeit ihres Denkens besaß Carla Lonzi auch die Gabe, ihre Gedanken lebendig auszudrücken. Ihre Texte zeichnen sich durch einen sprühenden Sprachstil aus – kurze Thesen, die sich hier überstürzen und dort unvermittelt auseinanderstreben, wie die züngelnden Flammen eines kräftigen Feuers. Nicht nur aufgrund der Sprache weist ihr *Manifest* wesentliche Unterschiede zum Dokument von Demau auf. In der grundlegenden Frage stimmen beide Texte jedoch überein.

»Das Weiblichkeitsbild, mit dem der Mann die Frau interpretiert – heißt es da –, hat er selbst entworfen... Der Mann hat immer im Namen des Menschengeschlechts gesprochen, doch nun klagt ihn die eine Hälfte des Menschengeschlechts an, eine Verstümmelung sublimiert zu haben... Wir erachten eine Geschichte, die sich konstituiert, ohne die Frau als aktiv daran beteiligtes Subjekt zu betrachten, als unvollständig.« Und schließlich heißt es: »4000 Jahre lang haben wir zugeschaut, jetzt sind uns die Augen aufgegangen!«

Die Revolution des Symbolischen, die eine Frau vollzieht, wenn sie sich in die Position des Subjekts begibt, wird auch von Carla Lonzi als ein Neubeginn betrachtet; in *Wir pfeifen auf Hegel* schreibt sie: »Das unvorhergesehene Schicksal der Welt liegt darin, daß alles noch einmal von vorn anfangen muß, mit der Frau als Subjekt.«

Neben dieser Revolutionierung wird in den Texten von Rivolta femminile auch ganz deutlich deren logisches Ergebnis genannt, nämlich die Vorstellung der sexuellen Differenz. Der Unterschied zwischen Mann und Frau wird als Tatsache dargestellt, über die man nicht hinwegsehen kann. Für die Frau gibt es weder Freiheit noch eigenes Denken ohne die Vorstellung der sexuellen Differenz. Das *Manifest* beginnt mit folgendem Leitgedanken: Die Frau darf nicht in bezug auf den Mann definiert werden. Das Bewußtsein hierüber ist die Grundlage unseres Kampfes und unserer Freiheit. Der Mann ist nicht das Modell, an das sich die Frau in ihrem Selbstfindungsprozeß anzupassen hat. Die Frau ist das Andere in bezug auf den Mann. Der Mann ist das Andere in bezug auf die Frau.«

Daher wird das Programm der Gleichheit zwischen den Geschlechtern, durch das den Frauen angeblich die volle Menschenwürde garantiert werden soll, aufs schärfste abgelehnt. »Die Gleichberechtigungspolitik ist ein ideologisches Manöver, um die Frau auf einer höheren Ebene zu versklaven. Die Frauen mit den Männern gleichzusetzen bedeutet, den letzten Weg zur Befreiung zunichte zu machen. Sich befreien heißt für die Frau nicht, dasselbe Leben wie der Mann anzunehmen (...), sondern es heißt, den Sinn, den sie der Existenz gibt, zum Ausdruck zu bringen.« Zum selben Thema, aber auf differenziertere Art, schreibt Carla Lonzi in *Wir pfeifen auf Hegel*: »Die Gleichheit ist ein juristisches Prinzip, der gemeinsame Nenner, auf den alle Menschen gebracht werden, denen Gerechtigkeit widerfahren soll. Die Differenz ist ein existentielles Prinzip, und es betrifft die Lebens- und Denkweise von Frauen und Männern, ihre jeweiligen Erfahrungen, ihre Ziele, ihre Bereitschaft zur Veränderung und den Sinn, den sie dem Leben geben, in der Gegenwart und in der Zukunft, die sie schaffen wollen. Die Differenz zwischen Frau und Mann ist die Grunddifferenz im Menschsein.«

Auf den letzten Seiten des Textes finden wir eine Vorstellung, die danach für mehrere Jahre untergeht – die Vorstellung einer weiblichen Transzendenz, die die Demau-Frauen schon formuliert hatten. »Der Mann« – so schreibt Carla Lonzi – »hat den Sinn des Lebens jenseits des Lebens, ja selbst gegen das Leben, gesucht; für die Frau überschneiden sich Leben und Sinn des Lebens ständig.«

Die Philosophie hat diese »Hierarchie der Schicksale« idealisiert, indem sie sagte: »Die Frau ist Immanenz, der Mann Transzendenz«. Mit allerlei Begründungen wurde die Verachtung der Frau bemäntelt: »Wenn die Weiblichkeit Immanenz ist, mußte der Mann sie verleugnen, um den Lauf der Geschichte in Gang zu setzen.« »Der Mann«, kommentiert Carla Lonzi, »hat Machtmißbrauch getrieben, aber er ging von einem notwendigen Oppositionspaar aus, nämlich Immanenz und Transzendenz. Diesem Mißbrauch muß die Frau ihre Transzendenz entgegensetzen.« »Worauf gründet sich die Anerkennung der männlichen und die Verleugnung der weiblichen Transzendenz« seitens der Philosophen? – Sie sahen, so lautet die Antwort, »die Transzendenz in der Herausbildung der Macht bestätigt«, d.h. sie gingen von der Ohn-Macht der Frauen in der patriarchalischen Gesellschaft aus, um nicht »eine andere Art von Transzendenz zu sehen«, die von der Frau ausgeht, aber »unterdrückt worden ist«.

Genau wie in den Texten von Demau haben wir hier ein theoretisches Gerüst, das eine Verbindung herstellt zwischen *Bewußtwerdung, Wunsch nach Freiheit* und *Wille zur eigenen Existenz*, zwischen weiblichem Körper und weiblichem Geist, über die von Natur und Gesellschaft auferlegten Begrenzungen hinweg. Kultur entsteht aus der Fähigkeit des Menschen, sich selbst zu transzendieren. Eine Fähigkeit, die de facto vom Mann auf Kosten der Frau ausgeübt wird, sowohl auf materieller Ebene – durch die Arbeitsteilung, die der Frau die alltägliche und repetitive Arbeit der Überlebenssicherung zuweist, als auch auf symbolischer Ebene – durch eine Kultur, in der das Weibliche dem Männlichen untergeordnet ist. Die sexistische Herrschaft ist also integraler Bestandteil der menschlichen Kultur. Auch der Begriff der Transzendenz ist davon geprägt, bemerkt Carla Lonzi, doch ist das kein Grund, ihn abzulehnen. Er ist nur insofern zu korrigieren, als er unter das Vorzeichen der sexuellen Differenz treten muß. Der Kultur der Menschheit wie der Freiheit der

Frauen fehlt der Ausdruck weiblicher Transzendenz, das Mehr an Existenz, das wir gewinnen, wenn wir die Grenzen der individuellen Erfahrung und der Konkretheit des Lebens symbolisch überschreiten.
Als in den siebziger Jahren dann ein breiter kollektiver Bewußtwerdungsprozeß einsetzt, geht die Vorstellung von Transzendenz unter, und als Folge davon verlieren auch zwei andere Begriffe einen Teil ihrer semantischen Kraft. Die Bewußtwerdung bestand nun vor allem im Erkennen der erlittenen Unterdrückung, und darin bestand der erste Schritt der Identifikation mit dem weiblichen Geschlecht. Das so erlangte neue Bewußtsein war nicht unmittelbar ein Bewußtsein von sich selbst als konstitutivem Teil der Welt, der von Natur oder Gesellschaft unabhängig ist.
Dementsprechend wurde auch die Bedeutung der angestrebten Freiheit enger.
Um sich diese Einengung zu erklären, muß man die Schwierigkeit berücksichtigen, den Begriff einer »anderen Art« von Transzendenz zu begreifen und weiterzuentwickeln. Und dann stellte sich vor allem die Frage, welche politische Praxis einzuschlagen sei. Die Frauenbewegung hatte ihren Ausgangspunkt und ihre erste politische Form in den Selbsterfahrungsgruppen gefunden. Hier konnten die Frauen frei über ihre Erfahrungen sprechen, unter der Bedingung, daß sie dabei im Rahmen ihres persönlichen Erlebens blieben. Dank dieser Bedingung konnte die weibliche Differenz endlich zum Vorschein kommen. Aber eine Sache kam nicht zum Vorschein, sie konnte nicht zum Vorschein kommen, nämlich der Wunsch der Frau, die Grenzen ihrer persönlichen Erfahrung zu verlassen, um dieser erst recht treu sein zu können – ihre wahre und richtige Transzendenz.

Die Praxis der Selbsterfahrung breitete sich nach dem Vorbild und der Theorie des amerikanischen Feminismus ab 1970 aus, unter anderem auch dank Rivolta femminile.
Das Manifest von Rivolta femminile übernimmt vom amerikanischen Feminismus neben einer Reihe von Ideen die sichere Überzeugung, einer neu entstehenden Massenbewegung Ausdruck zu verleihen. Aber weder in bezug auf Inhalt noch auf Sprache läßt sich ein Einfluß der Selbsterfahrungspraxis feststellen, ebensowenig wie – schon allein aus Gründen der Chronologie – in den Texten von Demau.

Selbsterfahrung, die erste Erfindung in der Politik der Frauen

Die Praxis der Selbsterfahrung wurde gegen Ende der sechziger Jahre in den USA erfunden, von wem genau, wissen wir nicht. Die Amerikanerinnen sprachen, genauer gesagt, vom »Anheben des Bewußtseins« (consciousness-raising). Der italienische Begriff »autocoscienza« wurde von Carla Lonzi eingeführt, die eine der ersten Selbsterfahrungsgruppen in Italien gründete. Diese Gruppen zeichneten sich dadurch aus, daß sie bewußt klein gehalten wurden, nicht Teil einer größeren Organisation waren und sich ausschließlich aus Frauen zusammensetzten, die sich trafen, um über sich oder irgendwelche anderen Dinge zu reden – vorausgesetzt, es handelte sich um persönliche Erfahrungen.

Ab 1970 entstanden solche Gruppen überall in den industrialisierten Ländern. Man kann die Praxis der Selbsterfahrung zwar nicht mit der Frauenbewegung gleichsetzen, aber sicherlich hat sie viel dazu beigetragen, daß eine Massenbewegung daraus wurde, denn sie war einfach und gleichzeitig genial.

Die Gleichberechtigung war noch nicht verwirklicht, und schon sollten die Frauen, zusätzlich zur fortbestehenden Diskriminierung, die neue Last einer gesellschaftlichen Rollenzuweisung tragen, die sie dem Mann gleich machte. Das war zuviel, und so verlor die Perspektive der Gleichheit mit dem anderen Geschlecht auf einmal ihren Reiz. Einige, sogar viele, wandten sich von dieser Richtung ab, um einen ganz anderen Weg einzuschlagen: den des Separatismus. Schon immer, so meinen wir, war es unter Frauen üblich, sich getrennt zu treffen, um geschützt vor männlichen Ohren miteinander zu reden. Die Selbsterfahrung fügte sich in diese zwar sehr verbreitete, aber wenig anerkannte soziale Verhaltensform ein und verlieh ihr einen politischen Wert. »Das ist unsere Form der Politik«, hieß es, »die anderen Formen eignen sich nicht für uns. Weder die Formen der großen Organisationen noch die der demokratischen Vertretung«. Ebensowenig kamen die neuen Formen der Basispolitik in Frage, die die Studenten-, Schüler- und junge Arbeiterbewegung entwickelt hatte. In keiner dieser Formen kommt das zum Ausdruck, was wir wollen, oder es kommt nicht mit der nötigen Freiheit zum Ausdruck. Die Selbsterfahrungsgruppe war für viele der soziale Ort, wo sie zum ersten Mal offen über ihre Erfahrungen reden konnten, und diesem Reden wurde ein Wert zuerkannt. Vorher galt die eigene Erfahrung als rein subjektiv, war deshalb unsichtbar und zersplittert und wurde von der Gesellschaft gleichsam unwissentlich ausgenutzt und verachtet.

In Mailand war die Technik der Selbsterfahrung zwischen 1970 und 1974 die vorherrschende politische Praxis. Sie wurde auch von anderen Gruppen, wie Demau, übernommen.

Das belegen drei Veröffentlichungen aus jenen Jahren: *Frausein ist schön* von der Gruppe Annabasi (1972), die zwei Jahre zuvor gegründet worden war, sowie die ersten beiden Nummern von »Sottosopra«, die 1973 bzw. 1974 auf Initiative mehrerer Mailänder Gruppen erschienen.

Die Zeitschrift von Annabasi, von der nur eine Nummer erschien, enthält fast ausschließlich Texte aus den USA und aus Frankreich. Die beiden Ausgaben von »Sottosopra« sind, wie der Untertitel sagt, hauptsächlich den »Erfahrungen der feministischen Gruppen in Italien« gewidmet.

Der Leitartikel von *Frausein ist schön* spiegelt deutlich das allgemeine Bewußtsein wider, das in der Selbsterfahrungspraxis herrschte. »Wir Frauen«, so heißt es am Anfang, »haben noch nie richtig miteinander kommuniziert«. Oft ist die erste Reaktion, »diese Schwierigkeit als persönliches Problem wahrzunehmen«, aber das ist falsch. Unsere Isolation kommt in Wirklichkeit von »der Trennung, die die Männer zwischen den Frauen geschaffen haben«. Die Männerkultur hat den Frauen »einengende Modelle« übergestülpt. Dadurch und aufgrund der »Isoliertheit« unseres Lebens, entstand in jeder Frau »das Gefühl, eine verfehlte Existenz, asozial, neurotisch, hysterisch und verrückt zu sein«. Die »isolierten und unglücklichen« Frauen neigen dazu, »ihre Probleme als eine persönliche Behinderung anzusehen«.

Es handelt sich jedoch um »ein gesellschaftliches und politisches Faktum«, denn diese Probleme sind allen Frauen gemein. Diese Entdeckung brachte große Bewegung »in die Bewegung«; die Frauen »auf der ganzen Welt bewegten sich«.

Die Presse lenkt von der Bedeutung der Bewegung ab, unterstellt ihr »lächerliche Ziele«, um »die realen Gründe des Kampfes zu verschleiern«. Die Männer sind nicht bereit, »die gegenwärtige gesellschaftliche Ordnung« zu verändern, »die ihnen das Machtmonopol garantiert.« »Abgesehen davon«, so ist gleich darauf zu lesen, »haben wir überhaupt kein Interesse daran, diese auf Konkurrenz angelegte Form der Macht zu teilen (...). Die männlichen Modelle haben überhaupt nichts mit unseren Interessen zu tun«. Wir wollen die Männer nicht imitieren, ganz im Gegenteil, wir sind froh, »als Frauen geboren zu sein«. Unter den Frauen hat sich »eine neue Solidarität hergestellt, aus der wir Gegnerschaft, Konkurrenz, Gewaltverhältnisse und Herrschsucht ausschließen wollen.« Wir wollen »leben und es genießen können, eine Frau zu sein«, und zwar »befreit vom Joch der Unterwerfung und Unterdrückung, das uns allen auferlegt ist.«

Nun folgt eine drastische Absage an alle, die den Frauen ihre Vorstellungen aufzwingen wollen: »Wir sagen nein zu den Vermittlern, zu denen, die uns interpretieren« – gemeint sind Männer. »*Wir glauben nicht mehr, was Politiker oder Journalisten, Wissenschaftler oder Ehemänner über unser Schicksal, unsere Wünsche und unsere Pflichten sagen*« . Und wenn die Vermittler Frauen wären? Wie die Verfasserinnen des Leitartikels und der vorgestellten Texte? Diese Möglichkeit wird nicht in Betracht gezogen. Die Textsammlung soll einfach »eine Aufforderung, sich auszudrücken« darstellen, eine Hilfe, um »die anfänglichen Hemmungen zu überwinden«. Vom Feminismus kommt der faszinierende Vorschlag, »alle Strukturen und Auffassungen, die wir nicht akzeptieren können, zu zerstören, um die wahren Gedanken und Gefühle fließen zu lassen«. Die Frauen sollen sich nicht mehr vorgefertigten Meinungen anpassen, wir haben endlich »die Freiheit, zu denken, zu tun und zu leben, *was wir wollen*. Einschließlich der Freiheit, Fehler zu begehen«, was für manche »die größte Befreiung« war.

Und nun, so schließt der Leitartikel, erwarten wir eure Mitarbeit. Die Zeitschrift bietet, ähnlich wie die Selbsterfahrungsgruppe, »Raum, wo ihr zu Wort kommen könnt. Alles, was eine Frau sagt, ist wichtig und dient dazu, ihr eigenes Bewußtsein und das der anderen zu fördern.«

Die Praxis der Selbsterfahrung stützte sich, teils implizit, teils explizit, auf eine eigene Theorie, die auch in dem eben zitierten Text durchschimmert.

Eine wichtige Rolle spielte dabei die von den Amerikanerinnen detailliert entwickelte Theorie der Kleingruppe. Im Leitartikel wird sie nicht erwähnt, aber in der Zeitschrift werden mehrere Texte zu diesem Thema zitiert.

Daneben galt die These von der Authentizität der persönlichen Erfahrung und somit auch der Worte, die diese Erfahrung ausdrücken. Die Authentizität wurde verabsolutiert, das heißt, daß es für Frauen außerhalb des Rahmens ihres persönlichen Erlebnishorizonts keine mögliche andere Authentizität geben konnte. Diese Auffassung steht im Widerspruch zu der ebenfalls im Leitartikel vertretenen Behauptung, daß es Frauen gäbe, die spontan falsch denken oder handeln (zum Beispiel indem sie alle Schuld bei sich selbst suchen oder auf Konkurrenz ausgerichtet sind). Dieser Widerspruch wird durch die These einer äußeren Ursache geglättet: Die Schwierigkeiten, die die Frauen mit sich selbst oder in ihren Beziehungen haben, seien durch das Verhalten der Männer bedingt.

Die Idee einer weiblichen Vermittlung zwischen sich und der Welt taucht wie gesagt nicht auf, obwohl es Ziel der Zeitschrift war, Ideen – teils auch theoretischer Natur– von Frauen für Frauen vorzustellen. Diese Inkonsequenz trat im Bereich der Selbsterfahrung nicht zutage. Die Praxis der Selbsterfahrung setzte nämlich eine vollständige wechselseitige Identifikation voraus und förderte diese noch zusätzlich. Ich bin du, du bist ich; was eine Frau sagt, sind Frauenworte – ihre und meine. Dies gilt selbstverständlich nur in dem Maß, wie diese Frau ein Bewußtsein von sich selbst hat, beziehungsweise mit Hilfe der Politik gewonnen hat. Denn die Bewußtwerdung ist der politische Akt, in dem die gemeinsame weibliche Identität entdeckt und verstärkt wird. Dank dieser gemeinsamen Identität kann ein mindestens so guter, wenn nicht sogar besserer Zusammenschluß als durch jede andere Form der Organisation entstehen.

Das Wort, so meinten die Frauen schließlich, habe eine befreiende Kraft. Diese Vorstellung kam vielleicht aus der Psychoanalyse. Wenn diese Vermutung stimmt, so handelte es sich jedoch um eine abgewandelte Version. Der lösende Effekt entstand nämlich durch Worte, die in der Gruppe mit anderen Frauen ohne Rückgriff auf Interpretationen ausgetauscht wurden. Denn die Frauen leiden im Grunde daran, daß sie nicht von sich ausgehen, wenn sie sagen, was sie sind und was sie wollen, und es sich stattdessen mit den Worten von anderen sagen.

Sich spiegeln und verändern

Bei einem Vergleich der ersten feministischen Dokumente von Demau und Rivolta femminile, die nicht von der Selbsterfahrung geprägt waren, mit den Texten aus der späteren Selbsterfahrungspraxis stellten wir mit Erschrecken fest, in wieviel stärkerem Maß die letzteren die Unterdrückung der Frau betonen; es wird kein einziger Gedanke in bezug auf die Realität geäußert, der nicht auf den Zustand der Unterordnung unter den Mann abhebt.

Es muß jedoch hinzugefügt werden, daß die Selbsterfahrung theoretisch und praktisch so angelegt war, daß das Geschehen in der Gruppe ganz wesentlich von den einzelnen Frauen abhing. So gab es Gruppen – angefangen bei Demau und Rivolta femminile – , die die Gespräche über Erfahrungen mit Männern zurückstellten, um ihre Aufmerksamkeit anderen Beziehungen zuzuwenden, oder um Momente von Autonomie im Leben der Frauen in den Vordergrund zu rücken.

In der ersten Nummer von »Sottosopra« geben nur wenige Texte direktes Zeugnis von der Praxis der Selbsterfahrung. Sie sind recht schön, wie alle Dinge, die man treu erzählt, ohne lange nach Worten zu suchen. Die anderen Texte, also der überwiegende Teil, enthalten Reflexionen über die feministische Politik.

Die »Zeitung«, so wurde Sottosopra genannt, war auf Initiative einiger Frauen entstanden, um »dem vordringlichen Interesse am gegenseitigen Kennenlernen und am Erfahrungsaustausch zwischen den bestehenden Gruppen« entgegenzukommen. Es sollte ein Forum zur Bildung einer »feministischen *Bewegung* sein, die mehr ist als die schon bekannte Existenz verschiedener Frauengruppen«. Unser Ziel ist es, so heißt es ebenfalls im einführenden Text, »eine andere Form als die Kleingruppe zu schaffen – größer, komplexer, sicher nicht als Alternative zu dieser, aber einfach mit anderen Funktionen«. Die Kleingruppe war der Ort der Bewußtwerdung, während die Bewegung dem Bedürfnis entsprechen sollte, »etwas zu tun, was die Realität, in der wir leben, verändert.«

Der Wille, die gesellschaftliche Realität zu verändern, existierte also, aber nach Ansicht der Verfasserinnen dieses Textes konnte die Kleingruppe ihn nicht ausdrücken. Dem widersprechen in derselben Zeitschrift die Frauen von Rivolta femminile. Sie behaupten, die Grundlage für das Fortbestehen ihrer Gruppe seien ausschließlich »die Selbsterfahrungsgruppen«. Ebenso Demau: »Wir wollen uns nicht von den Frauen entfernen, deshalb bleiben wir in der Kleingruppe.«
Die Zeitung enthält diesen und zahlreiche andere Widersprüche. Das konnte sie durchaus vertreten, denn ihr Anspruch war es, »den wirklichen Zustand der Bewegung getreu widerzuspiegeln.« Diese wird jedoch nicht als von inneren Widersprüchen durchzogen dargestellt, sondern als »zusammengesetzt aus vielen Gruppen, die nur wenig Kontakt untereinander und ziemlich unterschiedliche Methoden haben«. Diesen Zustand möchte die Zeitung widerspiegeln und gleichzeitig verändern, indem sich die Gruppen kennenlernen und miteinander konfrontieren.
Die getreue Widerspiegelung sollte also ein Mittel zur Veränderung der widergespiegelten Realität sein. Diese Konzeption entsprang dem Grundverständnis der Selbsterfahrungspraxis. Die einzelne Frau, die sich getreu in der anderen spiegelt, entdeckt, daß sie anders ist als sie vorher geglaubt hatte, und erkennt in dem neuen Bild diejenige, die sie schon immer war, ohne es gewußt zu haben. Das war die Stärke, aber auch die Grenze der Selbsterfahrungspraxis; sie konnte keine Trennungslinien zwischen den Frauen zulassen, denn »ich bin du, und du bist ich«. Wenn Gegensätze auftauchten, wurden sie als Auslöser für wechselseitige Veränderung wahrgenommen, so daß die wechselseitige Identifikation sich wieder herstellen konnte und verstärkt daraus hervorging. In jenen Jahren drückte sich die sexuelle Differenz in der Form einer generellen Suche nach dem eigenen Selbst in der anderen Frau aus.
Auch wenn in der ersten Nummer von »Sottosopra« die Praxis der Selbsterfahrung in direkter Form nur am Rande thematisiert wurde, so war die Gesamtlinie des Heftes doch davon beeinflußt. Wie die Zeitschrift von Annabasi war auch »Sottosopra« nach dem Modell der Kleingruppe konzipiert, wo jede Frau sprechen konnte und sicher sein konnte, daß die anderen ihr zuhörten und daß niemand ein Werturteil über ihre Worte fällen würde.
In »Sottosopra« konnten, wie die Redakteurinnen darlegten, jede Frau und jede Frauengruppe schreiben, unter der Voraussetzung, daß sie nichts mit Männerorganisationen zu tun hatten. Die Redaktion verpflichtete sich, keine Auswahl unter den Texten vorzunehmen. Alle eingereichten Texte sollten garantiert veröffentlicht werden. So geschah es auch, und so tauchten neue, unvorhergesehene Probleme auf.

Die zweite Nummer, 1974 erschienen, beginnt mit einer »Diskussion über die Funktion von 'Sottosopra'«. Einleitend finden wir einen Beitrag von Lotta femminista, einer politischen Gruppe, die mit ihrem Kampf um Lohn für Hausarbeit bekannt geworden war. Sie vertritt hier vehement die Meinung, daß die Zeitung, wenn sie laut Untertitel von »Erfahrungen« berichten wolle, vor allem über ein Thema berichten solle: über »die Arbeit der Feministinnen mit den Frauen in der Fabrik, in den Stadtteilen, in den Beratungsstellen, mit weitestmöglichen Informationen darüber, was die Unterdrückung und die Ausbeutung der weiblichen Massen konkret bedeutet«.

Es folgen die gequälten »Beiträge einiger Frauen aus Mailand, die es (das Sottosopra) betreut haben«. Unter »betreut« ist hier »gemacht« zu verstehen. Wie wohl schon klar ist, handelt es sich um die Redakteurinnen im obengenannten Sinn, also um die Frauen, die die ganze Verantwortung für das Unternehmen trugen, vom Druck bis zum Vertrieb, ohne jedoch die Machtbefugnisse einer Redaktion zu haben. Darauf zu verzichten, galt für sie als eine politische Herausforderung. Eine von ihnen bestätigt: »Nur eine Sammlung von Erfahrungsberichten zu machen, ist ein Anreiz zur persönlichen Verantwortung und zum aktiven Handeln.« Andere beginnen daran zu zweifeln, denn die erste Nummer der Zeitung hat nicht die erhoffte Wirkung gezeigt. »Ein Jahr nach Erscheinen von 'Sottosopra' hat eine Auseinandersetzung auf breiter Basis, die wir so notwendig brauchen, noch nicht stattgefunden...«

Zweifel kamen auch hinsichtlich des Produkts auf: »Als wir über die erste Nummer diskutierten, und auch bei dieser zweiten«, schreibt eine, »war ich unter denen, die darauf bestanden, daß 'Sottosopra' alles veröffentlichte, doch da gibt es 'Gefahren': Zum Beispiel die Gefahr der Langweiligkeit (zu lange oder im alten Stil verfaßte Artikel), die Gefahr der Wiederholung (mehrere Beiträge zum selben Thema), die Gefahr, denjenigen zuviel Platz einzuräumen, die die Sturheit besitzen, sich ihn zu nehmen«. Das ist vielleicht eine Anspielung auf Lotta femminista, die, obwohl sie eigene Publikationsorgane hatte, der Zeitung lange und immer ähnliche Texte zuschickte und dabei auch noch Thesen vertrat, wie zum Beispiel Lohn für Hausarbeit, die den Redakteurinnen zuwider waren.

Eine andere Zuschrift nennt das wahre Problem beim Namen: Es ist ein Widerspruch, einerseits ein Forum für die Worte der Frauen zu schaffen, und deren Wert andererseits wieder in Frage zu stellen, indem »die verschiedensten Thesen und Standpunkte statisch aneinandergereiht werden.«

Trotz dieser Zweifel sollte die zweite Nummer »mehr oder weniger nach der Konzeption der ersten« gestaltet werden. Das Resultat war eine umfangreichere und langweiligere Nummer. Manche Texte daraus

könnten, einzeln betrachtet, lebendig und originell sein. Aber wie in der eben zitierten Zuschrift richtig beobachtet, nimmt ihnen die statische Aneinanderreihung jegliche Aussagekraft.
Danach reichten die Energien nicht mehr aus, um weitere Ausgaben von »Sottosopra« nach der ursprünglichen Konzeption herzustellen. Zwar überlebte eine »Zeitungsgruppe«, aber sie brachte es nie zu konkreten Ergebnissen. Erst später erschienen wieder weitere Nummern von »Sottosopra«, jedoch mit einer anderen Konzeption.
Der ursprüngliche Anspruch, nämlich durch das Nebeneinanderreihen von Verschiedenem etwas Neues hervorzubringen, wurde aufgegeben. Der Grund dafür lag weniger in der Zeitung selbst als vielmehr in der Politik, deren Ergebnis sie war. Die Langeweile, oder, schlimmer noch, das Gefühl der Ohnmacht, das angesichts dieser Anhäufung unterschiedlicher Erfahrungen und Ideen aufkam, machte sich auch innerhalb der Selbsterfahrungsgruppen breit.
Das Gefühl einer wachsenden Unzufriedenheit wird von mehreren Texten im zweiten »Sottosopra« dokumentiert. Dort heißt es an mehreren Stellen, daß die Selbsterfahrung zwar gut ist, *aber* nicht reicht. Es ist also zu überlegen, wie sie erweitert oder potenziert werden könnte. Als Beispiel wollen wir hier *Erfahrung bei Feda* nennen, einen Text von einigen Frauen, die sich den Arbeiterinnen einer besetzten Fabrik angeschlossen hatten: »Daß wir dort direkt dabei waren, entsprang unserem Bedürfnis, aus der Selbsterfahrungsarbeit in den Gruppen herauszukommen, aus einer Arbeit, die wir als sehr wichtige Methode zur individuellen und kollektiven Bewußtwerdung betrachten, die aber allein nicht reicht.« Denn »sie trägt zwar zur Bewußtseinsbildung bei, aber sie gibt uns keine konkreten Mittel in die Hand, sie hilft uns auch nicht, eine Position der Stärke im gesellschaftlichen Transformationsprozeß zu entwickeln. Sie macht uns lediglich unsere Lage bewußt und macht uns wütend darüber.«

Aber in Wirklichkeit entstand dieses Ohnmachtsgefühl in der Selbsterfahrungsgruppe aus dem einfachen Grund, daß ihre Möglichkeiten ausgeschöpft waren.
Ihrer Natur nach war die Selbsterfahrung eine befristete politische Praxis, die über ein bestimmtes Ergebnis hinaus nicht verlängert werden konnte, und dies war erreicht, als sich die Frauen bewußt geworden waren, daß sie ein anderes Geschlecht sind, das dem männlichen weder untergeordnet noch anpaßbar ist. Die Selbsterfahrung hatte die Frauen davon befreit, daß ihre Differenz von anderen definiert wurde, und hatte sie in die Lage versetzt, von und für sich selbst zu sprechen. Daraus entstanden Probleme und Widersprüche, die diese Praxis nicht mehr fassen, geschweige denn lösen konnte. Begrenzt waren auch ihre Verfahrensweisen, wie das Sich-gegenseitig-Zuhören, wenn es um Ereignisse und

Gefühle geht, die allen gemein sind. Das übte eine starke Faszination aus, denn sich selbst im getreuen Spiegelbild einer anderen Frau zu entdecken, ist etwas Faszinierendes. Im Akt des Entdeckens gab es keine Spur von Langeweile oder von Ohnmacht, ganz im Gegenteil. Das Aufkommen von Langeweile war ein Warnsignal. Wenn das Entdecken lebendig bleiben sollte, durfte es nicht in der Wiederholung steckenbleiben, sondern mußte eine neue Fortsetzung finden.

In den Texten, die diese Übergangsphase dokumentieren, finden sich viele Anzeichen der Unzufriedenheit, aber keine eigentliche Kritik an der Praxis der Selbsterfahrung, zumindest nicht seitens der Frauen, die sie intensiv betrieben hatten. Sie ließen sie einfach hinter sich, denn sie hatten die Fortsetzung gefunden.

Aber nicht alle ließen sie einfach hinter sich. Viele Gruppen machten noch jahrelang weiter, zum Beispiel Rivolta femminile oder andere, neugegründete Gruppen.

In jenen Jahren erlebte der Feminismus seine Hoch-Zeit; es entstanden ständig neue Gruppen. Selbsterfahrung war einfach, genial und bei allen beliebt, deshalb schlossen sich viele Frauen, die sich dem Feminismus annäherten, zunächst einer Selbsterfahrungsgruppe an. Das ging so weit, daß sie in den siebziger Jahren als eine Art von notwendiger Vorübung betrachtet wurde. Danach verlor sie allerdings an Wichtigkeit.

Als bleibendes Erbe der Selbsterfahrungspraxis blieb bei den Frauen die Tendenz erhalten, beim Denken und Reden die Sphäre des Gefühls nicht auszuschließen, sowie die Fähigkeit, diese Sphäre bei der Theoriebildung einzusetzen. Die »weibliche Transzendenz« unserer ersten Theoretikerinnen hätte ohne diese Tendenz und diese Fähigkeit vielleicht nicht so originelle Formen angenommen. Ein gutes Beispiel hierfür findet sich im ersten »Sottosopra«, in einem Text mit dem Titel *Die Nacktheit* und in der zweiten Nummer in dem Text *Die unsichtbare Gewalt*.

Im letztgenannten Text wird die abflauende Selbsterfahrungsbewegung aus einer Perspektive der Nähe, aber zugleich auch der Zerrissenheit betrachtet. Wie gesagt ließ diese Praxis, sich zu treffen und über persönliche Erfahrungen zu reden, in ihrer Endphase ein Gefühl der Langeweile aufkommen. Das lag daran, so meinten einige, daß sie keine konkreten Möglichkeiten zur Veränderung der äußeren Realität bieten konnte. Aber der Text über die »unsichtbare Gewalt« weist auf eine völlig anders gelagerte Schwierigkeit hin. In den sich ständig wiederholenden Reden und Klagen über die schmerzliche Lage der Unterdrückten suchte sich ein dunkles Leiden Ausdruck, dessen Wurzeln zu tief verborgen waren, als daß die Bewußtseinsarbeit hätte dorthin reichen können: Angst vor Einsamkeit, Abhängigkeit von Männern, Fehlen der Mutterliebe, Schwäche des Begehrens...

Auf der Suche nach Begriffen -
das Treffen mit den Französinnen

Die Phase der Selbsterfahrung ging im Zeichen einer doppelt ausgerichteten Bewegung des weiblichen Geistes zu Ende, nämlich der Hinwendung zu seinem dunklen Teil *(Die unsichtbare Gewalt)* und der Wendung nach außen, zur Gesellschaft *(Erfahrung bei Feda).*
Es gab zwei Theorien, die dem weiblichen Geist in seiner doppelten Bewegung helfen konnten: den Marxismus und die Psychoanalyse. Damals war die Auffassung recht verbreitet, daß die beiden Theorien, trotz ihrer offensichtlichen Verschiedenheit, auf irgendeine Weise zu vereinbaren seien. Aber für uns war ein wesentliches Problem noch nicht geklärt: In beiden Theorien ist die weibliche Differenz ein vom neutral-männlichen Standpunkt aus konzipierter Entwurf. Für den Marxismus sind die Frauen eine unterdrückte gesellschaftliche Gruppe, deren Befreiung im wesentlichen vom Klassenkampf abhängt. Für die Psychoanalyse in Freudscher Version reduziert sich die Differenz auf das Fehlen von etwas, was die Männer besitzen. In anderen Versionen wird die Differenz dadurch ausgelöscht, daß sich die beiden Geschlechter ideal ergänzen.
Einzelheiten interessieren hier nicht. Es geht darum, daß der weibliche Geist Begriffe brauchte, um sich selbst und die Welt zu erfassen; doch die Begriffe, die die menschliche Kultur ihm anbot, leugneten, daß der weibliche Geist denkendes Prinzip sein könne.
Die Theorie der Selbsterfahrung schloß, wie wir wissen, jegliche Form der Vermittlung aus. Damit sollte zum Ausdruck kommen, daß die Frau Ursprung und Prinzip ihrer selbst ist. »Ab jetzt wollen wir zwischen uns und der Welt keine Abschirmung mehr«, ist im Manifest von Rivolta femminile zu lesen, denn »hinter jeder Ideologie sehen wir die Hierarchie der Geschlechter hervorschimmern.«
Das weibliche Denken befand sich in einem Dilemma, weil es Methoden benötigte, um den Bezug zu sich selbst und zur Welt herzustellen, aber von den methodischen Ansätzen kam nur die Selbsterfahrung in Frage, wenn die eigene Authenzität gewahrt werden sollte. Die Selbsterfahrung war jedoch, wie schon gesagt, für viele unbefriedigend geworden.
In Mailand gingen die Frauen, die sich in diesem Dilemma befanden, folgendermaßen vor: Sie wollten die theoretischen Mittel, die die Kultur anbot, benutzen und mit Hilfe einer neuen politischen Praxis transformieren, so daß sie das Frausein als ursprüngliche Differenz im Menschsein zum Ausdruck bringen könnten.
Die Mailänderinnen wurden durch eine französische Gruppe angeregt, die 1968 in Paris gegründet und unter dem Namen »Politique et psychanalyse« bekannt geworden war.

Im »Sottosopra« von 1973 erschien in der Rubrik über die Erfahrungen in anderen Ländern ein kurzer Text der Französinnen: *Bemerkungen zu einer Richtung*. Wir sind, heißt es dort, nicht eine Gruppe, sondern eine Richtung der Frauenbewegung, mit einer bestimmten sozialen und ideologischen Praxis.»Diese beiden Ebenen von Praxis« müssen den Marxismus und die Psychoanalyse miteinbeziehen,»um nicht blind, anarchistisch, dogmatisch, pseudorevolutionär und idealistisch zu sein.«»Nichts entsteht aus dem Nichts, die spontane Produktion von Ideen gibt es nicht.« Diese Gruppe lehnte also die Selbsterfahrung ab, die sie tatsächlich auch nie praktiziert hatte. Es geht nicht darum, heißt es weiter, schon existierende Theorien über unsere politische Praxis zu stellen, sondern diese Diskurse »neu zu durchdringen«: »Die vorhandenen Denkmuster tragen den Stempel der Bürgerlichkeit und der Männlichkeit, wie alles, was uns umgibt, wie die alltägliche Sprache (es gibt keine neutrale Sprache).« Und so wird es bleiben, »bis wir diese Muster auseinandergenommen und analysiert haben, um sie zu überwinden.« Wie? »Ausgehend von den konkreten Widersprüchen, auf der Ebene des Konkreten, des Körpers, werden wir unermüdlich an der Veränderung der gesellschaftlichen, politischen und ideologischen Realität arbeiten, die uns zensiert. (...) Diese Veränderung ist ein Prozeß ständiger Vermehrung von Wissen und Selbsterkenntnis für alle.«
1972 organisierten die Französinnen zwei internationale Treffen, in La Tranche und in Rouen, an denen einige Frauen aus Italien teilnahmen und so eine konkrete Vorstellung von der »unermüdlichen Veränderung« bekommen konnten, von der im Text die Rede ist. In ihren Gedanken und Gefühlen hinterließ dieses Treffen einen tiefen Eindruck.
Eine Frau aus Mailand (so ist der ebenfalls im »Sottosopra« von 1973 erschienene Bericht über den Aufenthalt in La Tranche unterzeichnet) schließt ihren Artikel mit folgenden Worten: »Und ich bin zur Überzeugung gelangt, daß die Frauen, und somit ich, nicht nur die unterdrückte Kaste sind, die rebelliert; wir sind nicht nur imstande, eine richtige Analyse für eine wirksame Strategie auszuarbeiten, wir sind nicht nur Genossinnen im Befreiungskampf (...) Das alles ist da, mehr noch, es hat gekeimt und ist aufgeblüht, ist strahlend und stark geworden in meiner glücklichen Erfahrung, die mir gezeigt hat, daß die Frauen den Frauen vertrauen können, daß sie sich ihnen anvertrauen können, sich mit ihnen wohlfühlen, nächtelang Flöte und Tamburin spielen, tanzen, diskutieren, Projekte planen und verwirklichen können.« Das sind Dinge, erklärt die Verfasserin, die sie vorher nur mit Männern zusammen erlebt hatte. »Ich habe entdeckt«, so schreibt sie am Schluß, »daß es möglich, ja geradezu notwendig ist, sich in die Frauen zu 'verlieben'«, und in einer Fußnote fügt sie hinzu, sie schreibe »verlieben« in Anführungszeichen, weil das Wort schon so abgenutzt sei, aber daß sie kein anderes finde. »Das

war der erste Schritt in eine ganz neue Richtung, verglichen mit dem bisherigen Bewußtsein der gemeinsamen Unterdrückung; der erste Schritt dahin, *auch mich* im Positiven in den Frauen wiederzuerkennen, und meine Identität nicht nur im Schmerz und in der Wut, sondern auch in der Begeisterung und im Lachen entdecken zu können.«
Die wichtigsten Thesen der Frauen von »Politique et psychanalyse« lauteten: Die Beziehung der Frau zu einer anderen Frau existiert in der Vorstellungswelt der menschlichen Kultur nicht. Die Frauen können die Welt mit Hilfe der Praxis der Beziehungen zwischen Frauen verändern. Die Französinnen theoretisierten und praktizierten Frauenbeziehungen, in denen keine Dimension des Menschseins ausgeschlossen war – Körper, Geist, Vergnügen, Geld, Macht... Alles, was die Frau zum Menschen macht, war zugelassen, und alles war wichtig. Zur Analyse dessen, was unter den Frauen passierte, dienten Theorien, vor allem die Psychoanalyse, die übernommen und zu einem Gebrauch zurechtgebogen wurden, den man sich vorher nicht hatte vorstellen können.
Ebenfalls im »Sottosopra« von 1973 finden wir die Kommentare einiger Mailänder Frauen, die nach dem Treffen in Rouen ihre Eindrücke diskutierten. In einer Gemeinschaft von Frauen zu leben, war eine einzigartige Erfahrung gewesen. Am meisten faszinierte sie dort die intensive Erotik, die in der Luft lag. Es war nicht lesbische Sexualität, sondern eine Sexualität, die nicht mehr im männlichen Begehren gefangen war. »Es wurde sehr wenig über Beziehungen zu Männern gesprochen«, dafür aber sehr viel über die Beziehung zur Mutter. Und dieses Thema war nicht neu: »Wir waren schon vorher zum Schluß gelangt, daß das die grundlegende Beziehung ist«, aber ohne ihre »sexuelle Dimension« zu betrachten. »Die erste Zensur, die erste Repression der Sexualität haben wir in der Beziehung zur Mutter erfahren.« Auch in den Frauengruppen spielt die Sexualität eine Rolle, in der Beziehung zu anderen Frauen finden sich »die Spuren der Beziehung zur Mutter.« Die Liebe zwischen Frauen »ist ein Zurückgewinnen weiblicher Sexualität.«
»Viele der Frauen, die wir getroffen haben«, erzählen die Mailänderinnen weiter, »bekannten sich offen zu ihrer Homosexualität« und begründeten diese Wahl mit der politischen Arbeit: »Die Französinnen sagen: 'Mit unseren Zärtlichkeiten wollen wir unsere Sexualität wiederfinden'«. Eine kommentiert: »Die Atmosphäre war nicht besonders angenehm, sie war von starken Widersprüchen und Spannungen durchsetzt; aber in richtige Panik geriet ich, weil ich mich mit Frauen konfrontiert sah, die so intensiv auf der Suche nach sich selbst waren und die keine Angst hatten, sich zu verlieren, so eingenommen waren sie von einer kontinuierlichen Suche, einer kontinuierlichen Kritik.« Eine andere, die weniger zur Panik neigt, stellt fest, daß »diese Frauen eine leichtere Art haben, sich zu bewegen, zu reden und vor allem *ein anderes Leben zu zeigen*, etwas,

was wir hier fast nie tun. Diese Frauen vermitteln den Eindruck, sie könnten die Welt neu entwerfen.« Dieselbe Teilnehmerin greift dann ein Problem auf, das damals in der feministischen Diskussion eine wichtige Rolle spielte, nämlich das Problem der »anderen«, und sie bemerkt, »sie – die Französinnen – hatten überhaupt nicht das Bedürfnis, über die anderen Frauen zu reden, weil sie selbst schon wichtig genug waren.«

Ganz anders als die übrigen hatte eine Frau aus Mailand die Französinnen wahrgenommen. Sie hatten ihr »ein Gefühl von Irrealität« vermittelt, »das auf eine fehlende Auseinandersetzung mit der Realität, die eben von den Männern geprägt wird, zurückzuführen ist.« Ihrer Meinung nach bemühen sich viele Frauen, mit der Männerwelt in Kontakt zu treten und sie zu verändern, und möchten diese Dialektik lebendig *aufrechterhalten*. Sie sagt »aufrechterhalten«, während die Französinnen, wie zuvor eine andere bemerkt, »sagen, daß es historisch gesehen keine wahre Dialektik zwischen den Geschlechtern gibt.« Diese Auffassung wurde auch in den Dokumenten von Demau und Rivolta femminile, besonders von Carla Lonzi, vertreten. Nach deren Theorie ist zwischen Frau und Mann jegliche Dialektik unmöglich; die Befreiung der Frau kommt durch die Bestätigung und nicht durch die Überwindung ihrer Differenz zustande.

Die Frau, die »aufrechterhalten« sagt – was damals weder auffiel noch diskutiert wurde –, vertritt die Auffassung, daß »die Thematik der Homosexualität«, die die Französinnen eingebracht hatten, »kein theoretischer Inhalt ist, sondern das Gefühlsleben und die Sexualität der ganzen Gruppe« betrifft. Dieses »Leben« löste bei ihr während des Treffens »ambivalente Gefühle« von Anziehung, Neid und Unbehagen aus, und sie schließt mit der Überlegung, daß »die Wiederaufnahme der Mutterthematik in so radikaler Form, wo auch die Sexualität nicht ausgeschlossen ist, für viele Frauen die Gefahr bedeutet, aufs neue verschluckt und zurückgeworfen zu werden«, gemeint ist: zurück zu den unentwickelten Formen der Beziehung zur Mutter.
Um dieses ambivalente Gefühl zu verstehen, sollten wir vielleicht einen Umstand berücksichtigen: Die Gruppe der Französinnen wurde von einer Frau angeführt, die formal gesehen keine andere Position als die übrigen Frauen innehatte. Doch sie besaß innerhalb des Kollektivs persönliches Prestige, sie spielte die Hauptrolle, und keine – weder sie selbst noch die anderen – versuchte das zu verbergen. Die Italienerinnen waren überrascht, als sie das sahen. »Wir fragten sie dann auch: 'Wir haben den Eindruck, daß Antoinette' – so hieß die Frau – 'eure Chefin ist'«, erzählt eine während der Diskussion. »'Was meint ihr dazu? Das stimmt'« – soll die Antwort gewesen sein –, »'sie ist unsere Chefin, sie hat Macht, das erkennen wir an, aber wir haben auch vor, an diesem Widerspruch zu

arbeiten.'« Und sie kommentiert: »Sie sind sich des Problems bewußt, der bestimmenden Rolle, die diese Frau hat«, welche ihrerseits »ganz eingenommen ist vom Kampf um ihre Befreiung und ständig ihre Widersprüche in die Gruppe hineinträgt.« Am Schluß bemerkt sie: »Antoinette ist die Führerin der Gruppe, gleichzeitig ist sie aber auch die treibende Kraft bei der Zerstörung ihrer Position – das ist etwas dramatisch ...«

Im Feminismus gab es die Vorstellung nicht, daß eine Frau anderen Frauen gegenüber eine herausragende Rolle einnehmen kann. Die Theorie und Praxis der Selbsterfahrung brauchte von ihrer Konzeption her diese Vorstellung nicht, um zu funktionieren. Doch in Wirklichkeit entstanden die Frauengruppen fast immer auf die Initiative von einer oder zwei einzelnen Frauen hin, die eben aufgrund ihrer Aktivität von den anderen Bestätigung erhielten und in der Gruppe eine besondere Position innehatten.
Dieser Sachverhalt war den Italienerinnen nicht unbekannt. Aber er stellte keinen »theoretischen Inhalt« dar, er galt als das »Leben« der ganzen Gruppe. Daher wurde er nicht beim Namen genannt, daher konnte darüber hinweggegangen werden, so wie in der klassischen Frauengruppe, in der nicht zum Ausdruck kam, daß das Unter-Frauen-Sein auch einen sexuellen Aspekt hat – außer in der Form einer schwesterlichen Zärtlichkeit, wie sie die Amerikanerinnen zu Genüge theoretisiert hatten. Die Französinnen dagegen nahmen den sexuellen Aspekt in jeder seiner Ausdrucksformen wahr, wobei auch die Macht nicht ausgenommen blieb.
Die Italienerinnen – zumindest einige unter ihnen– verstanden, daß in dieser Fähigkeit, Politik zu machen, ohne die Frauen und ihre Beziehungen zu idealisieren, eine Kraft steckte, die es sich anzuzeigen galt. Und sie suchten einen Weg, um von den Französinnen zu lernen.
1973 luden sie sie zu einem Treffen in Varigotti, einem Dorf in Ligurien, ein. Die Französinnen kamen zu fünft oder sechst; die Italienerinnen, hauptsächlich aus Mailand und Turin, waren ungefähr fünfzig.
Diskutiert wurde – auf französisch – über Frauen und Homosexualität. Tagsüber – und abends wurde zu den üblichen Tamburinen, dem Lieblingsinstrument der Französinnen, getanzt. Derselbe Programmablauf wurde im Jahr darauf bei dem großen nationalen Treffen in Pinarella di Cervia beibehalten.
In den Jahren 1972 bis 1974 war die Selbsterfahrung eine sehr lebendige und weitverbreitete Methode. Viele Frauen, die etwas von den feministischen Ideen gehört hatten und sie in politisches Handeln umsetzen wollten, mußten diese Methode erst noch ausprobieren. In dieser Hinsicht gab es also nichts Neues im Feminismus, abgesehen davon, daß er sich zahlenmäßig ausweitete. Die vorherrschende politische Form der

italienischen Frauenbewegung war und blieb die Kleingruppe, wo die Frauen über ihre alltäglichen Erfahrungen redeten, um sich und die Welt besser zu verstehen. Aber über diese Form kristallisierte sich eine neue Praxis heraus – ohne jedoch die alte zu ersetzen –, die sogenannte »Praxis der Beziehungen zwischen Frauen«.

In unseren Dokumenten taucht der Begriff zum ersten Mal (Irrtum vorbehalten) in einem Anfang 1974 erschienenen Text auf: »Feminismus bedeutet nur Protest gegen den Mann als Unterdrücker, doch der Rest geht unter, nämlich das Zusammensein mit Frauen, die Praxis der Beziehungen zwischen Frauen, die mögliche Befreiung unseres Körpers, die schon begonnen hat, die Freisetzung von Gefühlen, die blockiert oder eindimensional auf die Männerwelt gerichtet waren, die Bemühung, diesen positiven Gefühlen (der Frauen) Ausdruck zu verleihen.«

Dieser Text, der unter dem Titel *Mater mortifera* (Tödliche Mutter) in einer Zeitschrift der antiautoritären Bewegung, »L'erba voglio« Nr. 15, erschien, war polemisch gegen die Tendenz gerichtet, dem Phantasma der »nährenden und verschlingenden Mutter« eine so wichtige Position zuzuschreiben. Im männlichen Denken hatte diese Figur die Funktion, aus psychoanalytischer Sicht die schlimmsten Phänomene der Konsumgesellschaft zu erklären. In Wirklichkeit war es, wie wir gesehen haben, eine Figur, die gebraucht werden konnte, um sich gegen Frauengruppen und Frauenbeziehungen zu richten und deren intellektuelle und politische Bedeutung null und nichtig machte.

Das Treffen mit den Französinnen trug unmittelbar zur Klärung einiger dringlicher Fragen bei. Andere Auswirkungen zeigten sich langsamer und später.

Die grundlegende Frage war, in welche Richtung die durch den Bewußtwerdungsprozeß freigesetzten weiblichen Energien zu leiten seien, wie sie am besten einzusetzen seien. Kurz gesagt: Viele Frauen widmeten Mann und Kind(erkriegen) nicht mehr so viel Zeit wie früher. Was sollten sie nun damit anfangen? Eine Anwort auf diese Frage gaben die Fakten: Zeit und Energie wurden ganz spontan auf das eigene Selbst und auf andere Frauen umgeleitet. Aber wie alles menschliche Handeln mußte auch dies Wert und Sinn bekommen, und das geschah durch die Politik der Beziehungen zwischen Frauen.

In den Gruppen ging es immer weniger um die persönliche Beziehung zum anderen Geschlecht, was für einige Frauen mittlerweile ein »überholtes Problem« war, während es andere angesichts der »neuen Sache« als sekundär bzw. aufgeschoben ansahen. Jetzt ging es darum, sich in der Beziehung zu einer oder mehreren anderen Frauen neu kennenzulernen: »Mit einer Frau ist alles ganz anders« (»Sottosopra« Nr. 1, 1973). Über Parolen wie »Frausein ist schön« wurden jetzt Witze gemacht, und der

Feminismus, der sich nur auf Protest und Forderungen gründete, wurde allmählich als unerträglich empfunden. »Es gibt die erste Phase des Protestes gegen den Mann, aber je weiter der Bewußtwerdungsprozeß fortschreitet, desto mehr verliert dieser Protest an zentraler Bedeutung« (ebd.).
Im Zeichen dieser neuen Politik begann eine Epoche vielfältiger sozialer Beziehungen zwischen Frauen, die heute noch andauert. Die Anfänge waren natürlich sehr aufregend. Es gab nach wie vor Versammlungen und Diskussionen, aber noch beliebter waren Feste, Tanzen, Essen, gemeinsame Ferien, Reisen – alles wurde mit großem Engagement und manchmal hervorragend organisiert. Dazu kamen Freundschaften, Liebesbeziehungen, Tratschgeschichten, Tränen, Blumen, Geschenke... Das war eine ungewöhnliche Art, Politik zu machen; und viele entdeckten so, daß das System der sozialen Beziehungen verändert werden kann – nicht auf abstrakte Weise, wie man es uns allen beigebracht hat, sondern konkret, indem wir neue Möglichkeiten erfinden, unsere Energien einzusetzen.

Die Praxis des Unbewußten

Durch die neue Politik wurden die Kontakte unter den Frauen vielseitiger und intensiver als in der Zeit der Selbsterfahrung. Das führte zu tiefgreifenden Veränderungen, die mit den Begriffen der Selbsterfahrung nicht mehr zu erfassen waren. Es gab neue Dinge, die sich teilweise, aber nicht vollständig mit dem deckten, was mittlerweile an politischem Wissen erworben worden war. Es gab alte Dinge, die schon in der Beziehung mit Männern passiert waren, und die sich jetzt unverändert mit den Frauen wiederholten.
Einige Frauen, die aus dem Zirkel von Wiederholung und Veränderung nicht herauskamen, versuchten das Problem mit Hilfe einer Analyse zu lösen. Dieser – rein zahlenmäßig gesehen irrelevante – Sachverhalt war jedoch Anzeichen für ein größeres Problem: Wir waren dabei, etwas in Bewegung zu setzen, ohne zu wissen, was das war, »die Veränderung, die wir uns von unserer Politik erwarteten, findet anderswo statt«, zum Beispiel in der Therapie. Das bedeutet die Gefahr, »die Dinge zu verkehren«, das heißt, mit den »individuellen Phantasien« Politik zu machen, während »das, was ein politisches Problem im Zusammenhang mit unserer Situation als Frau ist«, in der Analyse »als Neurose und individuelle Krankheit« behandelt wird. (»Sottosopra« Nr. 3, 1976)
Nach dem Vorbild von »Politique et psychanalyse« entwickelten einige Frauen dann eine neue Praxis, die sie »Praxis des Unbewußten« nannten. Zwei Jahre lang, 1974 bis 1975, wurde sie von zwei Gruppen in Mailand, später von zwei weiteren Gruppen in Turin und in Rom praktiziert.

Diese Praxis ist an sich schon schwierig, und vor allem schwierig zu erklären. Ihr Sinn lag darin, den Worten der Frauen jene Erfahrungsinhalte zuzuführen, die bisher nur unbewußt darin eingingen und ihnen dadurch ihre Stärke nahmen. Daß das der Fall war, wußten alle. Das zeigte sich an bestimmten ideologischen Verzerrungen, an der Langeweile beim Zuhören, am Hin- und Herschwanken zwischen Drinnen/Draußen, ohne eine Verbindung zu finden. Aber was wirklich verhinderte, daß diese Erfahrung zum Ausdruck kam, blieb zum Teil ein Rätsel.

Das Problem sollte bearbeitet werden, indem die analytische Technik des Zuhörens auf den politischen Kontext der Beziehungen zwischen Frauen übertragen wurde. Es wurden die Verhaltensweisen analysiert, die besonders deutlich verrieten, daß ein unbewußtes Verbindungsglied zwischen dem Gesagten und seinem wirklichen Auslöser fehlte, wie zum Beispiel bei Aggressivität oder heftiger Unterdrückung der Agressivität, bei Stummheit oder Neigung zu Vorwürfen. Dabei kamen verschwiegene oder verleugnete Aspekte des eigenen Lebens zum Vorschein, etwa Komplizenschaft mit dem Patriarchat, fortbestehende Abhängigkeit vom Mann, angstvolle Suche nach Anerkennung. Vor allem wurden Phantasien untersucht, denn diese »stellen keineswegs einen zweitrangigen Aspekt der Realität dar, sondern von ihnen gehen die Wiederholung gleicher und die Möglichkeit zu veränderten Verhaltensweisen aus.«

Bei der Analyse der Phantasien wurde deutlich, wie elementar diese waren und mit welcher Heftigkeit sie sich aufdrängten, wie sich alle um extreme Alternativen drehten. In den Beziehungen zwischen Frauen hieß diese Alternative, so zeigte sich, zum größten Teil Akzeptieren oder Ablehnung. Es wurde deutlich, daß die Erfahrung der Frauen einem stummen Körper gleicht, der in eine Wolke von Phantasien eingehüllt ist. Ein realer Körper, der in lebendiger und wahrnehmbarer Berührung mit der Realität der Welt steht, dem aber gleichsam die symbolische Reproduktion seiner selbst in Beziehung zur Welt fehlt; eine menschliche Erfahrung, die – unfähig, sich selbst zu interpretieren– der Interpretation von anderen überlassen wird. Da die Worte fehlen, geben sich die Frauen den Phantasien hin, den Phantasien darüber, was ist und was sein soll. »Uns Frauen ist die Ebene des Symbolischen verschlossen.«

Eine eigene Existenz der Frau konnte also nur auf der Ebene des Symbolischen gesucht werden, um die Fähigkeit zu erlangen, ausgehend von sich selbst das eigene innerste Wollen, Denken und Wünschen auszudrücken – anstatt das, was andere sagen, zu imitieren oder sich bloß reaktiv dazu zu verhalten. Das war eine Bestätigung der ersten feministischen Theorien. Es stimmte, die Frauen leiden im wesentlichen daran, daß sie sich nicht ausgehend von sich selbst definieren, sondern ausgehend von der Definition anderer. Aber wenn das Wort des Mannes eine derartige Macht besitzt, in das Leben einer Frau einzudringen – so wurde nun deutlich –, liegt das nicht an einer Form von Machtmißbrauch und auch nicht daran, daß wir eine äußere Gewalt verinnerlicht haben, wie wir zuerst angenommen hatten.

Der Mann dringt auf subtilere Weise in das Leben einer Frau ein, er findet immer einen Zugang, denn er kennt Vermittlungsebenen und kann so seinem Begehren in der gegebenen Wirklichkeit Geltung verschaffen.

»Anscheinend kann unser eigenes Begehren erst dann zum Vorschein kommen, wenn sich das Begehren eines anderen aufdrängt.« (»Sottosopra« Nr. 3, 1976)

Die Beziehung zur Mutter war eine der zentralen Fragen. Wenn der weibliche Geist den elementarsten Gefühlen unterworfen bleibt, wenn es diesen unüberwindbaren Infantilismus gibt, der nur durch das Eingreifen einer männlichen Autorität oder durch die Nachahmung der Männer zu beseitigen ist, so bedeutet das, daß wir etwas Ungelöstes aus der vormaligen Beziehung zur Mutter mit uns herumtragen.

Diese Vorstellung war nichts Neues – wir brauchen nur an die Theorie der Psychoanalyse zu denken. Doch in diesem Zusammenhang bekam sie eine neue Bedeutung. In der sozialen Wirklichkeit war etwas entstanden – freie Beziehungen unter Frauen –, und in diesem Zusammenhang trat der alte, infantile Anspruch, die Mutter für sich allein zu haben, wieder zutage. Er zeigte sich wieder, aber er sollte sich anders ausdrücken als gesellschaftlich vorgesehen, nicht mehr in Form von Verlust, Enttäuschung und Vorwürfen.

Wir mußten uns nach unseren innersten Gefühlen befragen, durften das Spiel nicht verloren geben, uns nicht resigniert damit abfinden, daß in unserer Kultur die Liebe der Mutter dem Sohn zuteil wird. Vielleicht wünschte und hoffte die Mutter, als sie eine Tochter gebar, die Geschichte – ihre Geschichte – aus ihren festen Bahnen zu befreien und zu einem neuen und anderen Ergebnis zu bringen.

Ein Anzeichen für diese Veränderung war die Tatsache, daß in der Gruppe die Aggressivität nicht mehr ausgeklammert werden sollte und konnte. »Lassen wir die Aggressivität draußen, bleibt an der Oberfläche alles makellos, doch in uns, zwischen uns, tief drinnen, wird etwas immer bedrohlicher. Bleibt dann vielleicht nicht etwas draußen, was wir Frauen unterdrückt haben, weil es uns verboten war? Die Frauen sind sanft, sagen alle. Sollen wir auf das hören, was alle sagen, oder auf das, was an Neuem, Außergewöhnlichem zwischen uns passiert?«

Die Praxis des Unbewußten fand nur eine begrenzte Anzahl von Anhängerinnen. Diese versuchten zunächst, sie über ein hektographiertes Flugblatt, *Analytische Beziehung und Frauenbewegung*, bekannt zu machen. Dem folgte ein gedrucktes Dokument (daraus stammen die Zitate), *Praxis des Unbewußten und Frauenbewegung*. Dort ist ein Teil des ersten Papiers abgedruckt, zusammen mit neuen Texten; die Gesamtfassung erschien noch einmal in »L'erba voglio« Nr. 18-19 vom Januar 1975. Und schließlich wurde im Frühjahr 1975 zu diesem Thema ein landesweites Treffen in San Vincenzo an der toskanischen Küste veranstaltet.

Die mehrmaligen Anläufe, das Projekt vorzustellen, belegen, wie schwer diese Konzeption einerseits zu vermitteln und andererseits zu verstehen war. Einige Frauen waren auch ganz offen dagegen. Zum Beispiel die »Zweiundzwanzig Feministinnen«, die ihre Ablehnung in Form eines Briefes an die Redaktion von »L'erba voglio« zum Ausdruck brachten. Sie protestierten vor allem gegen die Insider-Sprache, die »nicht zu dem Gefühl der Schwesterlichkeit paßt, das wir bei den Feministinnen gesucht haben«, und sie gaben denen, die diese Sprache sprechen, die Schuld daran, daß »sehr viele Frauen der Bewegung verlorengehen«.

Damit beziehen sie sich auf das feninistische Kollektiv von via Cherubini, das 1972 gegründet wurde, und dem sowohl die Verfechterinnen der Praxis des Unbewußten als auch die zweiundzwanzig Verfasserinnen des Briefes angehörten.

Das Treffen in Pinarella

Etwas von der Arbeit aus diesen zwei Jahren konnte der Frauenbewegung beim zweiten großen Treffen in Pinarella di Cervia im November 1975 vermittelt werden. Zwar nicht die Praxis des Unbewußten mit ihren komplizierten Gedankengängen, aber deren unmittelbar politische Kehrseite.

»In der Großgruppe zum Thema 'Individuum-Gemeinschaft; Praxis des Unbewußten'«, so erzählt eine der Teilnehmerinnen, »kam langsam eine neue Dimension zum Vorschein: Ich war nicht mehr allein, aber ich wurde auch nicht mehr in einer Gemeinschaft von Frauen getröstet, die in dem Mischmasch von Gefühlen, das ich nur zu gut kenne, auch immer das erstickende Gefühl vermittelt, nicht anders sein zu dürfen als die anderen. Das würde diese mütterliche Einheit durchbrechen, die keine Regelverletzung durch eine Gruppe, die 'dagegen ist', duldet.« Die Verfasserin, Serena aus Rom, erzählt, daß sie und ihre Gruppe gerade einen solchen Kampf mit einem erweiterten Kollektiv hinter sich hätten, einen Kampf gegen das »Nach-außen-Gehen« und für ein »Nach-innen-Gehen«, für das es jedoch noch keine Strategien gab. Deshalb sei sie »völlig fertig« in Pinarella angekommen.

»Die neue Dimension«, so schreibt sie weiter, »bestand darin, daß ich mit meiner ganzen Person dabei sein konnte, mit allen meinen Widersprüchen und Zwiespältigkeiten, und von der Gruppe nicht verlangen durfte, daß sie diese mütterlich akzeptierte. (...) Zum ersten Mal die anderen sehen, ohne eine Identifikation in sie hineinzuprojizieren, um einander nah zu sein. Dort waren wir verschieden, wir haben uns gegenseitig geholfen, gegenseitig kritisiert – ich kann das nicht genau erklären, aber vielleicht haben wir nach Jahren endlich angefangen, uns kennenzulernen.«

Die Erzählerin betont immer wieder, daß sie das, was sie erlebt hat, nicht in Worte fassen kann. Es gelingt ihr aber doch, zum Beispiel, wenn sie bemerkt: »Nach eineinhalb Tagen passierte mir etwas Merkwürdiges: unter den Köpfen, die redeten, zuhörten, lachten, befanden sich Körper; wenn ich sprach (mit welcher Ruhe und Gelassenheit und ohne Selbstbestätigung ich mit 200 Frauen sprach!), war in meinen Worten irgendwie mein Körper präsent, er fand auf merkwürdige Weise einen Ausdruck für sich.«

Der Text von Serena aus Rom steht am Anfang des »Sottosopra« Nr. 3, März 1976, das ausführlich dem Treffen in Pinarella gewidmet ist, neben den Themen, die sich aus der Praxis des Unbewußten ergeben hatten.

Die »merkwürdige Weise, einen Ausdruck für sich zu finden«, hieß nichts anderes, als sich selbst auf der Ebene des Symbolischen wiederzuerschaffen. In der Terminologie des Unbewußten wird dies als symbolische Geburt bezeichnet, die mit Hilfe einer »autonomen Mutter« gelingt. Es ist nicht mehr die Mutter, die in der Phantasie als gut oder böse erscheint, nicht mehr die, die voller Angst, abgelehnt zu werden und mit der Forderung, akzeptiert zu werden, bestürmt wird, es ist eine Mutter, deren Sprache außerhalb des herrschenden Systems der Symbole (das sogenannte Gesetz des Vaters), existiert und sich erst jetzt, da die Frauen ihr Begehren offenlegen, in Worten ausdrückt. Dabei kann die »Mutter« die reale Mutter, irgendeine andere Frau, die Frauengruppe oder auch die gesamte Gesellschaft sein.

Einfacher ausgedrückt: Die Frauen haben Angst, ihr Begehren offenzulegen, sich mit ihrem Begehren in der Gesellschaft zu exponieren. Das führt dazu, daß die Frau meint, die Umwelt verhindere ihr Begehren. So kultiviert und zeigt sie es als etwas, was von einer äußeren Autorität verhindert wird. In dieser negativen Form fühlt sich das weibliche Begehren berechtigt, zum Ausdruck zu kommen. Nehmen wir zum Beispiel die Politik der Gleichberechtigung: Sie wird von Frauen verfochten, die sich nie auf ihren eigenen Willen stützen, sondern immer ausschließlich auf das, was die Männer besitzen und ihnen dagegen verwehrt ist. Die Figur der »autonomen Mutter« bedeutete, daß die weibliche Differenz sich von sich aus legitimieren und sich um ihrer selbst willen in der Gesellschaft zeigen muß.

Es ist kein Zufall, daß die Politik der Gleichberechtigung in den Feminismus eindrang, obwohl sie im Kontrast zu dessen Ursachen und Grundideen stand, die von der Vorstellung der sexuellen Differenz ausgingen. Innerhalb des Feminismus hatte die Politik der Gleichberechtigung keine theoretische Basis, aber sie fand Nahrung in der Schwäche des weiblichen Begehrens, im Zurückschrecken davor, sich in der Gesellschaft zu zeigen, im Mangel an einem System der Symbole, das ihm Berechtigung verleihen kann.

In Pinarella wurde das Problem unter der recht traditionellen Fragestellung der Beziehung zwischen Individuum und Gemeinschaft diskutiert. Traditionell war aber nur der Titel, alles andere mußte neu erfunden werden. Wie aus der Tonbandaufzeichnung der Diskussion deutlich wird, haben die Männer nämlich jahrhundertelang über das Verhältnis Individuum-Gemeinschaft nachgedacht, ohne daß dies die geringste Spur im weiblichen Geist hinterlassen hätte. Das ist nicht verwunderlich, denn diese Gedanken waren nicht geeignet, dort Spuren zu hinterlassen, und außerdem wollte der Mann immer persönlich die Beziehung der Frau zur Gesellschaft sichern. Dazu meint eine Teilnehmerin: »In dem Moment, wo wir uns dem Feminismus annähern, verlassen wir alles bisher 'Normale' und begeben uns in eine Situation, die schwierig zu leben ist – außerhalb der Normalität. Wir lassen die Beziehung zum Mann hinter uns, auf den wir uns sexuell beziehen, der aber auch die Vermittlung ist zwischen uns und allem, was Gesellschaft heißt.«

Einige Frauen begannen sich unwohl zu fühlen und klagten, sie hätten Schwierigkeiten, in einer so großen Gruppe zu sprechen: »Ich dachte, ich könnte mühelos reden, wenn ich von meinen persönlichen Problemen ausginge, aber heute... Ich dachte, es wäre mir möglich, in der Gruppe zu reden, aber jetzt sehe ich, daß das nicht stimmt, und ich erkläre mir das damit, daß jede von uns besondere Probleme hat; und was sie mit den anderen diskutieren möchte, interessiert die vielleicht gar nicht direkt. So bleiben ihre Bedürfnisse in der Luft hängen...«
Dagegen ist »in der Kleingruppe« die Antwort »unmittelbarer und weniger entfremdend.«

Andere bemerken, daß einige Frauen, trotz der großen Gruppe, problemlos reden und in der Diskussion dominieren, und sie beklagen sich bitter darüber: »Heute vormittag ging es mir wirklich schlecht, ich konnte einfach nicht reden, nicht folgen, nicht kapieren... Es gibt hier Personen, die so reden, daß die anderen nicht reinkommen... eine kulturelle Macht, weil sie sich besser ausdrücken können und sicherer

auftreten.« Dieselbe Frau möchte jedoch auch gerne glauben, daß in Wirklichkeit alle Opfer derselben Unsicherheit wie sie sind: »Ich glaube, daß wir in Wirklichkeit alle unsicher sind, und daß einige von uns das nur besser verstecken können.«
Es folgen gleichklingende und gegenteilige Meinungen. »Da war eine Frau, die verstand das nicht... und wollte unbedingt an einem bestimmten Thema weitermachen... Ihr gegenüber wurde ein irrer Terror gemacht, mit einer Aggressivität!« Auf die emphatische Erzählung dieses Vorfalls kommt die heikle Frage: »Warum kommt diese Aggressivität nie den Personen gegenüber heraus, die über mehr kulturelle Mittel verfügen?« Der Schmerz, verachtet zu werden, der in der Männergesellschaft ertragen wird, stellt sich unter Frauen als unerträglich heraus. Endlich. Aber hier drohte er jeden anderen Gedanken zu überrollen.
Den Tonbandaufzeichnungen der Diskussion nach zu schließen, arbeitete die »Großgruppe« in Pinarella vor allem daran, Grundlagen und Formen für autonome Lebenszusammenhänge von Frauen in der Gesellschaft zu entwickeln, Lebenszusammenhänge also, die nicht abhängig sind von männlicher Vermittlung. Daher ist das Wort, das hier mit penetranter Häufigkeit wiederkehrt, »Unmittelbarkeit«.
»Die Frauen bringen hier die Last ihrer ganzen persönlichen Geschichte mit herein, und ihr wichtigstes Bedürfnis ist es, eine Antwort zu bekommen.« – Mit Recht, denn aus diesem Erfahrungsstoff und aus den Bedürfnissen der Frauen machen wir unsere Politik, aber Politik ist ohne eine »kollektive Dimension« nicht möglich, und die gibt es nicht, wenn es eine nicht »erträgt«, daß »ihr Problem nicht sofort aufgegriffen wird.« Wir wollen »unsere Erfahrungen« in politische Inhalte umsetzen, und daraus entsteht ein »Widerspruch, den wir überwinden müssen: Zwischen der Unmittelbarkeit der eigenen Erfahrungen (Verzweiflung, Freude...) und der Gesamtheit des Kollektivs.« Wenn wir die kollektive Ebene herstellen wollen, müssen wir vermeiden, in die »Unmittelbarkeit der Wünsche und Erfahrungen« hinabzutauchen, uns aber zugestehen, daß Wünsche und Erfahrungen »zirkulieren«. Das Problem dabei ist, daß Wünsche und Liebesansprüche keine Regeln einhalten wollen und sich deshalb an der unterschiedlichen Wahrnehmung und Realität der anderen stoßen.« Manche meinen dann, das müßten wir »akzeptieren«, andere wenden ein, nein, davor müssen wir uns »hüten«.
»Wenn wir mit dem Material arbeiten wollen, das die Frauen hier einbringen«, müssen wir »einen Teil unserer persönlichen Erfahrung ausklammern und es zum Beispiel vermeiden, total in der Suche nach Selbstbestätigung aufzugehen.« Die »totale Forderung«, akzeptiert zu werden, »scheint in Wirklichkeit den Wunsch, ablehnen zu dürfen, verbergen zu sollen... Das Kollektiv entsteht, wenn du den Blickwinkel aufgeben kannst, daß deine Erfahrungen ein und alles sind.«

Das Problem bestand also darin, daß sich die Frauen zu sehr an ihren subjektiven Gefühlen und Erlebnissen festklammerten. Aber diese Reaktion enthielt auch ein wertvolles Element, nämlich den Wunsch, dem eigenen Geschlecht treu zu bleiben. Die Angst, sich vom subjektiven Erleben zu lösen und sich so zu verlieren, war nicht unbegründet. »Wir befinden uns in einer Situation, wo alles, was den Körper und das Gefühlsleben in sämtlichen Aspekten betrifft – die Phantasien, die wir mit uns herumtragen, der Zwang, bestimmte Verhaltensweisen zu wiederholen –, verleugnet und vom Rest der Welt abgetrennt worden ist. Politik und Kultur haben sich auf der Basis einer fundamentalen Verleugnung entwickelt: Auf der Verleugnung des Frauenkörpers und, ausgehend davon, der Verleugnung aller möglichen Formen weiblicher Existenz... Die Trennung der Politik von der Psychologie, des Persönlichen vom Politischen, ist eine Tatsache, die wir schon vorgefunden haben.«

Eine Politik, die nicht den Namen Politik hatte

Weder in Pinarella noch anderswo in jenen Jahren gelang es, die doppelt ausgerichtete Bewegung des weiblichen Geistes – einerseits auf der Suche nach sich selbst und andererseits nach Lebensformen in der Gesellschaft – in Übereinstimmung zu bringen. Ganz im Gegenteil, die Praxis der Beziehungen zwischen Frauen verschärfte diese Spaltung noch, wie wir aus den Reflexionen von Lea (Mailand) in »Sottosopra« Nr. 3 von 1976 herauslesen können, die diese nach einem denkwürdigen Frauenurlaub in Carloforte auf Sardinien niederschrieb.
»Das Meer und das Zusammensein mit den Frauen haben nichts an Reiz verloren, aber ein Schatten von Tod und Wahnsinn macht mir jeden Gedanken daran unmöglich. Ich verspürte meinen Freunden gegenüber, die aus Portugal zurückkamen (damals, im Jahr 1975, gab es in Portugal einen Revolutionsversuch) einen unsinnigen Neid. Sie hatten »die Welt« gesehen, eine Vertrautheit mit der Welt bewahrt. Ich hatte das Gefühl, dem, was sie erlebt hatten, fremd, aber nicht indifferent gegenüberzustehen. Das Bewußtsein unserer Realität/unseres Andersseins als Frau darf nicht zur Indifferenz der Welt gegenüber führen. Sonst fallen wir aufs neue in die Nicht-Existenz zurück... Unsere Politik darf uns nicht das Unrecht widerfahren lassen, daß unsere Ausgrenzung verstärkt wird... Wie sollen wir aus dieser Sackgasse herauskommen? Wird die Frauenbewegung genug Kraft und Erfindungsgabe besitzen, um die *Geschichte des Körpers* zu entdecken, ohne in Versuchung zu geraten, infantile Züge (Verstärkung der Abhängigkeit, Allmachtsgefühle, Indifferenz der Welt gegenüber etc.) anzunehmen?«

Dafür zeichnete sich jetzt an Punkten, die früher unklar und zwiespältig waren, eine Perspektive ab: »Jetzt weiß ich, daß ich Bedingungen gefunden habe, die ich an Beziehungen stellen kann«, schreibt dieselbe Verfasserin. Der Weg war, wie oben beschrieben, die Herstellung sozialer Lebenszusammenhänge, die sich auf die Beziehungen zwischen Frauen gründen. Der Mann ist für die Frau ein Anderes, das als Vermittlungsinstanz für ihre Differenz fungiert, diese im selben Maße jedoch auch negiert. Nicht aber die andere Frau: Eine, die ihr gleicht und doch anders ist. Der Mann stellt eine Verbindung her zwischen dir und der ganzen Welt, das ist richtig – aber nicht zwischen dir und dir selbst. Das kann dagegen die andere Frau, und das wiegt die Tatsache auf, daß sie als Vermittlerin zur Welt nur mittelmäßig ist. Wenn aber die Frauenbewegung stark ist, ist sie nicht mehr so mittelmäßig.

Vermittlung zur Welt in einer anderen Frau zu suchen, verlangte von der einzelnen, die Unterschiede zwischen den Frauen wahrzunehmen und damit zurechtzukommen, auch wenn es sich um Unterschiede in bezug auf Macht handelt. Aus der Diskussion in Pinarella wird eine kühne Aussage zitiert: »Daß hier unter uns, wie überall, Machtverhältnisse herrschen, empört niemanden.« Das stimmte nicht. Diese Tatsache war empörend, und, was noch schlimmer war, sie drohte die Frauen zurückzuwerfen, zurück in ihr stummes Verharren in der Wolke von Phantasien, wie zum Beispiel der, daß »wir in Wirklichkeit alle unsicher sind.«

Es ging nur langsam voran, gemessen an den Vorstellungen, die schon existierten – über weibliche Transzendenz, über den Wunsch, in der Gesellschaft eine wichtige Rolle zu spielen, über Ungleichheit und affidamento zwischen Frauen, über das System der Symbole... Die Ideen blieben solange in der Schwebe, bis die Vorstellung und die Praxis einer notwendigen weiblichen Vermittlung zwischen der einzelnen und der Welt konkrete Formen annahmen. Einer Welt, vergessen wir das nicht, die für sie nicht einfach unbekannt ist, wie für jedes menschliche Wesen bei seiner Geburt, sondern die für die Frau überdies eine Welt ist, die nicht von ihr weiß und auch nichts von ihr wissen will, wenn sie sich nicht dem beugt, was andere schon für sie gedacht haben.

Die Praxis des Unbewußten machte den »verleugneten« Teil des Frauseins, den Teil, der entweder völlig verleugnet oder ins Kapitel der weiblichen Psychologie abgeschoben wurde, zum Ausgangspunkt der Politik. »Es ist wichtig« – das sind ebenfalls Worte aus Pinarella 1975 – , »daß wir in unsere Politik auch diesen Widerspruch miteinbeziehen, und dem, was verleugnet wurde, besonders viel Aufmerksamkeit widmen.« Das hieß, in der Politik eine Richtung einzuschlagen, die jeder Form von Politik zuwiderlief. Das hieß auch, sich von jenen Feministinnen zu trennen – einige von ihnen waren auch in Pinarella vertreten –, die sich für die Abtreibungsreform oder die Einrichtung von Beratungsstellen einsetzten.

Der Feminismus hatte anfangs auf eine Politik gesetzt, die nicht den Namen Politik hatte. Diese Herausforderung war von der Frauenbewegung mit soviel Energie in Angriff genommen worden, daß sie immer weiter getrieben werden konnte. Nun ging es darum, jenem Teil der menschlichen Erfahrung der Frauen, den diese selbst nur mühsam in Worte fassen konnten, eine soziale Form zu verleihen und ihn in politische Inhalte umzusetzen.

Ab 1976 nahm diese Bemühung neue Formen an. Um 1976 begann sich nämlich die sogenannte «Praxis des Machens», die Projektepraxis der Frauen zu verbreiten.

Die Praxis des Unbewußten hatte sich in ihrer ursprünglichen Form in zahlreichen Punkten als nachteilig erwiesen. Wie schon gesagt, war sie sehr schwer zu vermitteln. Noch problematischer war die Tatsache, daß sie von einer Praxis der Veränderung, die sie eigentlich sein sollte, immer mehr zur Interpretation, zum Kommentar geriet.

Ein nennenswertes Ergebnis hatte sie allerdings zu verzeichnen: Sie hatte verhindert, daß der Feminismus zu einer Ideologie zur Unterstützung der Gleichberechtigungspolitik wurde. Sie ging in ihren Fragestellungen weit über die herkömmlichen Vorstellungsmuster, einschließlich der feministischen, hinaus.

Doch konnte dieser Samen nicht keimen; das »Feld der Widersprüche« – wie das in Zukunft heißen sollte – wurde immer kleiner: »Der Widerspruch mit den Männern wird verschwiegen, der mit den Kindern und der Arbeit ins Private abgedrängt – all diese Widersprüche bleiben von unserer Analyse ausgeschlossen« *(Grüner Katalog, 1978).*

Dieser Aufzählung der nicht behandelten Fragen könnten wir heute noch eine hinzufügen: die Frage der Macht, der von Frauen verkörperten Macht. Mit den Quellen, die wir hier zur Rekonstruktion unserer Geschichte verwenden, könnte man ein vollständig neues Buch schreiben: über die Katastrophen, die durch die weibliche Macht – sei sie real, phantasiert, geliebt oder gehaßt – im weiblichen Geist ausgelöst werden. Die Inhalte, die zur Sprache kamen, schränkten sich immer mehr ein, und der Diskurs wurde allmählich zum Kommentar und zur Interpretation. Mit der Projektepraxis sollte dieser negativen Entwicklung entgegengewirkt werden.

Von anderen politischen Bewegungen unterscheidet sich die Frauenbewegung dadurch, daß sie ihre Strategien in kurzen Abständen ändert, eine Eigenschaft, die im Mailänder Feminismus besonders stark ausgeprägt ist; hier wird im wahrsten Sinne experimentiert. Die Veränderung der Politik erfolgt von Mal zu Mal aus unterschiedlichen Gründen und auf unterschiedliche Art und Weise, etwa um eine neue Herangehens-

weise an ein altes Problem zu versuchen, oder weil ein unvorhergesehenes Problem aufgetaucht ist. Manche Formen von Praxis schließen sich gegenseitig aus, wie die des Unbewußten und die der Selbsterfahrung, andere können nebeneinander bestehen, und wieder andere setzen die vorhergehende fort, wie zum Beispiel die Projektepraxis die Praxis der Beziehung zwischen Frauen.
Diese häufigen Veränderungen haben bis jetzt noch keine Probleme hinsichtlich der Kontinuität gestellt, vielleicht deshalb, weil die Frauen ihre menschliche Ganzheit ohne den Anspruch auf Universalität einsetzen. Es stellen sich jedoch Probleme hinsichtlich der existentiellen Kontinuität, denn fast immer bringt die Veränderung der politischen Praxis zum Teil einen Wechsel der Personen mit sich: manche verlassen die neue Gruppe, weil sie sich darin nicht mehr wiedererkennen, andere schließen sich ihr an, weil sie sich endlich darin wiedererkennen. Das ist ganz normal, aber es ist nicht problemlos für diejenigen die sich in ihren menschlichen Beziehungen am Modell der Familie orientieren, wo ein Wechsel der Personen im wesentlichen durch Geburt und Tod gegeben ist.
Wie wir gesehen haben, ist es hier üblich, jeder Praxis einen Namen zu geben. Der Name, das ist offensichtlich, bezeichnet die neue Idee, auf der das Experiment aufbaut. Aber er hat noch einen weiteren Effekt: er unterstreicht die Künstlichkeit der Situation. Ein gewisses Maß an Experimenten und an Künstlichkeit ist im Kampf der Frauen für eine freie Existenz in der Gesellschaft vielleicht unvermeidlich. Die sexistische Herrschaft beruht nämlich auf einer Verflechtung von natürlichen und gesellschaftlichen Grundlagen. Sich auf die Natur zu berufen würde den Frauen nichts nützen, denn diese unterliegt der gesellschaftlichen Interpretation, welche das menschliche Schicksal der Frau direkt von der weiblichen Anatomie ableitet.
Auf der anderen Seite wurde auch bald deutlich, daß es ebensowenig nützte, sich auf die Gesellschaft zu berufen, denn in dieser gab es keine Widersprüche, zu deren Lösung es der freien Existenz der Frauen bedurft hätte.
Der letzte Punkt muß näher erläutert werden. In den Anfangszeiten des Feminismus existierte diese Vorstellung nicht, und noch immer denken viele Frauen, die für die Frauenbefreiung kämpfen, nicht so. Damals herrschte zum Beispiel die Überzeugung, daß ein Ende der sexistischen Herrschaft auch für die Männer Vorteile bringen würde. Viele meinten also – und einige Frauen denken das immer noch –, daß die heutige Gesellschaft die Freiheit der Frauen braucht, und daß es folglich genügt, die vorhandenen Widersprüche auszunutzen, um eine freie Existenz der Frau zu ermöglichen.

Unter den gesellschaftlichen Widersprüchen, die manche Frauen zu der Überzeugung veranlassen, ihre Beteiligung an der Leitung der Gesellschaft sei erforderlich, rangieren die immer deutlicheren Widersprüche eines nur auf Technologie gegründeten Fortschritts an erster Stelle.

Diese Auffassung läßt sich durch eine Analyse der Tatsachen widerlegen. Sicherlich braucht die Gesellschaft die Frauen, und in Krisenzeiten oder Notfällen besteht auch ein Bedarf am Weiblichen. Aber das Weibliche, das gestern wie heute in diesen Ausnahmesituationen zu Hilfe gerufen wird, ist unfrei. Es sind nämlich jene »Eigenschaften«, die die Frauen infolge der sexistischen Arbeitsteilung mehr als die Männer verkörpern, wie zum Beispiel Pflege statt Besitz, Bewahrung statt Ausbeutung usw.

Der Bedarf der Gesellschaft an der Präsenz der Frauen ist geprägt von dieser zwiespältigen Haltung, bei der sich nicht unterscheiden läßt, was tatsächlich der weiblichen Erfahrung entspricht und was stereotype Vorstellungen darüber sind.
Die weibliche Differenz gelangte nicht durch Ausnützung vorhandener gesellschaftlicher Widersprüche zu einer freien Existenz, sondern durch Ausnützung der Widersprüche, die die einzelne Frau in sich selbst trug. Sie hatten keine soziale Form, bis die Politik der Frauen eine schuf. Wir selbst haben sozusagen die gesellschaftlichen Widersprüche erfunden, die unsere Freiheit notwendig machten.
Die erste, grundlegende Erfindung bestand darin, innerhalb der Gesellschaft separate Orte und autonome Lebenszusammenhänge von Frauen zu schaffen.

Zweites Kapitel

Das alte Problem der Abtreibung

Kaum waren die ersten Frauengruppen entstanden, da sahen sie sich schon mit einem alten Problem konfrontiert: der Abtreibung.
Bekanntermaßen war die Abtreibung illegal; aber dennoch war sie eine weitverbreitete Praxis und de facto in Italien das wichtigste Mittel zur Geburtenkontrolle.
Der illegale Schwangerschaftsabbruch stellte also einen starken gesellschaftlichen Widerspruch dar, der eine Lösung verlangte. Das Problem betraf Männer, Frauen, Parteien, Parlament und Staat. Darüber hinaus schien es eine Frage der Freiheit zu sein bzw. wurde als solche dargestellt – der Freiheit abzutreiben – und galt somit als Inhalt eines Kampfes, der gemeinsam, von Männern und Frauen, auszufechten war.
Daher erging an die Frauen die Aufforderung, die Abtreibung zu ihrem wichtigsten politischen Programm zu machen. Sie reagierten in Massen, denn zum ersten Mal rückte eine ihrer verheimlichten und verleugneten Erfahrungen ins Zentrum des politischen Geschehens und wurde auf gesellschaftlicher Ebene sichtbar.
Mit ihrem Kampf für die Abtreibungsreform drückten viele Frauen in Wirklichkeit etwas anderes aus: ihren Wunsch, in der Gesellschaft eine wichtige Rolle zu spielen, und ihre Ablehnung der Mutterschaft als der einzigen Form weiblicher Selbstverwirklichung. Sie forderten das Recht der Frau, Sexualität und Fortpflanzung zu trennen, selbst wenn das zahlreiche gesellschaftliche Veränderungen mit sich bringen würde.
Die Tatsache jedoch, daß die Abtreibung – ob legal oder illegal – integraler Bestandteil und Ausdruck einer noch dem männlichen Begehren unterworfenen Sexualität ist, diese Tatsache wurde damals, als Tausende von Frauen im Namen einer eigenen Sexualität demonstrierten, als zweitrangig betrachtet. Viele Frauen, die für die Abtreibungsreform kämpften, wollten damit offensichtlich etwas anderes ausdrücken – vor allem ihre Suche nach Autonomie, und dabei kümmerten sie sich nicht um die unglaublichen Widersprüche, die ihr Programm enthielt. Ebensowenig ahnten sie, auf welch gesellschaftspolitisch verwickelte Frage sie sich eingelassen hatten.
Diese unbekümmerte Vorgehensweise war eine Form von politischer Verantwortungslosigkeit. Einige Frauen, die diese Gefahr erkannten, äußerten auch eine Kritik in diesem Sinne. Aber wie jede Form von Verantwortungslosigkeit, zumal wenn sie mit einem Gefühl des Triumphs gepaart ist, war auch in dieser latent die Tendenz vorhanden, das Problem

selbst und die Komplikationen, die seine Lösung mit sich brachte, lächerlich zu machen. Die Frauen, die an den Abtreibungsdemonstrationen teilnahmen, ließen sich zwar bezüglich all der ungelösten Fragen kritisieren, demonstrierten aber trotzdem mit einem unbeschwerten Gefühl der Befreiung weiter.

Einige Gruppen jedoch – im allgemeinen waren es diejenigen, die ihre politische Praxis mit Selbsterfahrung begonnen hatten – distanzierten sich umgehend von der politischen Kampagne des Partito radicale*. In einem Text von Rivolta femminile vom Juli 1971 heißt es:

»Wir Frauen von Rivolta femminile meinen, daß die auf ein bis drei Millionen geschätzte Zahl von Abtreibungen pro Jahr in Italien genügt, um das Anti-Abtreibungsgesetz als de facto aufgehoben zu betrachten. (...)«

»Es ist eine unerträgliche Schmach, daß ein paar tausend Unterschriften – von Männern und Frauen – als Vorwand dienen sollen, um von den Männern, von den Machthabern, um vom Gesetzgeber etwas zu fordern, was in Wirklichkeit schon Milliarden Frauen, die sich auf die Schlachtbank der illegalen Abtreibung begeben haben, ausdrücken. Wir wollen die freie Abtreibung, nicht eine neue Gesetzgebung darüber, (...) denn nur so können wir aus diesem Problem, einer der Grundlagen unserer Unterdrückung, die Grundlage eines Bewußtwerdungsprozesses machen, der die Strukturen der männlichen Herrschaft untergraben kann.«

»Die Zwangsmutterschaft hat das weibliche Geschlecht den Männern ausgeliefert und es zu deren wichtigster Machtbasis gemacht. Heute können wir über die Mutterschaft 'frei entscheiden'. Aber kann das überhaupt eine Befreiung darstellen, in einer Kultur, die ausschließlich die männliche Sicht der Existenz verkörpert, und so von vornherein jede 'freie Entscheidung' der Frau bestimmt? Freie Sexualität und freie Mutterschaft, das heißt, die Voraussetzungen dafür, daß eine Frau überhaupt zum Menschen wird, sollen noch nach Jahrtausenden nur in Form der freien Abtreibung zu erreichen sein? (...)«

»Schon bei einem Gesetz, das die Abtreibung verbietet, hat der Mann die Frau allein gelassen – allein, verachtet, nicht gesellschaftsfähig. In Zukunft, wenn das Gesetz die Abtreibung nicht mehr verbietet, wird er sie auch allein lassen – allein, anerkannt, gesellschaftsfähig. Aber die Frau fragt sich: 'Um wessen Vergnügen willen bin ich schwanger geworden?' Um wessen Vergnügen willen treibe ich ab?' Diese Frage enthält den Keim unserer Befreiung; wenn die Frauen sie formulieren, lassen sie die Identifikation mit dem Mann hinter sich und finden die Kraft, ihr Schweigen, die Krönung der Kolonisierung durch den Mann, zu brechen.«

---

* Von der Unterschriftensammlung für eine Reform des Abtreibungsgesetzes (Anm.d.Ü.)

Die Selbsterfahrungsgruppen distanzierten sich aus gutem Grund von der Abtreibungskampagne. Denn sie waren aufgrund eines Widerspruchs entstanden, den die Gesellschaft nicht gesehen hatte und nicht hatte vorhersehen können: Die Frauen, denen nun jede Beschäftigung und jeder Ort zugänglich war, hatten Schwierigkeiten zu sprechen, zu planen, zu handeln; sie wurden von etwas erdrückt, was für alle unsichtbar und unbegreiflich war. Die weibliche Differenz, die auch dort, wo die Emanzipation sich durchgesetzt hatte, vorhanden war, aber nicht zum Ausdruck kommen konnte, war für viele Frauen die Ursache eines tiefgehenden Leidens. Sie wollte zum Ausdruck gebracht werden. Der Kampf für die Neuregelung des Abtreibungsgesetzes würde die Frauen nun aber aufs neue an die alten Orte und in die vorgefertigten Begriffe der Politik zurückdrängen – Orte und Begriffe, die sie hinter sich gelassen hatten, um in separaten Gruppen die zersplitterten und entfremdeten Elemente des eigenen Selbst und der eigenen Erfahrung zu untersuchen und zusammenzusetzen.

Die Abtreibung war ein Teil dieser Erfahrung, eines ihrer zahlreichen Bruchstücke. In unseren Gesprächen zeigte sich, wie unterschiedlich die persönlichen Erfahrungen damit waren. Je nach sozialer Lage zum Beispiel konnte sich eine Frau eine bessere oder weniger gute ärztliche Versorgung leisten. Aber noch stärker waren die individuellen Unterschiede: Manche hatten noch nie abgetrieben, entweder weil sie unfruchtbar waren, oder weil sie keine sexuellen Beziehungen mit Männern hatten, beziehungsweise nur solche, von denen sie nicht schwanger werden konnten, oder weil sie lieber das Kind austrugen statt abzutreiben; andere dagegen setzten die Abtreibung als Verhütungsmittel ein, das sie allen anderen vorzogen; für manche war der Eingriff eine Kleinigkeit gewesen, für andere dagegen eine Tragödie und eine Verstümmelung. Doch diese unterschiedlichen Reaktionen zeigen die weibliche Erfahrung nur auf der Erscheinungsebene; es handelt sich nur um oberflächliche Unterschiede. Den Frauen war es noch nicht gelungen, zum Kern des Problems vorzudringen: zu sich selbst und ihrer Sexualität.

Der Versuch, die Frauenbewegung über eine Neuregelung der Abtreibungsgesetze zu vereinheitlichen, hatte daher etwas Künstliches, Gezwungenes an sich. Außerdem konnte das kein vorrangiges Ziel sein, zu einem Zeitpunkt, wo das wahre Problem schon erahnt wurde: sich mit der eigenen Sexualität auseinanderzusetzen und sie zum Ausdruck zu bringen.

Diese Position kommt in einem Text des Kollektivs von via Cherubini vom 22. Februar 1973 zum Ausdruck:

»Für die Männer bedeutet Abtreibung eine Frage von Wissenschaft, von Gesetzgebung, von Moral; für uns Frauen ist sie eine Frage von Gewalt und Leiden. Wir fordern die Streichung aller Gesetze, die

Abtreibung unter Strafe stellen, und fordern Einrichtungen, wo sie unter bestmöglichen Bedingungen durchgeführt werden kann. Gleichzeitig lehnen wir es ab, dieses Problem getrennt von unseren anderen Problemen – Sexualität, Mutterschaft, Sozialisation der Kinder usw. – zu betrachten.«

Diesem Text zufolge kann außerdem nur die Frauenbewegung garantieren, daß die Neuregelung der Abtreibung am Ende nicht »die zynische Entscheidung des Staates ist, der eine Einschränkung der Geburtenzahl für ökonomischer hält«. Solange die Frauen keine tatsächliche politische Kraft darstellen, habe die Möglichkeit, legal abzutreiben, für sie keinerlei positive Bedeutung.

Viele Männer und viele Frauen, die für die Neuregelung der Abtreibungsgesetze waren, erkannten nicht, daß hier eine Politik von Frauen notwendig war.

Rossana Rossanda schreibt in ihrem Artikel *Bemerkungen zur Abtreibung*, der am 23. Februar 1975 in der Tageszeitung »Il manifesto« erschien, daß die größeren Möglichkeiten, in die Fortpflanzung einzugreifen, »eine Verantwortlichkeit, die über die rein individuelle hinausgeht«, notwendig macht. Unter diesem Gesichtspunkt kritisiert sie den Feminismus, den sie pauschal auf die Parole »Mein Bauch gehört mir« reduziert (dabei war diese Parole von einem Teil der Frauenbewegung kritisiert und verworfen worden).

Die Möglichkeit des Menschen, in die Fortpflanzung einzugreifen, heißt es in diesem Artikel, macht »neue gesellschaftliche Regeln, eine neue Moral erforderlich, (...) die der Frau als menschlichem Wesen objektiv die Entscheidungsgewalt zurückgibt. Daß ihre Entscheidung in Übereinstimmung mit den Erfordernissen der Gemeinschaft ausfällt, ist keine Frage der Verhütungspolitik. Es ist eine Frage einer neuen Werteskala, einer neuen Ethik«.

Dieser Gedanke war an sich richtig, nur fehlte darin etwas Entscheidendes, und zwar im Übergang von der Entscheidungsgewalt zur neuen Ethik, nach der kurzen Abrechnung mit dem Feminismus: Es fehlte eine angemessene Verarbeitung der weiblichen Erfahrung (Emotionen, Bedürfnisse, gesellschaftliche Zwänge, Interessen usw.) seitens der Frauen selbst, eine Verarbeitung, die gerade erst in den Selbsterfahrungsgruppen begonnen wurde.

Daß diese Probleme noch nicht verarbeitet waren (und die »neue Ethik« somit für die Frauen ein Gemisch aus Zwang und Idealisierung bedeuten würde, genau wie die Ethik der Mutterschaft), scheint Rossana Rossanda keine Probleme zu bereiten, denn sie schreibt: »Was die Frau als ihr Identitätsproblem erlebt, als Konditionierung, als Strafe, nimmt die Menschheit als Problem ihrer Möglichkeiten wahr.« Und diese Trennung findet sie, die »Materialistin und Marxistin«, »sehr gut, ja das ist sogar eine

Garantie dafür, daß die Befreiung der Frau stattfinden kann«. – Eine Befreiung, ohne daß sich die Frau subjektiv bewußt ist, welche Interessen die Gemeinschaft an der Fortpflanzung hat? Ohne daß die Frau mit ihrem Körper in der Gesellschaft präsent und aktiv ist?
Anläßlich der Abtreibungsdiskussion zeigten sich also nicht nur unterschiedliche Positionen, sondern auch radikale Widersprüche innerhalb der Frauenbewegung. Es ging um zwei Fragen: erstens um die Frage einer politischen Praxis, die die weibliche Realität nicht verleugnet, und zweitens um die Frage der Autonomie der Frauenbewegung im Bezug auf die politischen Gruppen und Bewegungen, die die Frauenprobleme auf ihr Banner geschrieben hatten.
In einem Dokument vom 18. Januar 1975, *Wir machen zur Frage der Abtreibung eine andere Politik,* betonen die Frauen von via Cherubini, daß »die Massenabtreibung in den Kliniken keinen Zuwachs an Zivilisation darstellt, denn sie ist eine gewaltsame, zerstörerische Antwort auf das Problem der Schwangerschaft, und außerdem wird dadurch dem Körper der Frau noch eine zusätzliche Schuld aufgebürdet«. Des weiteren könne es nicht das Interesse der Frau sein, Gesetze zu unterstützen, die die bestehende Realität regeln. Diese Realität könne die Frau nur über sich ergehen lassen, aber nicht akzeptieren, denn sie sei auf die Bedürfnisse eines Geschlechts, das nicht ihres ist, abgestimmt.
Auf die Mobilisierung nach traditionellem Muster – für ein Einheitsziel, das von möglichst vielen Leuten unterstützt werden sollte – folgten Demonstrationen, bei denen die Männer gemeinsam mit den Frauen marschierten. Was für einen Sinn haben diese Demonstrationen, fragen sich die Frauen von via Cherubini, bei denen die Männer, anstatt ihr sexuelles Verhalten in Frage zu stellen, für die freie Abtreibung demonstrieren, die an einem Körper vorgenommen wird, der nicht ihrer ist? Was nützt es den Frauen, sich mit dem anderen Geschlecht in einer Frage zu verbünden, die ihre Sexualität und ihre Beziehung zu Männern betrifft?
Dieselben Argumente – Abtreibung als Symptom einer versklavten Sexualität, die Notwendigkeit einer theoretischen und praktischen Autonomie der Frauenbewegung, die unbedeutende Rolle von Reformen, wenn es um Sexualität geht – vertreten auch das feministische Kollektiv Santa Croce aus Florenz und eine weitere Gruppe aus Turin.
Im Dokument aus Florenz, *Wir wollen nicht mehr abtreiben,* (zusammen mit den anderen 1975 im sogenannten *Roten Sottosopra,* einer Sondernummer von »Sottosopra«, wieder abgedruckt) wird »die Möglichkeit einer positiven Wiederaneignung der Mutterschaft« als »mögliche Alternative zur derzeit verbreiteten Abtreibungspraxis« betont. Deshalb solle die Frauenbewegung eine politische Praxis entwickeln, die den gegenwärtigen Zustand der Entfremdung von Sexualität und Mutterschaft

Schritt für Schritt abbaut: »Die Frauenbewegung muß neue Praktiken erproben, die auf dem Weg von der Abtreibung, dem Augenblick höchster Gewalt, zur vollständigen Wiederaneignung unseres Körpers als Zwischenphasen fungieren können«.

Das Dokument der Turiner Frauen, *Auswirkungen der Ereignisse in Florenz auf die Frauen** das von »einigen Frauen der feministischen Bewegung« unterzeichnet ist, zeigt anhand einer Analyse verschiedener Positionen feministischer Gruppen den Unterschied zwischen der Frauenbewegung und den Frauen aus gemischten politischen Gruppen. Beim Thema Abtreibung, schreiben die Turiner Frauen, hat sich die Spaltung zwischen den autonomen Frauen und den »Chauvikommunistenfrauen«, die die Wichtigkeit autonomer Politik leugnen oder abzuschwächen versuchen, weiter verschärft. Das ist unvermeidlich, denn wenn es um Abtreibung geht, klingen selbst die fortschrittlichsten Meinungen der Männer wie der Gipfel der Kolonisierung.

Streichung der Abtreibungsgesetze – ein Vorschlag, der kein Gehör fand

Im Kampf gegen die Kolonisierung durch die Männer stimmten die Selbsterfahrungsgruppen aus Turin, Mailand, Florenz und anderen Städten spontan darin überein, daß als einzig sinnvoller gesetzlicher Schritt einfach die Streichung der Abtreibungsgesetze zu fordern sei. Ihrem Urteil nach – und dieses Urteil stützte sich auf die konkreten Erfahrungen der Frauen – genügte ein Gesetz, das lediglich die Strafbestimmungen für Abtreibung abschaffte.

In diesem Vorschlag vereinte sich eine äußerst fortschrittliche Position, was die juristische Ebene im engeren Sinn betrifft (das wird heute von den progressivsten Juristen anerkannt), mit einem politischen Wissen, das aus einer realitätsbezogenen Praxis gewonnen war. Die Frauen brauchten nämlich noch Zeit und Raum, um der bisher nur individuellen Erfahrung der Abtreibung eine soziale Dimension zu verleihen, und vor allem, um in der Gesellschaft das zum Ausdruck zu bringen, was sie unter Selbstbestimmung für ihren Körper und unter freier weiblicher Sexualität verstanden. Das war nötig, um sich der Interpretation entziehen zu können, die die Männerwelt für die sexuelle »Freiheit« der Frau schon bereithielt: ein auf das Sexuelle reduzierter weiblicher Körper und

---

* »Die Ereignisse von Florenz«: Im Rahmen der Kampagne für die Neuregelung der Abtreibungsgesetze zeigte sich ein Arzt aus Florenz, der Abtreibungen vorgenommen hatte, selbst an. (Anm.d.Ü.)

eine auf einen regulierbaren Körper reduzierte weibliche Sexualität. Das war auch nötig, um sich den neuen gesellschaftlichen Regeln entziehen zu können, die – genau wie die alten – die Bedürfnisse der Männer widerspiegeln, und zusätzlich noch den Anspruch erheben, das richtige Verhältnis zwischen Frauenkörper und Gesellschaft zu bestimmen.

Der Vorschlag der kleinen Selbsterfahrungsgruppen, die Streichung der Abtreibungsgesetze zu fordern, fand trotz aller guten Gründe bei den meisten Frauen, die gegen die illegale Abtreibung kämpften, weder Gehör noch Unterstützung. Der Vorschlag bestand darin, im Konflikt zwischen Männern und Frauen nicht zu vermitteln, sondern nach Abschaffung des Straftatbestandes der Abtreibung innerhalb dieses Widerspruchs zu operieren, um den Formen von Sexualität, die bisher nicht zum Ausdruck kommen konnten, zur Existenz zu verhelfen.

Die Selbsterfahrungsgruppen konnten sich mit ihrem Vorschlag nicht durchsetzen, da die Überzeugung vorherrschte, die von der Mehrheit geforderte Gesetzesreform sei zwar möglicherweise ein Ersatz für die ungesagt gebliebene Stellungnahme seitens der Frauen, aber sie stelle doch immerhin eine Lösung für ein reales Problem der Frauen dar.

Da der Kampf für die Abtreibungsreform zu einem Kreuzzug für die Freiheit geworden war, erschien auch eine partielle Lösung des Problems als etwas Großes, sie bedeutete Selbstbestimmung über den eigenen Körper, unmittelbar bevorstehende Befreiung usw.

Das stimmte jedoch nicht. Die Abtreibung in der Klinik ist zwar der illegalen Abtreibung vorzuziehen, aber sie bedeutet nicht mehr Freiheit für die Frau. Doch es *schien zu stimmen,* angesichts der Massendemonstrationen, die ein Problem der Frau in den Mittelpunkt des öffentlichen Interesses rückten und aus dieser Erfahrung einen Kampf für ein höheres Ziel machten. Die Frauen kamen sich aufgewertet, beachtet, ernstgenommen vor.

Zwischen diesen euphorischen Gefühlen und der darin untergehenden Stellungnahme der Selbsterfahrungsgruppen bestand ein Mißverhältnis. Auch diese kleinen Gruppen konnten die Inhalte der weiblichen Erfahrung zum Ausdruck bringen, und ihre Worte waren dem eigenen Geschlecht getreuer. Doch fehlten ihnen die Stärke und die unmittelbare politische Wirkung, die die anderen hatten. In diesen Demonstrationen, in der gesamten Kampagne, kamen mehrere Elemente des politischen und sozialen Lebens jener Jahre zusammen: Abtreibung wurde zu einem zentralen Problem, und der Wunsch der Frauen, im Mittelpunkt des gesellschaftlichen Geschehens zu stehen, erfüllte sich – auch für jene Frauen, die keine Mittel oder keine Lust hatten, einen Konkurrenzkampf mit den Männern zu versuchen.

Infolgedessen bildete die Position der autonomen Gruppen kein Gegengewicht zu der anderen Strömung. Die anderen Frauen hielten die Position der Selbsterfahrungsgruppen für interessante theoretische Überlegungen mit neuen Aspekten zu den Themen Mutterschaft, Sexualität und weibliche Identität. Aber mehr nicht. Das vorherrschende politische Denken, das auf die Mobilisierung für eine Gesetzesreform abzielte, konnte dadurch nicht verändert werden.
Dieses Denken basierte wahrscheinlich auch auf der Vorstellung, daß bei einem bestimmten Grad von gesellschaftlichen Konflikten die beste Herangehensweise zur Lösung darin besteht, ein »richtiges« Gesetz zu machen. Dieses Denken basierte auch auf einer Vorstellung, welche unter denen, die von der Macht ausgeschlossen sind, sehr verbreitet ist, nämlich dem Glauben, daß ein bestimmtes Verhalten entweder verboten oder erlaubt ist. Dabei wird übersehen, daß es ein weites Spektrum von Verhalten gibt, das zugelassen bzw. einfach möglich ist, oder gegebenenfalls erfunden werden und möglich gemacht werden muß. Und schließlich führte die Tatsache, daß Abtreibung von der herrschenden Gesetzgebung als Straftat betrachtet wurde, zu dem Schluß, daß auch nur das Gesetz sie erlauben könne.
Schließlich verabschiedete das Parlament das Gesetz Nr. 194/77, das Abtreibung ausschließlich in öffentlichen Kliniken zuläßt, privat vorgenommenen Schwangerschaftsabbruch unter Strafe stellt und für Minderjährige die Zustimmung der Eltern oder des Vormundschaftsrichters vorschreibt.
Schon einige Zeit vorher, am 3. Dezember 1976, hatte das Frauenkollektiv am Mailänder Gericht einen Kommentar zu dem Gesetzentwurf geschrieben, in dem hervorgehoben wurde, daß dieser Entwurf ganz offensichtlich in der Absicht verfaßt war, Kontrolle und Repression über das Sexualleben der Frau auszuüben.
Die Kritik richtete sich vor allem gegen die Pflicht, den Eingriff in öffentlichen Kliniken vornehmen zu lassen (wo die Ärzte bekanntermaßen besonders gerne ihre Abtreibungsgegnerschaft zur Schau stellen), sowie gegen die Strafandrohung für die Frau, die abtreibt, ohne die gesetzlich vorgesehene Prozedur zu befolgen.
Als das Gesetz in Kraft trat, mußten die Frauen, die es gefordert hatten, feststellen, daß es ein getreues Abbild der Erfordernisse, der Bedenken und der Kompromisse derer war, die es gemacht hatten – der Männer. Diese hatten dabei immer die Gesellschaft im Auge behalten, in der der männliche Standpunkt eindeutig vorherrscht. Das gewaltsamste Mittel zur Geburtenkontrolle war nun offiziell in die Gesetzesvorschriften aufgenommen, die die Gesellschaft regeln.
Betrachten wir auf der anderen Seite den Gesetzentwurf, den einige Feministinnen aus außerparlamentarischen Organisationen als Gegen-

vorschlag einbringen wollten, so sehen wir, daß das Problem weniger in einem schlechten oder etwas besseren Gesetz bestand, sondern vielmehr in einem Mangel an autonomen Denken der Frauen. Wäre nämlich das von den Frauen entworfene Gesetz verabschiedet worden, hätte das dieselbe Konsequenz gehabt: es hätte den Frauen geschadet.
Das sogenannte Gesetz der Frauen, das dem Parlament von einem Abgeordneten von Lotta continua vorgelegt wurde, ging von der extremsten Auslegung des Begriffs Selbstbestimmung aus: Die Frau sollte bis zuletzt, das heißt bis zur Geburt, über den Abbruch der Schwangerschaft entscheiden können – so sollten ein Eingreifen und eine Kontrolle seitens des Staates ausgeschlossen werden. Aber das war eine absurde Forderung, die nur als Reaktion auf die staatlichen Gesetze gerechtfertigt war: Der Staat setzt Grenzen – wir heben sie auf. Abtreibung mit Geburt zu verwechseln bedeutet, der Mutter das Recht über Leben und Tod des Kindes zuzugestehen. Das war der unpopulärste Gesetzentwurf, den sich die Frauen hatten ausdenken können, denn er verleugnete radikal die Mutterrolle samt ihren Inhalten und Widersprüchen, die in der Erfahrung der Frauen so lebendig sind. Denn die Mutterschaft ist gleichzeitig Ursache von Unterdrückung, Mittel zum Überleben, Prinzip der Verantwortlichkeit und Form der Selbstverwirklichung in der Gesellschaft – wenn auch eine entfremdete Form: Das Leben des Kindes steht an Stelle des eigenen Lebens, die Mutterschaft ersetzt andere Möglichkeiten gesellschaftlichen Handelns.
Zu diesem Thema läßt sich leise, aber beharrlich wieder die Stimme der Frauen vernehmen, die eine Politik in Übereinstimmung mit der weiblichen Erfahrung machen wollten, in Übereinstimmung mit dem, was diese menschliche Erfahrung sagte oder zu sagen versuchte. In einem Dokument vom Dezember 1976, *Selbstbestimmung – ein zweischneidiges Ziel,* bemerken einige Frauen des Mailänder Kollektivs aus via Col di Lana, daß »die Ausklammerung des Problems der Sexualität, der Mann-Frau-Beziehung« und die Diskussion von Abtreibung und Mutterschaft »als allgemeiner sozialer Bedingung« dazu führten, »daß als Ziel auf breiter Basis nur noch der Vorschlag übrigbleibt, die Mutterschaft zu verleugnen«.
»Die Fortpflanzung, wie wir sie kennen«, heißt es ebenfalls in diesem Text, »ist so stark in die männliche Sexualität integriert, daß der Vorschlag, sie selbst zu bestimmen, bedeutet, *innerhalb* der Entfremdung zu kämpfen, anstatt sich von ihr zu befreien«. Im Zusammenhang mit Abtreibung von Selbstbestimmung zu sprechen, hat keinen Sinn; es bedeutet nur, sich gegen die Interessen beziehungsweise das Desinteresse anderer, wie Ehemänner, Genossen, Freunde, Ärzte, Pfarrer, Gesetze usw. zur Wehr zu setzen. Der Text schließt mit der Beobachtung, daß es äußerst widersprüchlich sei, einer Regelung zu vertrauen, die von

außen, vom Staat und den Institutionen kommt, wenn es um das Prinzip der absoluten Selbstbestimmung geht.
Der andere Gesetzentwurf, der die unrealistische Forderung nach Recht auf Kindesmord enthielt, gelangte gar nicht in die Parlamentsdebatte. Doch er hatte einen nachhaltigen positiven Effekt. Viele wandten sich nämlich plötzlich vom Feldzug für die Abtreibung ab. Da dieser Entwurf dem Willen der Frauen per Gesetz »unbegrenzte Grenzen« eröffnen wollte, machte er ihnen vermutlich bewußt, wieviele widersprüchliche Wünsche die Frauen in den Kampf für die Abtreibungsreform hineingetragen hatten.

Gleiche Gesetze für alle Frauen – aber nicht alle Frauen sind gleich

Nun soll die grundlegende Frage geklärt werden, weshalb die Frauen jedesmal, wenn sie in die Gesetzgebung eingreifen oder vom Parlament die Lösung von gesellschaftlichen Konflikten fordern, die die Frauen betreffen, dem eigenen Geschlecht schaden oder es zumindest in entsetzliche Widersprüche stürzen. Das war auch beim Mutterschutzgesetz der Fall, das für die arbeitssuchenden Frauen neue Probleme geschaffen hat. Die sogenannten Gleichstellungsgesetze, zum Beispiel über gleichen Lohn für gleiche Arbeit oder über den Zugang von Frauen zu bestimmten Berufen, nützen den Frauen nur in dem Maße, wie die sexuelle Differenz keine Rolle spielt. Abgesehen von ihrer zweifelhaften Form (die Frauen werden den Männern gleichgestellt, als ob der Mann der Maßstab alles Positiven für die Frau wäre), sagen diese Gesetze nichts über das Verhältnis der Geschlechter aus. Damit soll nicht behauptet werden, sie seien neutral, weder historisch (sie gehen auf die Kämpfe der Frauen zurück) noch formal gesehen (sie sind zweideutig männlich).
Aber wenn die sexuelle Differenz und der Konflikt zwischen den Geschlechtern ins Spiel kommt, wie im Fall der Abtreibung oder der Vergewaltigung, müssen wir bedenken, daß ein Gesetz immer ein von der Realität abgeleitetes Gebilde ist. Es dient als Maßstab für das, was in der Gesellschaft de facto vorgeht. Kein Gesetz kann also – wie manche Frauen jedoch anscheinend glauben – der Frau und ihrer Sexualität einen Wert zuschreiben, der von der Gesellschaft noch nicht anerkannt ist.
Andererseits ist zu bedenken, daß die Frauen innerhalb der Gesellschaft keine homogene unterdrückte soziale Gruppe darstellen. Hierin können wir eine erste Antwort auf das obengenannte Problem finden, auf die Frage, warum die Gesetze, die zugunsten der Frauen entworfen werden, immer das Gegenteil von dem beabsichtigten Zweck bewirken: Die Frauen sind ein Geschlecht, das einen Reichtum an Verschiedenheiten in

sich birgt, und sie haben, genau wie die Männer, unterschiedliche soziale Hintergründe. Der Kampf der Frauen, der der weiblichen Differenz zu Existenz, Wert und Freiheit verhelfen soll, muß also von einer Vielfalt von Interessen, Lebensläufen, Ausdrucksformen und Erfahrungen ausgehen. Die Frauen, die nach dem Gesetz rufen, können den Reichtum an weiblichen Lebensentwürfen (allein leben, in der Familie leben, Kinder bekommen oder nicht, Suche nach Selbstverwirklichung in der Gesellschaft über die Arbeit oder über die Familie usw.) nicht berücksichtigen, denn die Form des Gesetzes ist notwendigerweise allgemein und abstrakt. Daher beschreiben sie schließlich die Probleme einer Kategorie von Frauen – natürlich der am meisten benachteiligten – und präsentieren diese als typisch für die Lage der Frau in ihrer Gesamtheit. Dieses Vorgehen macht die Frauen alle gleich, auf der Ebene des größten Elends, es verhindert das Sichtbarwerden ihrer unterschiedlichen Lebensentwürfe und ihrer realen Möglichkeiten, die Wirklichkeit zu ihrem Vorteil zu verändern. Damit wird dem weiblichen Geschlecht seine Existenz abgesprochen – es gibt nur eine »Lage der Frau«, mit der sich vielleicht keine wirklich identifizieren kann.

Eine zweite Antwort, die mit der ersten zusammenhängt, liegt in der Art der verwendeten Mittel. Wenn die Frauen ein staatliches Eingreifen zu ihren Gunsten fordern und eine Kampagne dafür starten, machen sie von symbolischen Strukturen wie Staat, Parlament usw. Gebrauch, die nicht von der sexuellen Differenz gezeichnet sind. Das verleitet zum Glauben, sie seien neutral, von Männern und Frauen gleichermaßen heranzuziehen. Doch dann folgt die Erkenntnis, daß die Gesetze, die diese vermeintlich neutrale symbolische Struktur hervorbringt, vielleicht eine Lösung bieten für Probleme, die die Frauen betreffen, aber nicht für die Probleme der Frauen – ja, daß sie manchmal sogar noch neue Probleme schaffen.

Es handelt sich nämlich um Institutionen und Konzepte, die vom männlichen Denken geschaffen wurden, um in den Konflikten zwischen den Männern zu vermitteln. Dahinter steht auch die Vorstellung, die männliche Sichtweise umfasse die gesamte gesellschaftliche Wirklichkeit, einschließlich der Frauen. Die so geschaffenen Gesetze spiegeln diese ungewußte Einseitigkeit wider, und selbst wenn sie sich nicht gegen das Interesse der Frauen richten, gründen sie sich niemals auf die menschliche Erfahrung der Frau in ihrem ursprünglichen Anderssein.

Die Institutionen haben die Funktion, zwischen gegensätzlichen Interessen zu vermitteln, dabei ignorieren sie den Sinn und den Wert der sexuellen Differenz und stellen sich als neutral dar. Selbst wenn sie das männliche Geschlecht nicht direkt begünstigen, schaden sie dem weiblichen, denn dieses bekommt dadurch Wert, daß die sexuelle Differenz sichtbar wird und zum Ausdruck kommt.

Betrachten wir noch einmal das Problem der Abtreibung, denken wir an Vergewaltigung: Was bedeutet es, seitens der Frauen vom Parlament gesetzliche Maßnahmen dagegen zu fordern? Das bedeutet nur eins: Die Frauen verlangen Regelungen, die von außerhalb, nicht vom eigenen Geschlecht kommen. Damit nehmen sie dem von vielen Frauen explizit ausgedrückten Willen, selbst über ihren Körper zu bestimmen, die Legitimität, und dadurch verliert diese »Selbstbestimmung« ganz erheblich an Wert.

Das Resultat fiel ganz in diesem Sinne aus: Ein Abtreibungsgesetz, das im wesentlichen den sexuellen Bedürfnissen des Mannes, der Geburtenregelung und der öffentlichen Ordnung (Unterbindung des illegalen Abtreibungsmarktes) Rechnung trägt. An die Sexualität der Frau dachte man nicht. Dachte man wenigstens an die Gesundheit der Frau? – Nicht einmal das, ansonsten wären die Frauen nicht *gezwungen* worden, in die öffentlichen Kliniken zu gehen.

Ist ein Gesetz erst einmal formuliert, so schränkt es die Möglichkeiten ein, bessere Entscheidungen zu treffen und zwingt den Frauen seine Logik auf. Das geschah auch beim Referendum über die Abschaffung des Abtreibungsgesetzes*, wo die einzig möglichen Alternativen darin bestanden, für die Beibehaltung dieses Gesetzes oder für die Rückkehr zur illegalen Abtreibung zu stimmen.

Die autonome Frauenbewegung, die mit dem Bewußtsein des Geschlechterwiderspruchs und dessen Analyse aus weiblicher Sicht entstanden war, übertrat das Gesetz, auch die sogenannten Frauengesetze. Denn die politische Praxis dieser Gruppen basierte auf Beziehungen zwischen Frauen, die durch intensiven Austausch auf verbaler und materieller Ebene charakterisiert waren, und somit konnte sie subjektive Wünsche und Bedürfnisse, die ihre Wurzel in individuell verschiedenen Geschichten hatten, ans Tageslicht bringen. Das waren konkrete Wünsche und Bedürfnisse, die sich nicht in dem gewollt vereinfachten Rahmen der »Lage der Frau« unterbringen ließen.

In diesen Gruppen hatte sich das Bewußtsein durchgesetzt, daß eine Frau, die ihre Wünsche vertritt und sich ihrem Interesse entsprechend verhält, mit der Männerwelt auf eine ganz neue, weniger regressive Weise zusammenprallt, und daß es hingegen eine ideologische Verallgemeinerung bedeutet, den Bedürfnissen aller Frauen Ausdruck verleihen zu wollen, denn das Endergebnis entspricht den Bedürfnissen keiner einzigen Frau mehr.

In der Zeit, als die Abtreibungsreform am heftigsten diskutiert wurde, hatte jedoch keine dieser Gruppen die Kraft, um explizit zu sagen:

---

* Referendum, das vom Partito radicale nach der Reform des Abtreibungsgesetzes initiiert wurde. (Anm. d.Ü.)

Deine, eure Darstellung der Lage der Frau, nach der wir alle gleich sind, stellt mich nicht dar.

In der Mailänder Gruppe von via Cherubini, der einige von uns damals angehörten, versuchten wir, in den Diskussionen von unseren eigenen Erfahrungen auszugehen und auch offenzulegen, welche persönlichen Geschichten uns zu unseren Überlegungen geführt hatten. Damit sollte, so weit wie möglich, der Zusammenhang zwischen unseren Ideen und ihren subjektiven Hintergründen deutlich werden. Wer diesem Denkstil folgte, konnte unschwer erkennen, daß die Frauen, die im Namen der weiblichen Massen sprachen, sich nicht auf ihre eigene konkrete Lage bezogen, sondern auf eine »Lage der Frau«, die auf andere übertragbar sein sollte, und zu deren Sprachrohr sie sich machten. Dabei nutzten sie die Tatsache aus, daß sich jede Frau spontan mit der leidenden Frau identifiziert. Aber keine der anderen fand den Mut, diesen Mechanismus auf die einfachste Art zu durchbrechen, nämlich öffentlich die Meinung der Frauen zu äußern, die sich nicht für das Problem der Abtreibung interessierten.

Vielleicht lag das daran, daß alle glaubten, eine Frau müsse, um die sexuelle Differenz zum Ausdruck zu bringen und um nicht den Männern zu gleichen, eins sein mit ihresgleichen. Das hieß, mit den Frauen aus der Frauenbewegung. Deshalb durften sich unter Frauen zwar Unterschiede, Kontraste und verschiedene Grade von Bewußtsein entwickeln, aber keine Widersprüche, keine radikalen Einwände wie der folgende aus einem Dokument über die politische Praxis (auf das wir noch zurückkommen werden), wo es heißt: »Mich zum Beispiel interessieren die Frauen mit ihren Abtreibungsproblemen überhaupt nicht. Das ist der Grund, weshalb ich mich persönlich unwohl fühle, und das ist auch ein politisches Problem.«

Das war 1976. Über Jahre hinweg, in der langen Diskussion über die Abtreibungsfrage, war diese Position nie geäußert worden, nie hatte sie eine Rolle gespielt, nie hatte sie die ideologischen und psychologischen Mechanismen durchbrochen, die die Erfahrung der Frauen verfälschten. Wir haben sie den *Einwand der schweigenden Frau* genannt, also jener Frau, die von niemandem beschrieben, interpretiert oder verteidigt werden will – also jeder Frau, wenn unsere Annahme stimmt, daß jede Frau vor allem von sich und für sich selbst sprechen und nicht mehr mit diesem oder jenem Problem identifiziert werden will, daß sie von sich und für sich selbst sprechen und Gehör finden will, weil sie etwas zu sagen hat, und nicht, weil sie in den Augen der anderen – seien es Frauen oder Männer – repräsentativ für etwas steht.

Wir hatten Angst, die Meinung der Frauen, die sich nicht für das Abtreibungsproblem interessierten, offen zu äußern, obwohl sie mitten unter uns waren. Wir hatten Angst, uns nicht mehr in der anderen Frau wiederzuerkennen und so unsere zerbrechliche Beziehung zur Welt zu zerstören. In Wirklichkeit stellten wir sie gerade durch dieses Verhalten in Frage, denn die Falschheit ließ keine richtige politische Konfrontation zu und schloß die Frauen aus, die sich nicht mit den Unterdrückten identifizieren lassen wollten.

Doch das Bild der unterdrückten Frau setzte sich durch; die freien Beziehungen zwischen Frauen blieben auf gesellschaftlicher Ebene unbedeutend; das weibliche Geschlecht blieb in seinem Elend gefangen. Natürlich gab es dieses Elend nur im Abstrakten, denn in Wirklichkeit hatten die Frauen die unterschiedlichsten Projekte, Wünsche und Bedürfnisse. Sie hatten die verschiedensten Formen entwickelt, um miteinander in Beziehung zu treten. Das hatte nichts mehr mit wechselseitiger Identifikation zu tun – sie stellten Regeln für den Umgang miteinander auf, definierten sich jenseits abstrakter Vorstellungsmuster, erkannten sich gegenseitig an – als Schweigende, Schreibende, Schreibunkundige, Passive, Ehrgeizige. ...

Im System der Symbole jedoch, das diese Frauen verwendeten, war diese Vielfalt realer Entscheidungen des weiblichen Geschlechts, dessen lebendige Ausprägung in jeder Einzelnen, nicht enthalten. Und da die Sprache vom Spiel der Unterschiede lebt, sprachen die Frauen auf der Bühne der Gesellschaft weiterhin die Sprache, die sie gelernt hatten – die neutrale Sprache der Jurisprudenz, der Psychoanalyse, des Marxismus usw.

Wie die Rechtsprechung zu verändern ist – in der Praxis

Dieses Kapitel wurde von Juristinnen geschrieben. Wir meinen, daß die weibliche Differenz im Rechtswesen dadurch zum Ausdruck gebracht werden kann, daß die Frauen untereinander ein Netz von bedeutsamen Beziehungen aufbauen und die Struktur des Prozesses zu ihren Gunsten einsetzen.

Ein Prozeß weist per se eine antagonistische Struktur auf: Eine Partei steht einer anderen gegenüber. Wenn die gegnerischen Parteien ein Mann und eine Frau sind, kann deutlich gemacht werden, daß es sich um einen Konflikt der Geschlechter handelt, und daß es um die Interessen der Frau als Angehöriger ihres Geschlechts geht. Die sexuelle Differenz kann zum Ausdruck kommen.

Der Prozeß ist auch eine Situation, wo sich mehrere Interessen von Frauen kreuzen können. Zum einen das Interesse der Rechtsanwältin, die festgestellt hat, wie fremd sie der männlich geprägten Welt des Rechts gegenübersteht und zu welchem Gefühl der Niederlage das führt. Deshalb möchte sie nicht mehr als neutraler Experte auftreten, sondern sie sucht die Beziehung zu anderen Rechtsanwältinnen, wodurch ihre Präsenz an jenem Ort das Zeichen ihres Geschlechts bekommt. Zum anderen das Interesse der einen Prozeßpartei, der Frau, die sich der Rechtsanwältin anvertraut hat, weil sie weiß, daß ihre Interessen von dieser besser verteidigt werden.

Die Entscheidung, sich einer Frau anzuvertrauen, führt aus der Neutralität heraus, bestärkt das weibliche Geschlecht in seiner Existenz und macht es für alle sichtbar: Vermittlungsinstanz zwischen einer Frau und der Justiz ist eine andere Frau. Die Frauen dagegen, die Gesetzentwürfe einbringen, wählen als Vermittlungsinstanz das Parlament, also eine männlich geprägte symbolische Struktur. Im Rahmen des Prozesses einer Frau den Vorzug zu geben, bedeutet, die Regel zu sprengen, nach der der Klient seinen Anwalt aufgrund dessen beruflichen Prestiges wählt; ein Kriterium, das auch für die Rechtsanwälte untereinander gilt. Das Kriterium der gemeinsamen Zugehörigkeit zum weiblichen Geschlecht dagegen gilt für eine tiefergehende Kompetenz als die, die sich in Diplomen und Titeln ausdrückt; damit kommt die weibliche Erfahrung in einem Bereich zur Geltung, wo sie bislang übergangen wurde. Die beiden Frauen, die miteinander in Beziehung getreten sind, können einen neuen Maßstab und eine neue Art der Darstellung für die Bedürfnisse der Klientin im Prozeß finden. Normalerweise werden diese verschwiegen, inkohärent formuliert oder in Form von übertriebenen Forderungen vorgebracht. Noch häufiger geschieht es, daß sie aufgrund stereotyper kultureller Muster in diesem Rahmen gar kein Gehör finden.

Nehmen wir zum Beispiel einen Scheidungsprozeß. Der Mann erklärt sich bereit, sich persönlich um das Kind zu kümmern, ohne jedoch das Sorgerecht zu beantragen, weil er der Frau erzieherische Fähigkeiten zuerkennt, die den seinigen in nichts nachstehen – dieser Mann macht auf den Richter einen vernünftigen und gesitteten Eindruck. Vertritt dagegen die Mutter diese Position, interpretiert das der Richter wohl als Aussage einer unsicheren und besorgten Frau. Das geschieht, weil die Worte des Vaters als das aufgenommen werden, was sie sind, während das, was die Mutter sagt, in ein abstraktes Vorstellungsmuster gepreßt wird, wonach eine Frau keine echte Mutter ist, wenn sie es nicht im absoluten Sinn ist – das heißt, immer am Rande der persönlichen und finanziellen Selbstzerstörung.

Die Anwältin kann nun den Prozeß führen, indem sie die von der Klientin geäußerten Bedürfnisse konkret und jenseits von ideologischen Rastern formuliert. Die Anwältin stellt sich als Vermittlerin zwischen die Institution der Justiz und die Frau und legt den Maßstab offen, der für die Bedürfnisse der Frau gilt.

Auf diesem Wege ist es möglich, daß sich die Wünsche und die Interessen des weiblichen Geschlechts, die dank weiblicher Vermittlung zur Darstellung kommen, in die Rechtsprechung einschreiben und deren Struktur verändern. Verändert wird nicht die äußere Form, aber das Wesen der Rechtsprechung, denn die gesellschaftliche Autorität weiblichen Ursprungs, die wichtigste Gewähr für die Freiheit der Frau, wird geltend gemacht.

Wie gesagt, geht diese Praxis von einer Vielfalt weiblicher Interessen aus. Die Frauen, die im Bereich der Rechtsprechung tätig sind, Rechtsanwältinnen und Richterinnen, können untereinander ein Netz von bedeutsamen, interessanten Beziehungen aufbauen, die sie aus der Isolation und von der Angleichung ans männliche Modell befreien und ein Mehr weiblichen Ursprungs in Umlauf bringen. So werden sie als Frauen wahrnehmbar und bekommen Autorität – nicht als neutrale Experten, sondern als Trägerinnen eines originellen Wissens, das das Rechtswesen weiblich prägen kann.

So werden neue soziale Beziehungen unter Frauen, die diese aus der Isolation und dem Zwang zur Angleichung an die Männer herausholen, zur Quelle gesellschaftlicher Existenz und somit auch der Rechtsprechung.

Gegen Vergewaltigung:
ein Gesetz der Frauen über die Frauen

Die Mobilisierung und die Diskussion um ein neues Abtreibungsgesetz hatten jahrelang die Aktivitäten der Frauenbewegung geprägt. Als dieses Kapitel abgeschlossen war, fehlte vielen Frauen plötzlich etwas, und sie suchten etwas Vergleichbares, Neues. Daher schlugen im Sommer 1979 zwei Organisationen, Mld und Udi*, gemeinsam mit einigen feministischen Gruppen vor, eine Unterschriftensammlung zu starten, um über ein Volksbegehren ein neues Vergewaltigungsgesetz vor das Parlament zu bringen. Der Text des Gesetzentwurfs wurde im September desselben Jahres in »Noi donne« (Wir Frauen), der Zeitschrift der Udi, veröffentlicht.

Die Initiatorinnen der Kampagne gingen davon aus, daß alle Frauen sie unterstützen würden; es blieb nämlich fast keine Zeit, um sich mit ihnen zu beraten und ihre Meinung zu hören. Und so lag der Gesetzentwurf bereits beim obersten Gerichtshof, als die Diskussion ernsthaft begann.

---

* Mld: Movimento di liberazione della donna, ursprünglich an den Partito radicale gebunden.
Udi: Unione donne italiane, älteste Frauenorganisation Italiens, ursprünglich an die KPI gebunden. Mittlerweile aufgelöst. (Anm. d.Ü.)

Die Debatte wurde mit großem Engagement geführt, und von der Zurückhaltung, die die Auseinandersetzung um die Abtreibung teilweise gebremst hatte, war nun nichts mehr zu spüren.
Die Frauen äußerten sowohl an der Vorgehensweise der Initiativgruppe als auch am Inhalt ihres Gesetzesvorschlags scharfe Kritik.
Das größte Problem stellte die Tatsache dar, daß ein paar Frauen auf die Idee gekommen waren, eine leidvolle Erfahrung ihres Geschlechts zum juristischen Thema zu machen. Das äußert eine Frau auf dem von der Libreria delle donne veranstalteten Treffen in der Umanitaria (27.-28. Oktober 1979): »Ich würde gerne wissen, weshalb sich in uns immer wieder *das Gesetz des Mannes* durchsetzt, hier sogar in der besonderen Form der Intervention im Strafrecht«.
In einer politischen Bewegung, die in der weiblichen Differenz begründet ist, war die Frage der sexuellen Gewalt an Frauen durchaus präsent, und gerade deshalb waren viele gegen den Vorschlag, »unsere Erfahrung und politische Praxis zum Thema Sexualität im allgemeinen und Vergewaltigung im besonderen in Form von Gesetzesartikeln zu formulieren« (Treffen in der Umanitaria). Wie schon während der Abtreibungsdiskussion wurde die Forderung laut, die Frage der Gewalt solle nicht vom gesellschaftlichen Schicksal der weiblichen Sexualität abgetrennt werden.

Der Gesetzesvorschlag griff nämlich aus der Gesamtsituation des Leidens der Frauen nur einen Aspekt heraus und stellte diesen in den Vordergrund, wobei andere leidvolle Erfahrungen, die sich unter einem Mantel von Gleichgültigkeit und Schweigen weiterhin vollzogen, völlig untergingen – nicht zuletzt die Abtreibung. Jetzt war die Vergewaltigung an der Reihe; diese leidvolle Erfahrung galt nun als Sinnbild einer menschlichen Daseinsbedingung, alles übrige geriet in Vergessenheit, ja wurde fast verleugnet.
Überhaupt nicht hingenommen werden konnte die Tatsache, daß ein paar Frauen im Namen aller diese besondere leidvolle Erfahrung dem Schutz des Staates überantworteten. Die Initiatorinnen waren wahrscheinlich von einer natürlichen Empörung über die Dreistigkeit der Männer, aber anscheinend noch stärker vom Entsetzen über die Frauen, die sie einfach hinnehmen, zu ihrem Schritt bewogen worden. Ihr Gesetzesvorschlag sah nämlich das Einschreiten des Staatsanwalts vor, das heißt, einen Prozeß in jedem Fall, auch wenn ihn das Opfer nicht will.
Angesichts der Tatsache, daß die Frauen Vergewaltigungen hinnehmen, schlugen die Verfasserinnen des Entwurfs den kürzesten Weg ein, nämlich den, der von außen, vielmehr von oben kommt. Auf diese Weise bleiben die Frauen noch immer und für immer in einer Dimension von Bedürftigkeit und lähmendem Elend. So werden sie buchstäblich gezwungen »vorwärtszukommen«, in diesem Fall *verpflichtet*, in einen Gerichtssaal zu

kommen, um die Würde der Frau zu verteidigen. Wessen Würde wird hier in Wirklichkeit verteidigt? Und auf welche Weise wird sie verteidigt?

Der kürzeste Weg war auch ein konformistischer Weg, denn er hinterfragte weder die Tatsache, daß die Frauen die Gewalt hinnehmen, noch die Tatsache, daß dabei das Gefühl der Fremdheit gegenüber den gesellschaftlichen Regeln mitspielt.

Das war ein schwerer Fehler, ein völlig falscher Weg, und das wurde zu Recht kritisiert. »Bis jetzt wurden den Frauen die Verhaltensregeln durch die persönliche Autorität des Mannes vorgeschrieben; nur selten geraten sie mit dem Gesetz in Konflikt, wenn sie ihre Interessen durchzusetzen versuchen. Normalerweise geraten wir mit privaten Autoritäten in Konflikt, und dabei lernen wir, uns unterzuordnen. Die Frauen haben nicht das Gesetz vor Augen, aber sie haben sehr wohl die Wünsche und Interessen der Personen vor Augen, mit denen sie direkt zu tun haben«, bemerkt eine Frau während des Treffens in der Umanitaria, und sie fügt hinzu: »Ich frage mich: Kann es unser Ziel sein, von der privaten Autorität zur öffentlichen Autorität überzuwechseln? Wollen wir wirklich unsere Außenseiterposition verlassen, die uns offiziell zur Nicht-Existenz verurteilt, um Bürgerinnen zu werden, die dem Mann gleichgestellt sind? Oder wollen wir ausgehend von dieser Außenseiterposition einen Plan entwerfen, um unsere Lage und die gesamte Gesellschaft zu verändern?« Einige möchten die typisch weibliche Haltung dem Gesetz gegenüber »ausgleichen, um jeden Preis auslöschen«, denn sie empfinden sie als Ausdruck unserer »Minderwertigkeit«. Aber, so wendet diese Frau ein, »die Befreiung, für die wir kämpfen«, besteht nicht darin, dem Mann gleichgestellt zu werden, sondern »diese Minderwertigkeit als Ausdruck der Fremdheit und somit als Ausgangspunkt für einen anderen Entwurf der Gesellschaft anzuerkennen.«

Die Kontroverse für und wider den Gesetzentwurf über sexuelle Gewalt brachte tiefgehende Unterschiede im politischen Denken zum Vorschein. Die hatten sich bereits in den Diskussionen über ein Abtreibungsgesetz abgezeichnet, allerdings noch nicht mit solcher Deutlichkeit.

Die Verfasserinnen des Entwurfs für ein Vergewaltigungsgesetz vertraten Analysen und politische Praktiken, die mit denen der Frauen, die gegen dieses Gesetz waren, unvereinbar waren.

Die ersteren betrachteten die Frauen als eine unterdrückte gesellschaftliche Gruppe, die als solche homogen und schutzbedürftig ist. Die anderen betrachteten die Frauen als anderes Geschlecht, dessen Existenz im gegebenen gesellschaftlichen System verleugnet wird.

Ausgehend von dieser zweiten Analyse wurde die Praxis entwickelt, den sozialen Beziehungen, der Sprache, dem Rechtswesen das Zeichen des weiblichen Geschlechts aufzuprägen – kurzum, die gegebene Wirklichkeit so zu verändern, daß das verleugnete Geschlecht sichtbar werden und zu Wort kommen kann.

Diejenigen, die den Schutz der unterdrückten Gruppe forderten, blieben im Rahmen des Gegebenen, sie verließen sich auf die Neutralität der Gesetze und operierten auf der Ebene der Gesetzgebung; und in diesem Rahmen ging es ihnen darum, die erforderlichen Gesetzesänderungen zum Schutz der Frau einzuführen. Daher schlugen sie vor, die Gewalt gegen Frauen solle vom Staat als Delikt gegen die Person* eingestuft werden, sie solle gesetzlich verfolgt werden – unabhängig vom Willen der Frau, die die Gewalt am eigenen Leib erfahren hat – , das Strafmaß solle verschärft werden, der Prozeß solle im Schnellverfahren durchgeführt werden und als Nebenklägerinnen sollten Gruppen auftreten, in deren Statut der Schutz der Rechte der Frau als Ziel verankert ist.

Die Kluft zwischen diesen beiden politischen Ansätzen war so tief, daß die Härte der Auseinandersetzung durchaus gerechtfertigt war.

Der eklatanteste Widerspruch lag darin, daß einige Frauen alle anderen dazu zwingen wollten, die Würde der Frau mit staatlichen Zwangsmaßnahmen zu verteidigen.

»Wir sind gegen den Artikel, der die Vergewaltigung zum Offizialdelikt erklärt«, schreiben Franca und Luisa in der Tageszeitung »Lotta continua« vom 16.11.1979 und erklären weiter: »Das alte Gesetz sah die Privatklage vor, um der Familie des Opfers (das heißt dem Vater oder dem Ehemann) die Entscheidung zu überlassen, ob sich ein öffentlicher Prozeß mit ihrer Ehre vereinbaren läßt. Wir wollen die Privatklage, um der Frau die Entscheidung zu überlassen, ob sich ihre Gefühle und ihre Interessen mit einem öffentlichen Prozeß vereinbaren lassen.« »Die Entscheidung, einen Prozeß anzustrengen, muß bei der Frau liegen«, bekräftigt ein Flugblatt der Libreria delle donne vom 19.10.1979, und zwar »aus zwei Gründen: 1. Weil wir uns selbst die Möglichkeit des individuellen Abwägens vorbehalten wollen, 2. weil es uns wichtig scheint, daß die politische Frauenbewegung bei ihren Initiativen sich immer mit dem auseinandersetzt, was die Frauen konkret fühlen, wünschen und wollen.«

Der zweite Punkt berührte ein Grundprinzip der Politik der Frauen: die Ablehnung der politischen Repräsentation. »Diese Gesetzesinitiative«, so betonen die Frauen der Libreria in ihrer ersten öffentlichen Stellungnahme, »ist eine *Einzelinitiative*, wie übrigens alles andere auch; unsere Bewegung hat vielfältige Formen politischer Praxis, von denen keine die andere mit einschließen kann. Die Bewegung kann nicht die Frauen im allgemeinen repräsentieren. Wir meinen, daß uns jede Form politischer Repräsentation – auch durch Frauen – zum Schweigen und zur gesell-

---

* Nach dem alten Gesetz gilt Vergewaltigung als »Delikt gegen die Moral«. (Anm. d.Ü.)

schaftlichen Nicht-Existenz verurteilt. Es läßt sich nicht mit Gesetzesartikeln festlegen, welchen Grad an Bewußtsein die Frauen haben oder erreichen sollen.«
Aus demselben Grund stieß die Nebenklage auf Kritik, die für bestimmte Gruppen gefordert wurde: »In einem Vergewaltigungsprozeß braucht eine Frau sicher andere Frauen an ihrer Seite. Aber wer sollen diese anderen Frauen sein? Die organisierten Gruppen oder die Frauen, mit denen sie konkrete Beziehungen hat? Wir können nur diese zweite Möglichkeit akzeptieren. Sonst kommt es so weit, daß die organisierten Gruppen zu den offiziellen Vertreterinnen der Frauen werden. Die politische Repräsentation darf unter uns nicht neu entstehen, denn schließlich haben wir dagegen gekämpft, von anderen vertreten zu werden. Nur so können wir ein Minimum an gesellschaftlicher Existenz und an Ausdrucksmöglichkeiten erhalten« (Flugblatt vom 19.10.1979).

Eigentlich sollte der Gesetzentwurf der vergewaltigten Frau im Prozeß psychologische und materielle Hilfe zusichern. Aber die Formulierung war in mehr als einem Punkt unklar. Welche Beziehung sahen die Verfasserinnen des Vorschlags zwischen dem Opfer und den Gruppen vor, die die Nebenklage führen? Sollte es etwa zulässig sein, daß eine solche Gruppe – oder womöglich mehrere – mit Verteidigungsstrategien in den Prozeß eingreift, die im Widerspruch zur anderen oder zu der Klägerin stehen? Oder gingen sie davon aus, daß es, da es sich um Frauen handelt, solche Widersprüche gar nicht geben kann? Und kam ihnen denn niemals die leiseste Befürchtung, daß nicht nur der Richter, sondern auch die verschiedensten Gruppen von Frauen – jede im Namen der Rechte aller Frauen – den Prozeß über den Kopf des Vergewaltigungsopfers hinweg führen könnten? Wenn die Forderung lautete, die Repräsentation müsse im konkreten einzelnen Prozeß mit der Zustimmung der betroffenen Frau zustandekommen, dann setzte das doch voraus, daß ein gemeinsamer Kampf und Bewußtwerdungsprozeß der beteiligten Frauen stattfindet…Und das wiederum würde das unangenehme Einschreiten des Staatsanwalts überflüssig machen, das mit dem Argument begründet wurde, auch den Frauen, die zuviel Angst hatten, die Vergewaltiger anzuzeigen, solle Recht widerfahren.
Wenn die Repräsentation institutionalisiert und einer bestimmten Gruppe aufgrund formalistischer Kriterien wie der in ihrem Statut verankerten Ziele zuerkannt würde, dann würde die Solidarität zur Einbildung, die nichts mehr mit der Wirklichkeit zu tun hat; der Kampf würde zum Strafprozeß, und der Bewußtwerdungsprozeß zur banalen Kenntnisnahme einer gesetzlichen Bestimmung.
In einem Artikel im »manifesto« vom 18. Dezember 1979, *Der Wunsch, durch ein Gesetz vor Gewalt geschützt zu werden*, schreibt Maria vom

Turiner Frauenbuchladen: »Es zeichnet sich immer deutlicher eine neue politische Perspektive ab: Die Herausbildung des sogenannten Massenfeminismus hat es mit sich gebracht, daß die Frauenorganisationen, die mehr oder weniger eng den Gewerkschaften oder den Parteien verbunden sind, diesen Feminismus unter ihre Führung zu bringen versuchen. Wie gehen sie dabei vor? Sie institutionalisieren einige Inhalte der Bewegung (...). Ein Beispiel zur Erklärung: Die Praxis des Separatismus, das heißt die Entscheidung, uns unter Frauen zu treffen, politisch zu denken und zu handeln, ist in der Leitung des Mld, der Udi und des Gewerkschaftsbundes (sowie in dem Teil der Bewegung, die sie vertritt) zu etwas ganz anderem, zu einer gefährlichen Verzerrung, kurz gesagt, zu einem offen reaktionären Element geworden. Wie kam es dazu? Dadurch, daß die Erfahrung der Frauen aus der allgemeinen politischen Diskussion ausgeschlossen und so auf eine separate Institution beschränkt wurde, auf eine Art Ghetto, das aufgrund seiner gesellschaftlichen Minderwertigkeit besondere 'Maßnahmen', Gesetzentwürfe usw. erforderlich macht.«
Der Gesetzentwurf bekam ohne Schwierigkeiten die zum Weg ins Parlament nötigen Unterschriften. Sie übertrafen die notwendige Anzahl bei weitem, vor allem dank der Organisation der Udi und der Gewerkschaften, die ihn propagierten. Aber der Entwurf fand nicht die erwartete breite Zustimmung. Vor allem fand er nicht die Zustimmung der Frauenbewegung, die dadurch gewonnen werden sollte, daß auch einige der ältesten Gruppen aus der römischen Frauenbewegung mit in die Initiative einbezogen worden waren. Statt der erhofften Einstimmigkeit löste die Kampagne die schärfste Polemik aus. Und das war, alles in allem, ihr größtes Verdienst, wie später einige Frauen, die sie mit großem Eifer unterstützt hatten, schlicht zugaben.

Die Diskussion um das Vergewaltigungsgesetz

Der Entwurf für ein neues Vergewaltigungsgesetz machte deutlich, daß die Frauen in einer Gesellschaft, die ihnen keine eigenständige Existenz zugesteht, nicht Gesetzgeberinnen sein können. Somit erwies sich die politische Arbeit der kleinen autonomen Frauengruppen als richtig. Allerdings sahen sich diese nun gezwungen darüber nachzudenken, wie die weibliche Differenz und die Formen einer freien gesellschaftlichen Existenz der Frau zu verbinden seien. Keine Kritik – ob fundiert oder nicht – konnte dem Anspruch einiger Frauen, Gesetzgeberinnen sein zu wollen, seine Gültigkeit nehmen. Wir mußten uns mit der bestehenden Realität auseinandersetzen, doch wir konnten nicht sagen – und das tat auch keine –, daß sich die Ansprüche der Frauen an der bestehenden Realität messen lassen müssen.

Es galt also einen davon unabhängigen Maßstab und ein neues Verhältnis zur Gesellschaft zu finden. Teilweise geschah das im Rahmen der Diskussion um das Vergewaltigungsgesetz, deshalb wollen wir diese noch einmal näher betrachten.
Die Idee, den Geschlechterwiderspruch mit Hilfe des Gesetzes lösen zu wollen, war völlig abwegig. Mehr Freiheit hatten die Frauen bisher nur dank ihrer autonomen Politik gewonnen. »Wir sind nicht bestrebt, in die vom Gesetz des Vaters bestimmte Mann-Frau oder Mutter-Sohn-Beziehung ein neues Gesetz einzuführen. Ich denke, das Bürgerliche Gesetzbuch stellt die höchste Abstraktion des Gesetzes des Vaters dar. Unsere Praxis in den letzten Jahren hatte die Autonomie der Frauen zum Ziel, das heißt, eigene Symbole und eine eigene Sexualität zu finden; wir haben uns vom Gesetz des Vaters entfernt, das die Sexualität und die Bildung von Symbolen bestimmt« (Zitat vom Treffen in der Umanitaria).

Darüber hinaus war es auch falsch, den Geschlechterwiderspruch über ein Eingreifen in der pathologischen Situation der Vergewaltigung anzugehen und diese vom Rest des weiblichen Schicksals, von den gewöhnlichen Formen der »unsichtbaren Gewalt« abzutrennen, die dem weiblichen Geschlecht die lebendige Einheit von Körper und Geist nimmt.
Die Vergewaltigung ist das politische Verbrechen *an* den Frauen, so wie der Kindsmord das politische Verbrechen *seitens* der Frauen ist, wie damals eine Teilnehmerin richtig bemerkte: Sie trampeln das ungerechte Gesetz nieder, das für das menschliche Schicksal der Frau nur eine Interpretation der Unfreiheit zuläßt, welche sich aus ihrer Anatomie ableitet.

Die Vergewaltigung ist ein Gewaltakt gegen den Frauenkörper, den anderen Körper, gegen das unauslöschliche Element ihrer Differenz. Die Ursache der Vergewaltigung liegt darin, daß die Männer meinen, über den Körper der Frau verfügen zu können, und zwar ausschließlich zu den Bedingungen, die sie selbst untereinander aushandeln. Das Gesetz des Vaters bestraft Vergewaltigung nur deshalb und nur dann, wenn es sich um einen Verstoß gegen diese Bedingungen, d.h. gegen das Funktionieren der Beziehungen unter den Männern handelt.
Um die Ursachen anzugehen und um eine wirkliche Entschädigung zu erhalten, kann sich eine Frau also nicht auf Institutionen verlassen, die von Männern aufgebaut wurden, damit unter Männern Gerechtigkeit herrsche.
Diese Feststellung wird unter anderem durch das bestätigt, was fünf Jahre nach Vorlage des Gesetzentwurfs geschah: Nachdem der Text durch die Justizkommission gegangen ist, kommt er mit so vielen Änderungen in den Plenarsaal der Abgeordnetenkammer, daß ihn selbst die Frauen, die ihn vorgelegt haben, nicht mehr wiedererkennen.

Aber diese Frauen haben nun nichts mehr zu sagen, ebensowenig wie die vielen anderen, die sich an der Unterschriftenaktion beteiligt hatten. Sie hatten sich einer Institution anvertraut, die ihr Geschlecht nicht repräsentieren kann; sie hatten sich auf die Neutralität der Justiz verlassen – und sie haben verloren.

Viele von ihnen hatten allerdings schon lange vorher das Interesse an dem Gesetzentwurf verloren. So berichtet Roberta T. im »manifesto« vom 25. November 1984 von einer Freundin, die »den Schubkarren mit den 800 000 Unterschriften vor das Parlament fuhr« und ihr später anvertraute: »In diesem Moment war für mich alles gelaufen, dieses Gesetz interessierte mich überhaupt nicht mehr. Mich interessierte nur noch das, was ich mit den Frauen entdeckt hatte.«

Eine Erklärung für das Schwinden des Interesses liegt vielleicht in folgenden Worten von A.B.: »Die Frauen wissen sehr wohl, daß das, was gemeinhin Vergewaltigung genannt wird, nichts anderes ist als eine extreme Auswirkung der männlichen Sexualitätsnorm, die eine Beziehung der Geschlechter nur unter der Bedingung der Ungleichheit zuläßt, einer kräfte- und wertmäßigen Ungleichheit, die nur in eine Richtung geht« (»Il manifesto«, 3.11.1984).

Aber obwohl die Frauen »sehr wohl wissen«, daß die Gewalt die Fortsetzung des Normalzustands der Beziehung zwischen den Geschlechtern ist, hatten sich einige unter ihnen an die Hüter des Normalzustands der Beziehung zwischen den Geschlechtern gewandt, um ihr Recht zu bekommen. Und wie die Episode mit dem Schubkarren mehr als deutlich zeigt, konnte die Tatsache, daß die Frauen den öffentlichen Institutionen fremd gegenüberstehen, nicht positiv gewendet werden, denn es handelte sich hier um ein unvermitteltes Einbrechen in die Institution. Obwohl diese Aktionen an sich bedeutungsvoll waren, trugen sie noch zusätzlich zur Inkohärenz der weiblichen Geschichte bei, die schon aufgrund der Einmischung männlicher Autorität ihren Zusammenhang eingebüßt hatte.

Konnte unter diesen Bedingungen, bei einer Erfahrung, die aus unzusammenhängenden Bruchstücken bestand, noch von einem weiblichen Wissen die Rede sein?

In der Auseinandersetzung über Vergewaltigung wurde deutlich – nicht zuletzt aufgrund der Form des Gesetzentwurfs, in der sie von einigen Frauen den anderen aufgezwungen wurde – , daß eine Verlagerung auf die Ebene des Symbolischen, auf die Ebene des *Wortes* stattfinden mußte. Dort liegt die Möglichkeit des Menschen, seine Realität zu legitimieren oder nicht. Dies war schon der Leitgedanke in der Praxis des Unbewußten gewesen, aber jetzt hatten wir es mit einem äußerst problematischen Thema zu tun.

Noch ein Redebeitrag vom Treffen in der Umanitaria: »Es kann nicht geleugnet werden, daß sich die Frauen dem Mann nicht nur aufgrund von Zwang, von äußeren Normen oder von Gewalt zur Verfügung gestellt haben. (...) Wir können wirklich nicht von einer gewaltsamen Aneignung des Frauenkörpers sprechen, ohne die Komplexität der Geschlechterbeziehung zu berücksichtigen, die historisch in der Mutter-Sohn-Beziehung Gestalt angenommen hat. Hier ist die Verfügbarkeit der Frau zwangsweise zu ihrer Überlebensbedingung geworden: Sie glaubt nur zu leben, indem sie dafür sorgt, daß andere leben. Die Frauen haben anscheinend keine andere Möglichkeit, ihre Existenz symbolisch zu legitimieren. Das ist der tragischste Aspekt ihrer Lage, der am schwersten zu verändern ist.«

Daß sie ihre Existenz rechtfertigt, indem sie dafür sorgt, daß andere leben, das »weiß« eine Frau ganz genau – von der Hausfrau über die parteipolitisch Engagierte bis zur Intellektuellen, die Kommentare zu Männergedanken schreibt. Es stimmt aber doch nicht, daß sie es weiß, denn eine Frau, die ihr Leben so rechtfertigt, rechtfertigt nicht die Transformation des Gelebten in Wissen und bleibt sowohl in ihrem Leben als auch in ihrem Wissen von anderen abhängig.

»Wir sehen auch die verinnerlichte Gewalt (Vergewaltigungs- und Prostitutionsphantasien etc.) als Vergewaltigung an. Für Frauen ist es nicht schwer, eine Vergewaltigung zu simulieren, denn die Distanz zwischen der Phantasie und dem Durchspielen der Phantasie ist sehr gering. Die Simulantin im engen Sinn enthüllt etwas, was in uns allen steckt – auch dann, wenn wir uns kontrollieren«. Die Frau, die sich vorstellt, sie sei vergewaltigt worden, oder die nach einer tatsächlichen Vergewaltigung den Namen des Täters erfindet, verhöhnt die Mittel der Justiz und verspottet den guten Willen derer, die die Frauen vor Gewalt schützen wollen. Sie will damit ihren Wunsch nach einer Existenz auf der Ebene des Symbolischen ausdrücken und eine Realität kritisieren, die diese Existenz nicht anerkennt.

»Für die Frauen, die das Gesetz vorgelegt haben, wird die Simulantin, die Hysterikerin, zur Feindin werden. Denn indem die Hysterikerin ein Verbrechen erfindet, verhöhnt sie das Gesetz. Und alles wird der Lächerlichkeit preisgegeben – am meisten natürlich die Frauen, die an das Gesetz glauben. (...) Wenn man nur die körperliche Vergewaltigung im Auge hat, können ein Gesetz und ein Prozeß *vielleicht* ausreichen, aber wer seine Aufmerksamkeit auf die symbolische Vergewaltigung richtet, fragt sich, mit welcher Praxis, mit welcher Politik sie bekämpft werden kann.

Dieses Gesetz regelt einen Widerspruch innerhalb der Männerwelt. (...) Mein Interesse ist aber, die Beziehung zwischen Männern und Frauen so zu verändern, daß wir keine symbolische Vergewaltigung mehr zu erleiden brauchen – und die findet auch statt, wenn die Frauen mit der Justiz zu tun haben. Im Fall der Simulantin, den ich vorhin anführte, ging es mir nicht um die Vergewaltigung im wörtlichen Sinn, aber auch nicht um die reine Phantasie. Bei der Simulantin ist die Erscheinung der Vergewaltigung durch eine Realität bedingt, die mit dem weiblichen Begehren rücksichtslos und gewaltsam umgeht. Das meine ich mit symbolischer Vergewaltigung. Und das betrifft mich persönlich.«

Die Verfasserin dieses Beitrags sagt also, sie erkenne sich zum Teil in der Figur der Simulantin wieder, aufgrund des gemeinsamen Gefühls, Gewalt zu erfahren durch eine Realität, die vom Begehren anderer beherrscht wird. Aber die Figur der Simulantin ihrerseits hat viel mit den Frauen gemeinsam, die sich zu Gesetzgeberinnen aufschwingen wollten. Auch diese wollten, wie sie, eine Rolle in der Gesellschaft spielen, wobei sich die eine wie die anderen zum Handeln aufgefordert fühlten, weil das Gesetz Anziehungskraft auf sie ausübte.

In der Aufeinanderfolge der drei Erscheinungen – symbolische Vergewaltigung, Simulation des Verbechens und Wunsch, Gesetze zu erlassen – entschärfte sich der Kontrast zwischen den beiden oben erwähnten politischen Richtungen; sie vermischten sich, sie trafen sich, und eine dritte Postition kristalisierte sich heraus. Auf der einen Seite gab es, wie gesagt, die Position, die in den Frauen eine unterdrückte gesellschaftliche Gruppe sieht, die vertreten werden muß, und deren Probleme zumindest teilweise durch Eingriffe von außen gelöst werden können. Auf der anderen Seite sind die Frauen aber ein Geschlecht, das sich in der Gesellschaft Existenz, Sprache und Handlungsfähigkeit verschaffen will, ausgehend von seiner ursprünglichen Differenz und deren lebendiger Einzigartigkeit. Deshalb muß jede Frau, müssen zwei Frauen, müssen mehrere Frauen, die miteinander in Beziehung stehen, direkt das Wort ergreifen und selbst die Mittel finden, um die eigene Erfahrung ohne männliche Vermittlungsinstanzen gesellschaftlich umzusetzen.

Für die Frauen, die letztere Position vertraten, bedeutete das Ausschließen männlicher Vermittlung nun aber nicht mehr jegliche Vermittlung auszuschließen. Mittlerweile war ihnen bewußt geworden, daß die weibliche Differenz sich selbst die Formen ihrer Vermittlung schaffen muß, um in der Welt zu existieren, um nicht mehr stummes Objekt von Interpretationen und Handlungen anderer zu sein.

Die Verfechterinnen des neuen Vergewaltigungsgesetzes aber wußten von dieser Notwendigkeit anscheinend nichts, denn sie wandten sich an die männliche Autorität und machten von deren Mitteln Gebrauch, als ob sie neutral wären. Aber etwas wußten sie doch von dieser Notwendigkeit; denn sehen wir einmal über die Form hinweg, in der sie das Vergewaltigungsproblem angingen, und betrachten wir stattdessen sie selbst und ihren Anspruch, Gesetze zu erlassen, so entdecken wir dahinter den Wunsch, symbolische Formen zu benutzen, denen gesellschaftliche Autorität anhaftet.

Die Mittelfigur der Simulantin sollte zeigen, daß dieser Wunsch allen Frauen eigen ist. Auch die Simulantin benutzt auf ihre Art das Mittel des Gesetzes, um sich in den Mittelpunkt zu rücken. Ebenso wie die Gesetzgeberkandidatinnen, wie deren Kritikerinnen und wie alle anderen Frauen hat sie das Bedürfnis, in der Gesellschaft zu zeigen, daß sie existiert, mit weiblichem Körper und weiblichem Geist.

Vor dem Hintergrund dieser Überlegung ging es nun darum, wie dieses Bedürfnis, eine wichtige Rolle in der Gesellschaft zu spielen, aus der Abhängigkeit von den Mitteln der männlichen Macht zu befreien sei, die starke Anziehungskraft auf die Frauen ausüben.

Die dritte Position war eine Lösung für dieses Problem: Der höchste Wert mußte den von der Frauenbewegung erfundenen Mitteln beigemessen werden, vor allem den freien Beziehungen zwischen Frauen –, und die Frauen selbst mußten zu einer Quelle der Autorität werden, aus der die weibliche Differenz ihre Legitimität in jeglichem Sinne schöpft.

Beim Treffen in der Umanitaria wurde diese Position in folgenden Worten formuliert: »Die Frauen haben in den letzten zehn Jahren der Frauenbewegung das Wort ergriffen, und jetzt fühle ich mich nicht mehr verletzbar. (...) Die in diesen Jahren erworbene Unverletzbarkeit der Frauen muß in irgendeiner Form, eventuell auch im Gesetz, eingeschrieben werden, (...) denn das Gesetz ist Teil der symbolischen Ordnung. Ich bin auch der Meinung, daß die Revolution des Symbolischen, die die Frauen vollbracht haben, eingeschrieben werden muß.«

Die dritte Position war keine Synthese, das heißt, sie sollte nicht die entgegengesetzten Positionen in Einklang bringen. Es war eine neue und alles andere als friedliche Position. Denn darin kam die Vorstellung einer weiblichen Quelle gesellschaftlicher Autorität zum Ausdruck – eine Vorstellung, die im gemeinen Frauenverstand, selbst in den autonomen Frauengruppen, große Verwirrung hervorrief.

De facto stellten diese Gruppen eine Quelle der Autorität dar, sowohl für die Frauen, die ihnen angehörten, als auch für andere, die durch die Existenz dieser Gruppen dazu ermutigt wurden, ihr Auftreten in der Gesellschaft zu verändern und sich bisher unmögliche oder als ungehörig betrachtete Freiheiten herauszunehmen. Die Frauen gewannen also dadurch mehr Freiheit, daß sie sich auf das, was andere Frauen gemacht oder gesagt hatten, beriefen. Aber es blieb unklar, was diese Bezugnahme bedeutete. Der Gewinn an Freiheit wurde nicht mit dem Entstehen einer weiblichen gesellschaftlichen Autorität in Verbindung gebracht.

Es dauerte ziemlich lange, bis diese Tatsache registriert wurde – die oben zitierten Worte stammen aus dem Jahr 1979 –, und auch heute noch schafft das zugegebenermaßen Probleme. Das Problem besteht aber nicht, wie es naheliegend wäre, in der Angst, mit der Autorität männlichen Ursprungs in Konflikt zu geraten. Ebensowenig liegt es im Zögern, den Universalitätsanspruch des Rechtssystems zu durchbrechen. Viel tiefer sitzt der Widerwille, sich nach einem weiblichen Maßstab beurteilen zu lassen – und diesen Widerwillen empfinden auch die Frauen, die es akzeptieren, männlichen Maßstäben und Hierarchieprinzipien unterworfen zu sein. Der weibliche Maßstab ist der wahre Maßstab für eine Frau, doch wir wurden (von der männlichen Autorität) davon enthoben, uns ihm zu unterwerfen. Statt der Freiheit haben wir das Recht auf Phantasien.

Im Feminismus bekam die Phantasie mehr Recht zugesprochen als die Freiheit, indem der Separatismus zum Moment einer vorgeblichen weiblichen Authentizität *ohne gesellschaftliche Folgen* gemacht wurde.

Die Gesetzesinitiative gegen Vergewaltigung, in der die weibliche Differenz im Zeichen der erlittenen Unterdrückung und der Forderung nach Schutz erschien, war eine Beleidigung für die Frauen, die ihre Differenz im Zeichen der Freiheit ausdrücken wollten. Aber sie diente auch dazu, diese Frauen aus ihrer reservierten Haltung herauszuholen, die sie bisher eingenommen hatten, vielleicht um Zeit, mehr Kraft und größeres Wissen zu gewinnen.

Das Wissen und die Kraft, die sich dank der Praxis der Beziehungen zwischen Frauen angesammelt hatten, reichten aus, um sich mit der Welt zu messen. Unter der Bedingung, daß dieser Maßstab, die Art dieser Konfrontation nicht beliebig ist – heute so und morgen anders –, denn der wahre Maßstab ist nur einer und nicht beliebig: die Zugehörigkeit zum weiblichen Menschengeschlecht.

Drittes Kapitel

Die Projektepraxis

Bis ungefähr 1975 bestand die Aktivität der autonomen Frauengruppen vor allem in Gesprächen, weshalb sie in der Folgezeit Gesprächsgruppen genannt wurden.

Um 1975 begannen sich Gruppen zu bilden, die Projekte wie Buchläden, Bibliotheken, Verlage und Lokale eröffnen wollten. Damit entstand die sogenannte »Praxis des Machens«, die Projektepraxis. Sie war wie gesagt eine Weiterentwicklung der Praxis der Beziehungen zwischen Frauen. Diese Entwicklung war jedoch recht komplex, und dabei spielte das Wort, das Benennen der Dinge, eine wichtige Rolle.

Um diesen Schritt deutlich zu machen, wollen wir zum zweiten Treffen in Pinarella und zu den Reflexionen von Lea aus Mailand über die Ferien in Carloforte zurückkehren. Das war Ende 1975.

Wie wir den 1976 in »Sottosopra« veröffentlichten Protokollen entnehmen können, stand in der Schlußdiskussion der »Großgruppe« in Pinarella das Problem im Vordergrund, wie das politische Kollektiv und die persönlichen Beziehungen zu anderen Frauen, zwei gleich wichtige Momente, gewinnbringend zu verbinden seien. Eine der Diskussionsteilnehmerinnen sagt, sie erfahre die persönlichen Beziehungen als lebendig, das Kollektiv dagegen als schwach und festgefahren; eine andere fühlt sich dagegen nur im Kollektiv lebendig und ordnet diesem die persönlichen Beziehungen völlig unter, ja findet sie fast schon negativ. Aber in beiden Fällen herrscht Übereinstimmung darüber, daß, wenn eine der beiden Komponenten fehlt, auch die »Dialektik« fehlt und die »Spaltung« neu entsteht.

Welche Spaltung? Dieselbe, die wir früher meinten, wenn wir sagten, der weibliche Körper sei aufgrund der Männerherrschaft stumm und die Erfahrung der Frau abgetrennt vom gesellschaftlichen Diskurs, in dem sie nur Objekt von fremden Interpretationen und Initiativen ist. Aber nun zeigte sich die Spaltung als etwas, was in der Erfahrung der Frauen von selbst entsteht.

Das ist das Hauptthema der Reflexionen von Lea, die in »Sottosopra« von 1976 veröffentlicht wurden. Die Autorin kommt zum Schluß, daß das Problem im wesentlichen im Wort, im Benennen der Dinge, liegt. Es sollte, so hatte es geheißen, zwischen den Frauen Dialektik und Austausch geben, doch in Wirklichkeit geschah das nicht: »Wo es immer Brüche und Verleugnung gegeben hat, scheint es utopisch, von Dialektik und Austausch zu sprechen. Wenn eine Frau spürt, wie zerbrechlich ihre

Existenz ist, kann in ihrer Phantasie jede Analyse, jedes politische Urteil als bedrohliche Verleugnung oder Zensur erscheinen.« Das Wort, das die Frauen aus dem Schweigen und aus der Situation des Abgetrenntseins von der Gesellschaft herausholen soll, drückt nicht das aus, was sie sind, ja es wendet sich gegen sie, wird zur Negation, die noch schlimmer als das Schweigen ist. Das Schweigen ist ein – wenn auch zweifelhafter – Schutz, während sich das Wort als mörderische Explosion erweisen kann. »Daß die Worte dann die Formen der Verführung, der Allmacht oder der Provokation annehmen, spielt eine eher sekundäre Rolle im Vergleich zu dem tieferliegenden Mechanismus der *antagonistischen Gegenüberstellung,* der nur Opposition und Negation zuläßt.«

Diese Bemerkungen beleuchten eine Situation, die viele Frauen vielleicht unbewußt, aber deshalb nicht weniger stark erlebten. Damit läßt sich erklären, weshalb in jenen Jahren innerhalb einer Bewegung, die keine einheitliche Organisation hatte, mehrere voneinander unabhängige Gruppen dieselbe Entscheidung trafen, nämlich ein Projekt aufzubauen. Die Dinge sind nicht wie die Worte; die Dinge nehmen begrenzten Raum und begrenzte Zeit ein und lassen daneben noch Raum und Zeit für weitere Dinge, ohne diese zu beeinträchtigen. Und beim praktischen Handeln kann sich das Begehren mit größter Entschiedenheit durchsetzen, wobei jedoch die Möglichkeit offenbleibt, daß es auch anderes Begehren, andere Entscheidungen geben kann.

Doch um die politische Bedeutung dieser Projektepraxis auszudrücken, waren Worte unerläßlich. Am Ende der oben zitierten Reflexionen wird die Wichtigkeit der Worte unzweideutig hervorgehoben, wenn dabei auch viele Fragen offenbleiben: »Du sagst (die Reflexionen sind in Form eines Briefes an eine Frau verfaßt), daß die Frauenbewegung etwas Großartiges ist, weil es darin alles gibt. Aber ich frage mich immer noch: Können wir auf Worte verzichten, ohne auf das Spezifische unserer Praxis zu verzichten? Ich mißtraue denen, die das Ende der Worte verkündigen und das Schweigen mit Gesten füllen, die ausdrücken, was schon offensichtlich ist (...). Die Worte drücken die Komplexität der Erfahrung aus und machen die Veränderung möglich.«

Es gab tatsächlich einzelne Frauen und Gruppen, die die Bedeutung ihres Handelns ausschließlich in den Dingen selbst sahen. Aber die meisten vertraten die Auffassung, die Praxis und all das, was sie zutage förderte, solle einem kritische Urteil unterworfen werden, denn nur so könne die Erfahrung zu Wissen werden. Andererseits sind gerade die Objekte der Praxis, nämlich Bibliotheken, Buchläden, Verlage und Dokumentationszentren ein ausreichender Beweis dafür, daß es nicht so sehr darum ging, irgendein beliebiges Projekt zu verwirklichen, sondern um das Bedürfnis, sich den Zugriff auf das »Wort« zu sichern.

Ihrer Natur nach ließ die Projektepraxis mehrere mögliche Ergebnisse zu, denn ihre Bedeutung hing sowohl von den Worten als auch von den Dingen ab, wobei deren Verhältnis nicht im voraus festgelegt werden konnte: »Wir haben Situationen geschaffen, in denen die Beziehungen zwischen Frauen nicht nur in Worten oder gemeinsamem Erleben bestehen, sondern in mehreren Ebenen der Kommunikation: im Austausch von Worten, von Dingen, von Arbeit und Sexualität« (Rosa »Sottosopra«, Dezember 1976).

Die erste – überraschende – Entdeckung in der Projektepraxis war, daß sich die Frauen nicht ganz spontan um die für die Produktion des »Wortes« notwendige materielle Seite kümmerten. Diese Tatsache ist doppelt überraschend, einmal, wenn wir an das Bild der Frau und Mutter denken – niemand sollte so gut wie sie wissen, daß der Spracherwerb von materiellen Bedingungen wie Pflege und Sorge abhängig ist –, zum zweiten, wenn wir an das Bild der Frau denken, das sie als konkret und wenig zu verbalen Höhenflügen geneigt darstellt.

Die ersten, die diese Entdeckung machten, beziehungsweise damit umgehen mußten, waren die Frauen der sogenannten »Zeitungsgruppe«. Davon zeugt ein fotokopiertes, undatiertes Dokument, das ziemlich sicher von 1975 stammt: *Schreiben, veröffentlichen, eine Zeitung machen und die politische Praxis der Frauen.* Die Zeitung ist »Sottosopra«. Ihre ursprüngliche, von diesen Frauen auch weiterhin vertretene Konzeption, sah bekanntlich vor, daß die Redakteurinnen auf die üblichen Machtbefugnisse verzichteten. Sie opferten ihre Zeit für die materielle Seite der symbolischen Produktion, ohne sich die ihnen zustehende Macht zu nehmen. In dieser Situation fällt ihnen auf, daß es den anderen Frauen große Freude machte, veröffentlicht zu werden, aber daß sich darin jedes weitere Interesse für das Zeitungsprojekt zu erschöpfen schien.

Dieselbe Feststellung machten die Frauen, die das Zentrum in via Cherubini organisierten, in einem ebenfalls fotokopierten und undatierten Dokument, das wahrscheinlich Ende 1975 geschrieben wurde; damals war geplant, ein neues, größeres Zentrum zu eröffnen. Dieser Text, *Die Orte der Feministinnen und die Praxis der Bewegung,* beginnt mit der These, daß »die Grundlage unserer politischen Praxis die Beziehungen zwischen Frauen sind (neben der Geschichte und dem Körper jeder einzelnen)«, daß diese aber bisher nur im Privaten gelebt wurden und nun einen »sozialen Rahmen« brauchen, um zu Politik zu werden. Beispiele für diesen sozialen Rahmen sind die Veranstaltungen, die Ferien – wobei die Orte immer zufällig sind –, und schließlich das Zentrum in via Cherubini. Aber der »bei weitem wichtigste politische Ort« waren bisher »unsere Privatwohnungen«, die gemütlich eingerichtet sind und »der Gruppe umsonst zur Verfügung stehen.«

Den Verfasserinnen dieses Textes fällt ein enormer Kontrast zwischen diesen Orten und dem Zentrum in via Cherubini auf: Dieses »ist trostlos«, ist »Niemandsland, keine sieht es als ihr Eigentum an, keine würde Geld und Ideen investieren, wie sie es für ihre eigene Wohnung tut, ja nicht einmal um die unmittelbaren Notwendigkeiten wie Strom, Heizung oder Miete kümmert sich jemand«.

Die Beispiele für diese Gleichgültigkeit gegenüber der materiellen Seite das »Wortes« ließen sich beliebig fortsetzen. Zum besseren Verständnis dieses Phänomens muß vielleicht hinzugefügt werden, daß das nichts mit der bekannten Trennung von Kopf- und Handarbeit zu tun hat. Diejenigen, die am meisten Kopfarbeit leisteten, waren normalerweise auch auf der materiellen Ebene am aktivsten.

Als dieses Problem um 1975 deutlich zu werden begann, versuchten es die Frauen durch die Projektearbeit zu bekämpfen. Doch eine genauere Analyse konnte erst mit der Krise des Zentrums in via Col di Lana erfolgen, das Anfang 1976 anstelle des alten in via Cherubini eröffnet wurde.

Die Theorie der neuen Projektepraxis faßt ein zweiseitiger Text des Kollektivs aus via Cherubini zusammen, der am 20. Januar 1976 als Flugblatt erschien, dann zwei Monate später in »Sottosopra« Nr. 3 unter dem Titel *Die Zeit, die Mittel und die Orte* veröffentlicht und später ausführlich in der feministischen Literatur zitiert (beziehungsweise abgeschrieben) wurde.

Das Dokument beginnt mit der These: »Es gibt eine spezifische *materielle* Unterdrückung der Frauen«, doch wird der materielle Charakter dieser Unterdrückung »nicht beachtet«. »Materiell« und »nicht beachtet« sind kritisch gegen jene Interpretationen gerichtet, die im Feminismus eine kulturelle Erscheinung zur Erneuerung der Gesellschaft erblickten – damals hatten nämlich Politiker, Psychologen und Soziologen dem Feminismus ihre Aufmerksamkeit zugewandt. »Die Tendenz, die Frauenbewegung als Bewegung mit kulturellen oder ethischen Zielen einzustufen, ist sehr verbreitet.«

»Kulturelle Ansätze«, so heißt es in diesem Flugblatt weiter, »sind nicht wirksam genug«, um »die materielle Ausbeutung der Frauen« zu bekämpfen. Zum Beweis dieser Ausbeutung folgt eine Aufzählung gesellschaftliche Fakten – teils symbolischer Natur (z.B. daß die Kinder den Namen des Vaters bekommen), teils psychischer Natur (wie die Angst, die Gewalt der Männer zu provozieren), teils ökonomische Natur (die Doppelbelastung der Frau) und andere, die all diese Ebenen betreffen, wie die Lage der Hausfrauen, die Geburtenregelung durch Gesellschaft, Prostitution und Vergewaltigung.

Diese Aufzählung umfaßt die Themen von »sechs Jahren Praxis«, in denen »wir unsere Widersprüche zu analysieren und zu lösen versuchten«. Sie

soll zeigen, daß die Frauenbewegung einer »komplexen Realität« gegenübersteht, die mehrere Ebenen umfaßt: »Biologie und Sexualität, das Unbewußte, Ideologie und Ökonomie«.
Daraus folgt, daß »unsere politische Praxis all diese Ebenen einbeziehen und sich mit ihnen auseinandersetzen muß, daß wir die Zeit, die Orte und die Mittel finden müssen, um die Bedingungen unseres enteigneten Körpers (enteignet in seiner Fortpflanzungsfähigkeit und in seiner Sexualität) zu verändern, um die gesellschaftliche, politische und ideologische Realität zu verändern, in der die Frauen ausgebeutet, zum Schweigen verurteilt und an den Rand gedrängt werden«.
Damit wird das neue Thema der Frauenbewegung eingeführt: Es geht nun nicht mehr um eine Veränderung des Bewußtseins und deren Formulierung, sondern um eine Veränderung, die sowohl den Körper der Frau als auch die Gesellschaft umfaßt. Wir brauchen »die Zeit, die Mittel und die Orte, die uns *entsprechen* – das heißt, wir wollen die Möglichkeit schaffen, daß Frauen sich treffen, miteinander reden, einander zuhören, miteinander in Beziehung treten können; das heißt, wir wollen in diese kollektiven Situationen den Körper und die Sexualität einbringen, in diesen kollektiven Raum, der nicht von männlichen Interessen bestimmt wird. Hier finden wir Bestätigung für unsere Interessen und beginnen eine dialektische Beziehung mit der Realität, die wir verändern wollen.«

In diesem neuen Ansatz werden die bisher erarbeiteten politischen Inhalte neu formuliert. Als neue Begriffe tauchen »schaffen« und »verändern« auf – soziale Orte für Frauen schaffen, um die gegebene Realität zu verändern. Objekte der Veränderung sind sowohl die Frauen, die am Projekt beteiligt sind, als auch die Gesellschaft. Sie stellen jedoch nicht zwei unterschiedliche Objekte dar, sondern die zwei Seiten eines Prozesses, dessen vorwärtstreibendes Element im Konflikt zwischen den autonomen Interessen der Frauen und den allgemein gesellschaftlichen Interessen liegt.
In diesem Text werden schon bestehende Projekte erwähnt, wie der wenige Monate zuvor gegründete Frauenbuchladen, ferner auch die Gruppen, die sich der Praxis des Unbewußten widmeten. Auch sie gelten als Gruppen, die zur Veränderung beitragen, die sich nicht »in Innerlichkeit und Irrationalismus verkriechen«, sondern »im *Materiellen*« verankert sind. »Wir sind uns darüber im klaren«, so heißt es weiter, »daß noch vieles ausprobiert und entdeckt und anderes korrigiert werden muß, denn es handelt sich um eine ganz neue politische Praxis.« Es herrscht also eine gewisse Vorsicht im Umgang mit der neuen Situation, wo es um Geld, Termine und Macht geht und nicht mehr bloß um Gefühle, gemeinsame Essen, Blumen und Parties.

Keine Zweifel bestehen jedoch hinsichtlich des Veränderungspotentials dieser Praxis, die diesbezüglich der Politik der Massendemonstrationen entgegengehalten wird: »Wenn wir mehrtägige Treffen veranstalten, ein Zentrum gründen, Orte haben, die unserem Bedürfnis gerecht werden, die Trennung zwischen Privatem und Politischem aufzuheben – dann ist das wesentlich subversiver als die spektakulärste Demonstration.« Das Dokument schließt mit einer scharfen Kritik an der feministischen Strategie der Forderungen und der Demonstrationen, die damals im Zusammenhang mit der Bewegung für die Abtreibungsreform um sich griff.

In diesem Zusammenhang fand eine sehr lebhafte, gleichsam ansteckende Mobilisierung der Frauen statt. Sie leistete einem Denken Vorschub (im Dokument wird es als »ideologisch« bezeichnet), das sich – in möglichst spektakulärer Form – in Anklagen und Forderungen an die Männer äußerte.

Dagegen hatten die »sechs Jahre Praxis, in denen wir unsere Widersprüche zu analysieren und zu lösen versuchten«, ganz deutlich die Schwierigkeiten enthüllt, die die Frauen haben, wenn sie ihre Wünsche wirklich zum Ausdruck bringen und ihre Interessen konsequent verfolgen wollen.

Die Demonstrationen waren also nur eine Ausdrucksform, »um auf das Gefühl von Ohnmacht zu reagieren«, sie waren »ein Abreagieren von Gefühlen, ein Ausdruck von Rache und von Wut«, von Gefühlen, die »wir schon immer hatten und die uns nichts genützt haben«, denn »wenn wir uns abreagiert haben, blieb alles beim alten«. Der »Zusammenstoß«, der nur aus einer reaktiven Haltung heraus gesucht wird, »wirft uns wieder in die Männerlogik zurück«. Diese Frauen wollen »mit den Männern wetteifern«, indem sie bestimmte Formen, sich in der Gesellschaft bemerkbar zu machen, von diesen übernehmen, und das ist nicht besser als »die Versuche, die Männer zu überzeugen«. So verlieren wir »unsere Interessen und Bedürfnisse aus den Augen« und »vergeuden alle unsere Kräfte.«

Daher ist es im Moment wichtig, so schließt das Dokument, »die feministische Praxis mit all ihren spezifischen Aspekten weiterzuentwickeln und voranzutreiben«. Die Tatsachen beweisen, daß »die Dinge sich ändern, wenn wir die Beziehungen zwischen Frauen stärken und aufwerten. *Das ist unsere Basis,* auf der wir entscheiden, was wir wollen und was wir tun«.

Gegen den ideologischen Feminismus

Die Polemik gegen den »ideologischen Feminismus« war ein fester Bestandteil der politischen Arbeit in den Jahren nach 1975 in Mailand.

Die Französinnen von »Politique et psychanalyse« vertraten die Auffassung der Feminismus sei *insgesamt* ideologisch. In der Diskussion mit ihnen äußerten die Mailänderinnen einen differenzierteren Standpunkt:

Der Feminismus kann zur Ideologie verkommen.
Der Begriff Ideologie war aus der Sprache des Marxismus übernommen. Wir wollen nun zeigen, in welcher Bedeutung er in jenen Jahren in der politischen Diskussion der Frauen verwendet wurde.
Nach einem Text vom Februar 1977 – einem Plakat mit dem Titel *Es gibt keinen feministischen Standpunkt,* das mehrere Jahre lang im Frauenbuchladen hing – ist Ideologie »ein politischer Diskurs, der keinen Bezug mehr zur Realität hat«. Die Ideologie, so heißt es dort, »ist sehr geschwätzig«, »sie produziert immer wieder Illusionen und tröstende Worte« und »läßt die Dinge, wie sie sind«. Der Feminismus ist Ideologie, wenn er »als festgelegter, vorgefertigter Diskurs« auftritt, der die »Produktion von Ideen mittels der kollektiven Veränderung der Realität« ersetzt.
Diese Auffassung des Begriffs liegt sehr nahe bei der der traditionellen marxistischen Linken. Aber sie deckt sich nicht mit der Bedeutung desselben Begriffs im Flugblatt *Die Zeit, die Mittel und die Orte.* Dort ist es nicht das Fehlen politischer Praxis, das den Feminismus zur Ideologie macht, sondern das Fehlen einer *spezifischen* Praxis der Frauen, das heißt einer Praxis, die das Zeichen der sexuellen Differenz trägt. »Wenn unsere spezifische politische Praxis fehlt, entsteht eine Leere, die vom ideologischen Feminismus gefüllt werden kann.« Dieser stützt sich auf »ein Einheitsziel«, während die authentische Politik der Frauen »die vielen Erfahrungen, Möglichkeiten und Unterschiede« der Frauen einbezieht.
Um die Sache noch komplizierter zu machen, kommt noch eine dritte Bedeutung des Begriffs »Ideologie« hinzu. Ein deutliches Beispiel hierfür bietet uns der sogenannte »Grüne Katalog«, der 1978 von der Libreria delle donne veröffentlicht wurde. Hiernach ist die Ideologie im wesentlichen die Auswirkung einer »Stockung«, die entsteht, wenn sich die Frauen mit einer partiellen Lösung ihrer Probleme zufriedengeben und so die Komplexität des Realen aus dem Blick verlieren: »Die Lage der Frau ist von mehreren ungelösten Problemen und Widersprüchen durchzogen, die nicht voneinander isoliert, geleugnet oder umgangen werden dürfen. Immer wenn das passiert ist (...), kam es zu einer Stockung und Ideologie entstand, in der die Lösung der Probleme nur in der Phantasie existiert.«
Ideologisch in dieser dritten Bedeutung – die sich schließlich auch durchsetzte – ist der Feminismus, der zur Vereinfachung neigt. Die schlimmste Vereinfachung in der Frauenbewegung war es, nicht mit den Unterschieden zwischen Frauen umgehen zu wollen bzw. zu können. Wie breits die Praxis des Unbewußten, aber mit einfacheren und wirksameren Mitteln, ging die Projektepraxis gegen diese Tendenz zur Vereinfachung vor. Denn sie brachte Frauen zusammen, die nicht notwendigerweise schon Freundinnen oder gute Bekannte waren oder die über eine allgemeine

politische Parole mobilisiert worden waren. Hier stand ein gemeinsames Projekt im Mittelpunkt, und in diesem kollektiven Rahmen konnte jede einzelne ihre persönlichen Wünsche und Fähigkeiten auf die Probe stellen.
Den drei Bedeutungen ist gemeinsam, daß sie die Ideologie mit dem Denken gleichsetzen, das über die realen Widersprüche hinweggeht, genau wie es in der marxistischen Auffassung von Ideologie der Fall ist. Mit dem Unterschied, daß hier der Grundwiderspruch nicht der zwischen Unterdrückern und Unterdrückten ist, sondern der zwischen den Unterdrückten selbst (falls es zulässig ist, mit dem Ausdruck »Unterdrückte« die Frauen zu bezeichnen; aber damals war das zulässig).
Darüber hinaus ist den drei Bedeutungen das Element der Wirkungslosigkeit gemein. In der ersten Bedeutung, weil hier eine bestimmte Sicht der Welt passiv hingenommen wird; in der zweiten, weil die Mobilisierung reaktiv erfolgt und keine dauerhafte Veränderung bewirkt. In der dritten Bedeutung zeigt sich die Wirkungslosigkeit auf gefährlichere Art. Der Feminismus, der zur Vereinfachung neigt, so heißt es im »Grünen Katalog«, verleitet zum Glauben, die Dinge hätten sich geändert, aber »in der Wirklichkeit des Lebens« taucht aufs neue die Spaltung auf, unter der die Frauen leiden und die ihren Grund in der sexuellen Differenz hat. Nur zeigt sie sich jetzt in Begriffen, die der Feminismus selbst geprägt hat: »auf der eine Seite Bedürfnisse, Überleben, Arbeit, Männer; auf deren anderen die Frauen, die Gefühle, die Wünsche«.
Die hier dargestellte Situation traf in Wirklichkeit nur auf eine beschränkte Anzahl von Frauen zu, aber sie machte deutlich, daß – wenn auch neu formuliert – die Tendenz der Frauen, sich Nischen zu schaffen, um die vorgefundene Wirklichkeit besser ertragen zu können, im wesentlichen unverändert fortbestand. Die Tatsache, daß sich diese Tendenz innerhalb einer Bewegung zeigte, deren Ziel die Souveränität der Frauen über ihr Schicksal war, offenbart auf tragische Weise, wie schwierig es für das weibliche Geschlecht ist, sich aus seiner untergeordneten Stellung zu befreien.
Die Frauen, denen das bewußt war, empfanden den Feminismus, der damals auf der Bühne der Gesellschaft Triumphe feierte, als unerträgliches Schauspiel weiblicher Unterordnung, in dem sich viele Frauen in der Phantasie als Akteurinnen fühlten.
Im März 1977 veröffentlichte Rivolta feminile in Rom ein kleines Manifest, dessen scharfer Prosastil verrät, daß es aus Carla Lonzis Geist und Feder stammt. Der Titel lautet *Ich sage ich,* eine deutliche Weigerung, ihre Identität über etwas anderes zu definieren – 1970 hatte sie manchmal *ich,* häufiger jedoch *wir* gesagt.

»Wer hat behauptet, die Ideologie sei mein Abenteuer? Abenteuer und Ideologie sind unvereinbar. Mein Abenteuer bin ich.«
Auch hier geht es also um Ideologie in einer Bedeutung, die alle oben ausgeführten Bedeutungen umfaßt.
»Ein Tag Depression ein Jahr Depression hundert Jahre Depression
Ich lasse die Ideologie hinter mir und weiß nichts mehr
Meine Verwirrrung ist der Beweis
Ich werde keine Glanzmomente mehr bieten können
Ich verliere an Reiz
Bei mir wirst du keinen Halt finden.«
Der Text scheint an eine Frau gerichtet zu sein, eine Intellektuelle oder Politikerin, die sich als »Expertin« mit der inzwischen erfolgreichen Frauenbewegung beschäftigt.
»Wer hat behauptet, das wahre Gesicht der Emanzipation sei enthüllt? Jetzt machst du mir den Hof (…)
Du erwartest von mir deine Identität, aber entscheidest dich nicht
Du bekamst vom Mann deine Identität, aber du läßt sie nicht hinter dir
Du lädst mir deine Konflikte auf und stehst mir feindlich gegenüber
Du greifst meine Integrität an
Du möchtest mich auf einen Sockel stellen
Du möchtest mich unter deinen Schutz stellen
Ich entferne mich, und das verzeihst du mir nicht
Du weißt nicht, wer ich bin, und willst meine Vermittlerin sein
Was ich zu sagen habe, sage ich selbst.«
Die Ungleichheit zwischen Frauen wird endlich thematisiert, mit äußerster Genauigkeit, aber auch mit erschreckender Härte, denn die, die das ausspricht, ist allein und stolz.
»Wer hat behauptet, du hättest meiner Sache genützt?
Ich habe deiner Karriere genützt.«
Die Verfasserin, die die Frauen wirklich sehr gut kennt, erklärt der anderen, der Pseudo-Expertin, in welcher Situation sie sich befindet:
»Bei deinem Eintritt in die Kultur kamst du vorbehaltlos den Anforderungen nach, die dich ausschließen
Am Ende bist du nicht mehr wiederzuerkennen
Unterdessen leidest du am Gefühl der Unzulänglichkeit
Du forderst Solidarität, nachdem du alles aufs Spiel gesetzt hast
Ich finde, du sitzt in der Klemme
Du hast alles getan, um unsere Mittelmäßigkeit zu demonstrieren.«
Und sie hämmert ihr ein – denn die andere ist schon abgestumpft, weil andere ihr so viel eingehämmert haben:
»Sie sagen dir dauernd, die Mittelmäßigkeit gehe vorbei
Ich glaube, bei dir dauert sie ewig
Zum Schluß wirst du mich noch um mein Nichts beneiden.«

Am Ende nimmt der Text einen scherzhaft-sarkastischen Tonfall an:
»Hast du die Frau von der 'doppelten Militanz' interviewt?
Und die von 'Das Private ist politisch'?
Und die von 'Ihr tut nicht genug'?
Ich habe die Quelle meines Humors gefunden.«

Das Schlagwort »doppelte Militanz« bezeichnete damals die Situation der Frauen, die in gemischten Gruppen und gleichzeitig in Frauengruppen engagiert waren, teils weil sie Feministinnen waren, teils weil sie die Verbreitung des Feminismus beeindruckt hatte. »Das Private ist politisch« – auf diese kurze Formel ließ sich für viele – Männer wie Frauen – die Theorie des Feminismus bringen. »Ihr tut nicht genug« war der Vorwurf, der an Frauen wie Carla Lonzi erging, die von sich selbst ausgehend Politik machten und die Wirksamkeit dieser Politik nicht an den in Bewegung gesetzten Massen maßen.
In Mailand setzte sich die Praxis der feministischen Demonstrationen nicht durch. Anläßlich der ersten großen Demonstration für die Abtreibungsreform im April 1976 schrieben einige Frauen des Kollektivs von via Cherubini einen kritischen Text, den sie in Form eines Briefes an den »Corriere della sera« verbreiteten.
Die Presse hatte der Demonstration große Aufmerksamkeit gewidmet, einerseits wegen ihrer Größe und andererseits wegen ihrer besonderen Form. Es heißt, die Spruchbänder sollen rosa gewesen sein, rosa auch die Armbinden der Ordnerinnen; und die Demonstrantinnen, von denen manche als Hexen verkleidet waren, sollen Ringelreihen auf der Straße getanzt haben.
»Wir haben an der Demonstration nicht teilgenommen«, so beginnt der Brief. »Wir wollen stattdessen die Zweischneidigkeit dieser Form der politischen Auseinandersetzung analysieren und dem Unbehagen auf den Grund gehen, das uns bei den Erzählungen der Teilnehmerinnen und beim Lesen der Presseberichte überkommt.« Der Stil des Briefes entsprach genau der Sprache, die auch in den Frauenversammlungen gebraucht wurde.
Der Hauptteil des Briefes enthält zwei Punkte. Erstens das Eingeständnis, daß wir (gemeint sind immer: Frauen) in dem Widerspruch leben, uns wie eine unterdrückte gesellschaftliche Gruppe verteidigen zu müssen und dadurch unser eigentliches politisches Ziel, nämlich die Bestätigung der sexuellen Differenz, verfehlen: »Wenn wir von dem ausgehen, was die derzeitige Lage der Frau in der Gesellschaft vorgibt«, und versuchen, diese zu verbessern, findet nichts von dem, was eine Frau ist, will und kann, Bestätigung. So entsteht Anpassung, keine Selbstbestätigung.

Der zweite Punkt ist das Unbehagen an der Verwendung »ideologischer Parolen« und an der Zurschaustellung einer »karikierten Weiblichkeit«. »Für alle, die wie wir unseren Körper zum Ausgangspunkt der Politik machen, ist es unerträglich, mit einem vorgegebenen, konstruierten Bild wie dem der Opfer, der Hexen oder der fröhlichen, tanzenden Bacchantinnen identifiziert zu werden oder als abstrakte, symbolische Größe zu gelten.« Dann wird erklärt, daß eine Demonstration »sehr viele Bedeutungen hat«, vor allem wenn es sich um eine Frauendemonstration handelt. Das bedeutet »für die anderen Frauen und für die Männer« etwas Besonderes. Davon können wir ausgehen, aber »wir müssen an unsere grundlegenden Interessen denken.«

Der Brief war natürlich ein emotionaler und rationaler Appell an die Frauen, die demonstrierten. Er sollte sie überzeugen, daß diese Art, Politik zu machen, nicht den Erfordernissen des gemeinsamen Kampfes entsprach. Er zeigte auch eine Wirkung, zumindest bei den Frauen in Mailand, an die er hauptsächlich gerichtet war. Nicht zufällig wurde der Text über die dort meistgelesene Zeitung an die Öffentlichkeit gebracht. Allerdings war dieses Vorgehen in der Kommunikation unter den Frauen äußerst ungewöhnlich, vor allem wenn es darum ging, Kritik zu äußern. Der Inhalt des Briefs drang auch bis Rom, dem Zentrum der großen feministischen Demonstrationen, vor. Bei einem Treffen über »Kommunikationsformen der Frauen«, das vom Maddalena-Kollektiv im Mai jenes Jahres veranstaltet wurde, wurde er diskutiert. Auch die Organisatorinnen dieses Treffens hegten Zweifel am Sinn der Demonstrationen: »Auf die Straße zu gehen«, so schreiben sie in der Einleitung ihres Programms, »bedeutet, für die Kommunikation (...) den Weg der Ausweitung anstatt den der Vertiefung zu wählen. Sie wird erdrückt, weil sie im Rahmen der herrschenden männlichen Logik stattfinden muß.«

Von dem Brief an den »Corriere della sera« wurde nur der zweite Teil verstanden und positiv beurteilt (auch wenn das in Rom keinerlei praktische Folgen hatte). Die Frauen sahen ein, daß die Demonstrationen tatsächlich ein Bild der Unterordnung ihres Geschlechts vermittelten, die durch ihr vermeintliches Anderssein kaum zu verhüllen war.

Der erste Teil des Briefes dagegen stieß auf Verständnislosigkeit oder wirkte zumindest nicht überzeugend. Das läßt sich aus einer intensiven Diskussion im Frauenzentrum von via Mancinelli schließen, in der es um die Demonstration mit den rosa Armbinden und den Brief aus via Cherubini ging.

Das Zentrum von via Mancinelli befand sich in einem seit dem Winter 1975/76 von linken Gruppen besetzten Haus. Aus der Diskussion dieser Frauengruppe, die auf Band aufgenommen und als Fotokopie verteilt wurde, geht hervor, daß eine der Frauen an der Demonstration teilgenommen hatte und diese nach wie vor voll unterstützte. Eine andere namens

Rachele dagegen hatte sich geweigert hinzugehen. Um ihre Entscheidung zu untermauern, zitiert sie nun den Brief aus dem »Corriere della sera« und sagt: »Vor dieser Demonstration wollten die linken Genossen« immer etwas von uns wissen, sie stellten mir Fragen, weil sie verunsichert waren – jetzt brauchen sie keine Fragen mehr zu stellen, denn jetzt ist alles festgelegt... jetzt gibt es die Rolle der Feministin«, und mit dieser Demonstration sind gerade die Formen der Männerpolitik aufgewertet worden, »die wir aus den Angeln heben wollten«.

Andere, die an der Demonstration teilgenommen hatten, geben ihr recht, wie Bice: »Ich war schon sehr lange nicht mehr auf einer Demo, und ich habe mich wieder einmal, ich weiß nicht zum wievielten Mal, äußerst unwohl gefühlt. Am liebsten wäre ich nach Hause gegangen.« Sie hatte sich Kommentare von Männern anhören müssen, die sie verlegen machten. »Ich habe doch keine Lust, für die Folklore zu machen«. Das »Allerunangenehmste« war aber, daß »die linken Genossen« sich »befriedigt« äußerten – befriedigt natürlich über den politischen Dienst, den die Feministinnen ihnen erwiesen hatten.

Die Praxis der Demonstrationen wird also kritisiert, weil sie den Ausverkauf, die Abwertung einer andersartigen Frauenpolitk bedeutet. In diesem Sinn nehmen die kritischen Stimmen zur Demonstration allmählich einen schärferen Ton an: »Nachahmung«, »verfälschte Botschaft«, »Subkultur« usw. Schließlich meint Patrizia, vielleicht mit Bezug auf die gesamte Linke: »Wenn man die Demonstrationen verbieten würde, wäre das ein Schritt in Richtung Revolution.«

Aber mit der schärferen Kritik kommt auch eine gewisse Unzufriedenheit darüber auf, daß »unsere Politik«, die wir der anderen entgegenhalten, »so etwas noch nicht erreicht hat...« Dasselbe gilt auch für den Brief aus via Cherubini, der zwar »etwas Positives (...)« enthält, »aber noch etwas Ungelöstes hinterläßt«. Die darauf folgenden Worte machen deutlich, was mit diesem zweiten »Etwas« gemeint ist: »Ich ertrage diese Situation nicht, wo du entweder diejenige bist, die Projekte abblockt (nein, die Beratungsstelle wird nicht eingerichtet!...) oder über die Gewalt gegen Frauen weinst.«

Die Gründe, *nicht* auf die Straße zu gehen, waren also klar, sie wurden von den hier anwesenden Frauen und von vielen anderen akzeptiert. Viel schwieriger war es dagegen, die im ersten Teil des Briefes entworfenen Umwälzungen zu verstehen und in die Praxis umzusetzen. Wenn die Frauen nicht von dem ausgehen, was die herrschende Gesellschaft vorgibt – wenn keine Beratungsstellen eingerichtet werden, keine Sozialarbeit geleistet wird, keine Massendemonstrationen stattfinden – was bleibt dann übrig, wovon sollen sie dann ausgehen?

Wir sind im Jahr 1976. Die Projektepraxis ist schon angelaufen, und die Frauen in via Mancinelli haben sie übernommen. Aber der »kollektive

Raum, der nicht von männlichen Interessen bestimmt wird«, scheint keinen Bezug mehr zur Welt zu haben. Es gibt keine »dialektische Beziehung mit der Realität, die wir verändern wollen«.

Der Buchladen in Mailand und die Bibliothek in Parma

Im Oktober 1975 wurde nach zirka zehnmonatiger Vorbereitungszeit der Buchladen in Mailand eröffnet. Die zehn Monate waren nötig, um Räume zu finden, das Projekt auszuarbeiten, die rechtlichen Fragen zu klären, die Frauenbewegung dafür zu interessieren, Geld aufzutreiben und den Beruf der Buchhändlerin zu lernen.
Ein Flugblatt vom 18. Dezember 1974 informiert darüber, daß ein Laden gefunden ist, und stellt das Projekt mit der Bitte um Unterstützung vor. Die Idee, einen Buchladen zu eröffnen (zu der die Mailänderinnen durch das Beispiel der Librairie des femmes angeregt wurden, die »Politique et psychanalyse« in Paris aufgemacht hatte), wird im Zusammenhang mit den früheren und den gegenwärtigen politischen Aktivitäten gesehen: Früher »bestand unsere Politik darin, *das Wort zu ergreifen*«, und davon finden wir »ein erstes Zeugnis« in den Werken der Frauen. Heute »besteht unsere Politik darin, die *Zeit* und die *Mittel* (...) zu finden, um all das, was die Frauen an Neuem zum Ausdruck bringen, zu verbreiten, zu diskutieren und zu vertiefen«. Der geplante Buchladen soll ein Ort sein, wo »es – das Neue – gesammelt und weitergegeben wird, so daß es zur kollektiven Bereicherung wird«.
Der Buchladen soll also »Zentrum« sein, »wo Werke von Frauen gesammelt und verkauft werden«. Die schon »geschriebenen Werke« sollen um das »Werk« ergänzt werden, das sich gerade im Geist der Frauen herausbildet. In diesem Sinn soll der Laden auch ein Ort sein, »wo Erfahrungen und Ideen gesammelt und in Umlauf gebracht werden«.
Die Entscheidung, nur Bücher von Frauen zu verkaufen (anders als im Buchladen der Französinnen), wird folgendermaßen begründet: a) Wir finden es sehr wichtig, das kennenzulernen, was andere Frauen vor uns gedacht haben. b) Wir wollen den Produkten des weiblichen Denkens den Vorzug geben, um gegen ihre fehlende gesellschaftliche Anerkennung anzugehen. Von diesen Büchern heißt es hier, sie seien »ein erstes, wenn auch oft kaum bewußtes oder verfälschtes Zeugnis für das Bedürfnis der Frauen, die Andersartigkeit ihres Geschlechtes auszudrücken«.
In den darauffolgenden Jahren wurden diese beiden Gesichtspunkte weiterdiskutiert und -entwickelt, bis sie schließlich in den Begriff der »symbolischen Mütter« (dem Grundbegriff des sogenannten *Gelben Katalogs* von 1982) und in den Begriff »Präzedenzfall der Stärke« (im Grünen »Sottosopra« von 1983, *Mehr Frauen als Männer,* eingeführt) einfließen.

Hier finden wir nichts mehr von der Auffassung von 1974, die davon ausging, daß die älteren literarischen Produktionen von Frauen der sexuellen Differenz sichtbaren symbolischen Ausdruck verleihen würden – durch andere sprachliche Formen. Inzwischen hatte sich herausgestellt, daß die sexuelle Differenz erst hergestellt werden muß, bevor sie aufgedeckt werden kann.
Zuvor hatten die Frauen geglaubt, sie könnten die sexuelle Differenz außerhalb ihres Selbst finden – schwarz auf weiß – und sie anhand bestimmter Kriterien – wer weiß welchen – erkennen.
Logischerweise hatten sie gleichzeitig Angst, sie nicht zu finden. Das zeigt sich in einer These, über die wir heute schon fast lachen: »Die Andersartigkeit der Frauen ist im Bereich der Kultur und der Kunst einer besonders starken Zensur unterworfen« (so heißt es im ersten Flugblatt, ohne Datum, das das Buchladenprojekt ankündigt). Als ob es in den Bereichen der Industrie, der Geschäfte, der Justiz, des Krieges ... weniger hart zuginge. Aber für die interessierte sich niemand, da sie ihr Wesen nicht schwarz auf weiß darlegen.
Das Flugblatt vom 18. Dezember schließt mit der Aufforderung zur Mitarbeit. Die Verfasserinnen bitten vor allem um politische Texte und regen an, solche zu produzieren. An zweiter Stelle steht die Bitte um Geld. Nach den ersten Berechnungen wäre die zur Eröffnung des Buchladens »erforderliche Summe« sechs Millionen Lire. »Bis jetzt haben wir eine«, heißt es auf dem Flugblatt. Bei der Eröffnung waren es drei, die zum Großteil durch den Verkauf von Bildern, die verschiedene Malerinnen gestiftet hatten, erzielt worden waren.
Auf dem Plakat zur Eröffnung ist ein Familienfoto abgebildet, das nur Frauen zeigt – umrahmt von einem langen Text, der das Projekt noch einmal in einer bewußt einfach gehaltenen Sprache vorstellt.
Der Buchladen ist ein Geschäft, heißt es da; es liegt direkt an der Straße und steht allen offen; er wird von Frauen für Frauen gemacht; die Frauen, die hereinkommen, brauchen sich nicht vorzustellen oder sonst irgendwie auszuweisen. Hier können sie mit anderen Frauen Kontakt aufnehmen, »wenn sie das möchten«. Der Buchladen ist ein politischer Ort, denn hier treffen sich die Frauen in einem öffentlichen und freien Rahmen. »Das Zusammensein unter Frauen (...) ist (...) der Ausgangspunkt unserer Politik.«
Die Entscheidung, nur Bücher von Frauen zu verkaufen, wird ohne nähere Begründung mitgeteilt. Erklärt aber wird das Ziel derjenigen, die den Buchladen machen: »*Wir wollen, daß der Ausdruck der Kreativität einiger Frauen und der Wunsch nach Befreiung aller Frauen an einem Ort zusammentreffen.*«

Nun folgt ein problematischerer Abschnitt, der einzige auf diesem Plakat. Darin geht es um die Frage der sexuellen Differenz in den Werken, die das menschliche Denken hervorgebracht hat. Die Erwartung, die Differenz in den älteren literarischen Produktionen von Frauen zu finden, besteht nicht mehr, doch bringt diese Frage die Verfasserinnen des Textes noch immer in Verlegenheit. Nach den Diskussionen bei der Ausarbeitung des Plakats waren sie zum Schluß gekommen, daß die Differenz Frau/Mann im literarischen Werk »vielleicht« nicht sichtbar ist, »aber hinter dem Endprodukt steckt eine Arbeit, die Zeit verlangt, die bestimmte Techniken erfordert und die der Körper miteinbezieht — und der Körper trägt das Zeichen des Geschlechts«. Somit haben alle Werke von Frauen einen wichtigen Bezug zum weiblichen Geschlecht. »Indem sie sich der Literatur und Kunst (...) widmeten, nahmen sich einige wenige Frauen die Freiheit, über ihre Zeit, ihr Denken und ihren Körper selbst zu verfügen. diese Freiheit galt damals als ungehörig, wir aber wollen sie für jede Frau — wofür sie sie auch immer einsetzen mag« (der zweite Teil, ab »wir aber wollen sie für jede Frau«, ist fettgedruckt).

Danach wird erzählt, wie der Buchladen entstanden ist, wie das nötige Geld gesammelt wurde und welche Gesellschaftsform er hat, nämlich die einer Kooperative, der »am wenigsten starren Gesellschaftsform, die vom Gesetz vorgesehen ist«. »Aber ab heute ist das Funktionieren des Buchladens nicht mehr Sache der Gruppe, die für seine Verwirklichung gesorgt hat«, denn im Moment der Eröffnung »wird er zum Ort aller Frauen, die ihn betreten«. Auch dieser letzte Satz auf dem Plakat ist fettgedruckt.

Die fettgedruckten Stellen signalisieren das Grundthema, nämlich die Wichtigkeit der Beziehung zwischen »allen Frauen« und »einigen Frauen«, die etwas Besonderes tun. Diese Beziehung kann verschieden aussehen: Das Werk der Buchladengründerinnen wird den anderen Frauen zur Inbesitznahme angeboten, all denen, die aus irgendeinem Grund den Laden betreten, und sei es »auch nur, um ein Buch zu kaufen oder nach einer Information zu fragen«. Die Werke der Schriftstellerinnen dagegen dienen als Beispiel dafür, daß Frauen frei über ihre Zeit und Energien verfügen können. Das soll deutlich machen, daß das gemeinsame und somit wichtige politische Ziel — das, was sich jede Frau zu eigen machen kann — der Wunsch nach Freiheit ist und nicht etwa die »Kreativität«. Es genügt, diese Gabe bei denen, die sie besitzen, anzuerkennen. Von dem schon geschriebenen Werk und dem Werk, das sich gerade im Denken der Frauen herausbildet (die Politik), hat das zweite den Vorrang.

Ebenfalls 1975 entsteht in Mailand der Frauenliteraturverlag La Tartaruga (Die Schildkröte). Der erste Titel im Verlagsverzeichnis ist *Drei*

Guineen von Virginia Woolf. Zur gleichen Zeit wird in Rom der Frauenbuchverlag Edizioni delle donne gegründet, auf dessen Programm Belletristik und Sachbücher von Frauen stehen. Einige seiner Gründerinnen kamen aus dem Centro della Maddalena, das schon mehrere Jahre existierte und über eine Bibliothek und ein Theater verfügte. Ebenfalls in Rom schlossen sich einige Künstlerinnen zur Cooperativa di via Beato Angelico zusammen. Nach dem Mailänder Vorbild wurden in verschiedenen Städten weitere Buchläden eröffnet, unter anderem in Turin, Bologna, Rom, Florenz, Pisa und Cagliari. 1980 eröffnete die Frauenbibliothek in Parma, während in verschiedenen Städten sogenannte Dokumentationszentren entstanden. In Rom wurde 1978 das Kulturzentrum Virginia Woolf eingerichtet, das regelmäßige Kurse und eigene Veröffentlichungen anbietet.

Diese völlig unvollständige Aufzählung soll nur den sozialen Prozeß der »Umleitung« weiblicher Energien — weg von ihrem »normalen« Einsatz – deutlich machen. In einem weiteren Plakat des Mailänder Frauenbuchladens von 1980 taucht dieses Bild wieder auf. Der Buchladen, heißt es dort, »ist weibliche Energie, die umgeleitet wird, weg von ihrem normalen Einsatz in der Gesellschaft«.

Das Unangepaßtsein der Frauen an die Gesellschaft war schon in Pinarella diskutiert worden. Dort war von einer Situation der »Anormalität« die Rede gewesen, die die Frauen außerhalb der traditionellen weiblichen Rollen leben, eine Situation, die solange nicht zu vermeiden ist, »wie die Alternative nicht etwas konkreter wird« (»Sottosopra« Nr. 3, 1976).

In Pinarella hatte der Akzent auf den Schwierigkeiten eines unangepaßten Lebens gelegen, In den Texten über die Projektepraxis steht eher der subversive und befreiende Aspekt dieses Lebens im Vordergrund. Diese Akzentuierung ergab sich aus der politischen Polemik gegen den sogenannten ideologischen Feminismus. Und wie immer bei polemischen Auseinandersetzungen wurde auch hier teilweise übertrieben – die subversive Kraft ebenso wie die befreiende.

Allmählich hatte sich ein soziales Leben unter den Frauen entwickelt, die Beziehungen waren komplexer und die Formen vielseitiger geworden, und was durch Taten gesagt wurde, zählte nicht weniger als das, was durch Worte gesagt wurde: die »Alternative« wurde also »konkreter«, dafür aber die Haltung immer gemäßigter. Im Buchladen drückte sich das in Form von Zufriedenheit über das Überleben des Projekts aus. Diese Zufriedenheit hatte durchaus ihre Berechtigung: Der Laden funktionierte wie ursprünglich geplant, teilweise sogar noch besser, er war acht Stunden am Tag geöffnet, konnte sich finanziell selbst tragen, stand nie in den roten Zahlen, Frauen aus Mailand und anderen Städten besuchten ihn, einzelne und Gruppen nutzten ihn als Treffpunkt zum Austausch von Ideen und Neuigkeiten.

Aber diese positive Situation, das Ergebnis der gemeinsamen Arbeit, wurde mit einem spürbaren Schwinden der ursprünglichen Ansprüche bezahlt, die – wenn auch oft nur in negativer Form – in den Gesprächsgruppen formuliert worden waren. Ein Vergleich ließ Unzufriedenheit aufkommen. Daher schlugen einige Frauen vor, die Konzeption des Buchladens zu verändern. Sie meinten, er solle zwar als konkreter, symbolischer Ort bestehen bleiben, aber ganz der Verwaltung einer oder zweier Fachfrauen anvertraut werden, damit die anderen sich mehr den politischen und gesellschaftlichen Aktivitäten widmen könnten.

Dieser Vorschlag setzte sich nicht durch. Die gemäßigte Haltung war stärker. Das war keine bewußte Entscheidung, es war der Preis für eine Politik, die den Anspruch hatte, die alltägliche, konkrete Arbeit mit den Plänen zur Veränderung der Gesellschaft zu verbinden. Alle wollten, daß diese Pläne gut und effizient seien, und wenn sie das de facto nicht waren, mußten die Ursachen dafür aufgespürt, aber nicht die Verbindung von Taten und Worten in Frage gestellt werden. Diese Verbindung führte zwar dazu, daß die Worte in den Hintergrund traten, aber sie befreite das weibliche Begehren von den Phantasien, die es gefangengehalten hatten, und eröffnete ihm eine Möglichkeit, sich an der Wirklichkeit zu messen. Die andere Konzeption hätte diese notwendige Überprüfung nicht garantiert.

Die Haltung der ungewollten Mäßigung zeigt sich auch in einem Dokument, das die Frauenbibliothek in Parma bei ihrer Gründung veröffentlichte. Es stammt vom Oktober 1979 und gibt auf der ersten Seite die wichtigsten Passagen aus *Die Zeit, die Mittel und die Orte,* dem kanonischen Text über die Projektepraxis, wieder.

Um ihr Projekt besser zu erklären, haben die Gründerinnen der Bibliothek beschlossen, »die Meinungen von allen wiederzugeben«, das heißt mehrere Ausschnitte einer Diskussion, in der ein »Dokument« zur Vorstellung des Projekts ausgearbeitet werden sollte. Dank dieser Entscheidung, die Diskussion über das Dokument zum Dokument zu machen, kommt hier etwas zum Vorschein, was in anderen programmatischen Manifesten nicht zu finden ist.

Die Entscheidung wird mit dem Bedürfnis nach »einem politischen Dokument, das alle unsere Standpunkte widerspiegelt«, begründet: »Die Verschiedenheit der Frauen und die Heterogenität der Gruppe sind eine politische Garantie dafür, daß alle eine 'Existenz' haben«, wie eine Frau während der Diskussion äußert. Zu der Frage, weshalb ausgerechnet eine Bibliothek geplant ist, werden verschiedene Argumente vorgebracht. Einen »Treffpunkt« haben ihre Initiatorinnen schon, deshalb suchen sie darüber hinausgehende Motive für dieses neue Projekt, Ideen, wie es aussehen soll, und Begründungen für die zusätzlichen Anstrengungen, die seine Realisierung erfordern.

Und hier taucht ein verzwicktes Problem auf. Theoretisch wissen alle, daß die Unterschiede zwischen Frauen für die Existenz des weiblichen Geschlechts notwendig sind, doch gilt es andererseits als nicht zulässig, daß eine Frau über eine andere Frau urteilt. Wir kennen diese Konstellation, sie war typisch für die Selbsterfahrungspraxis. In der Selbsterfahrung bestand die Lösung in der Möglichkeit der wechselseitigen Veränderung: Die Unterschiede zwischen Frauen nebeneinanderzustellen, ist auch ohne gegenseitige Beurteilung wichtig, denn es führt zur Veränderung der einzelnen durch die gegenseitige Konfrontation. Die Projektpraxis bot diese Lösung nicht; per definitionem ließ sie mehrere Ergebnisse zu, denn ihr Ausgangspunkt war, das weibliche Begehren freizusetzen. Zwei Aspekte blieben dabei ungeklärt, einerseits die natürliche Toleranz – ich mache dies, und du machst jenes – andererseits die Worte, die ausdrücken, was die Dinge bedeuten und damit zwangsläufig eine Beurteilung enthalten.

Die Gründerinnen der Bibliothek blieben in ihrer Diskussion bei dieser Bilanz hängen, ohne eine Lösung zu finden.

Eine meint: »Einen Treffpunkt haben wir letztes Jahr geschaffen, und den haben wir immer noch. Die Bibliothek erfordert aber mehr Ernsthaftigkeit, eine regelmäßigere politische Präsenz.« Diese Einschätzung wird – von derselben Frau, die sie geäußert hat – sofort abgeschwächt, doch danach kehrt sie wieder zu ihrem Urteil zurück: »Das Dokument müßte von der Bibliothek handeln, ohne jedoch andere Dinge, die wir machen wollen, auszuschließen. Wir müssen aber auch den Mut haben, diese Initiative besonders hervorzuheben, überzeugt sein, daß sie wichtig ist und uns weiterbringt.«

Dasselbe Hin- und Herschwanken ist weiter unten wiederzufinden, nachdem in einem Absatz – in ganz flüssigem Stil – der Unterschied zwischen Frauen und Männern abgehandelt worden ist. Eine Frau, vielleicht dieselbe wie oben, sagt: »... aber einen Ort wie die Bibliothek zu haben, hat einen höheren Wert als das bloße Zusammensein.« Worauf eine andere gleich einwirft: »Ich würde die Ausdrücke 'höher – niedriger' vermeiden, ich denke, daß nicht nur die Diskussionen über Bücher, über schreibende Frauen zur Theoriebildung beitragen, sondern auch die Gespräche unter uns oder alle anderen Dinge, die uns interessieren.«

Alle anderen Dinge, die uns interessieren ... wieviele, welche, warum? Das Begehren entfernt sich von seinem Objekt und beginnt sich im Unklaren, Unbegrenzten zu verlieren. Dabei setzt es sich der Gefahr aus, in Depression zu versinken, sobald sich herausstellen wird, daß keines der Dinge, mit denen es geliebäugelt hatte, es wirklich interessiert. Diese Gefahr wird nicht verdrängt: Die Frau, die das unbegrenzte Spektrum an Dingen, die »uns interessieren« in die Diskussion eingebracht hat, fügt

hinzu, daß ihr Interesse für Bücher unstet ist: »Es gibt Zeiten, in denen ich nicht lese und über Bücher diskutiere.«
Danach geht es um die Frage, ob und inwiefern eine Bibliothek für die Frauen interessant sein kann. Mittlerweile waren allen Zweifel daran gekommen, und so ging, dem Dokument nach zu schließen, die Diskussion mit einer Erklärung zu Ende, die ein Armutszeugnis darstellt: »Wir brauchen eine Bibliothek, weil es heutzutage schwierig ist, eine Form des Zusammenschlusses zu finden.«
Einen Raum haben, zusammensein, zusammen etwas machen, ohne dieses Etwas genauer zu bestimmen – das war der Sumpf, in dem die gesamte Projektepolitik zu versinken drohte. Als ob der Zusammenschluß an sich etwas Wertvolles wäre, wofür jeder Vorwand recht ist. Hier fehlen die für die Projektepraxis notwendigen Elemente, nämlich das Begehren und die Bereitschaft zum Urteil. Begehren mußte bei den Initiatorinnen vorhanden gewesen sein, wenn sie die Bibliothek eröffneten und sie noch geöffnet halten. Aber gerade die Verwirklichung des Objekts läßt, wie wir sehen werden, das Begehren bescheiden und unsicher erscheinen. Wie schon im Mailänder Frauenbuchladen zeigt sich der Effekt der Mäßigung, der in den Frauenprojekten häufig festzustellen ist.
Im Dokument aus Parma wird dieses Phänomen besonders deutlich: Wir machen eine Sache, aber wir könnten auch etwas anderes machen, und wir können nicht sagen, daß diese Sache besser als eine andere ist. Zum Schluß bleibt als Grundlage nur übrig, daß es uns Spaß macht. Das Begehren, das in Verbindung mit der Angst, ein eigenes Urteil zu fällen und sich dem Urteil anderer auszusetzen, zutage tritt, läßt ein Gefühl von Beliebigkeit entstehen. Dadurch wird die Grundlage geschwächt. Eine beschränkte Sache – und alle Sachen sind beschränkt – macht keinen Spaß, wenn das Begehren nicht alles auf diese eine Sache setzt.
Damit sind wir wieder beim Ausgangspunkt, beim weiblichen Begehren, das sich lieber von Phantasien nährt oder sich zwischen dem einen oder dem anderen Objekt verliert, ohne sich jemals für etwas zu entscheiden. Mit der Projektepraxis gelang es nicht, das weibliche Begehren aus seinem Stummbleiben herauszuzwingen, es dazu zu bringen, aktiv zu werden. Das war allen von Anfang an klar. Allen war also bewußt, daß die neue Praxis im Vergleich zu den Gesprächsgruppen nur einen Vorteil bot: Sie ermöglichte es, das eigene Begehren zu erkennen und seinen Wert anzuerkennen. An allen Orten, die durch freien und gemeinsamen Willen entstanden sind, sollte das nach damaliger Auffassung automatisch möglich werden.
Diese Vorstellung war naheliegend, aber falsch. In Wirklichkeit zeigte sich, daß die geplante Veränderung sich in einigen Fällen, wie im Frauenbuchladen, langsamer als vorgesehen durchsetzte und in anderen ganz blockiert oder verhindert wurde. Letzteres war im Zentrum in via Col di Lana der Fall.

Zwei denkwürdige Desaster:
Das Zentrum in via Col di Lana und
das Treffen in Paestum

Uns liegen keine Texte über die Gründung und Eröffnung des Frauenzentrums in via Col di Lana vor. Es wurden keine geschrieben.
Wir wissen, daß das Projekt auf die Initiative des Kollektivs aus via Cherubini zurückgeht. Dem bereits zitierten Dokument über *Die Orte der Feministinnen* usw. können wir teilweise die Gründe entnehmen. Dort bemerken die Autorinnen in ihrer Reflexion über das Zentrum in via Cherubini und dessen politische Bedeutung, daß viele Frauen »Cherubini als Festung, als Wiege des Feminismus erleben, wo eine kleine Gruppe von Frauen stellvertretend für alle die Linie bestimmt, (...) als unbeugsame Instanz, ohne die interne Dialektik zu berücksichtigen«. Dieser Eindruck, so heißt es, enthält etwas Richtiges, er zeigt, daß bei den Frauen, die das Zentrum besuchen, eine »grundlegende Übereinstimmung« besteht, vor allem »hinsichtlich der zentralen Rolle, die den Beziehungen zwischen Frauen als strukturierender Praxis für die Bewegung zugeschrieben wird«.
Aber im übrigen war dieser Eindruck falsch und mußte bekämpft werden, denn er förderte eine Haltung des passiven Delegierens an »einige wenige feste Figuren«, was zur »Austreibung«, d.h. Isolierung und Abschwächung der Inhalte führte, die die Frauen von via Cherubini selbst vertraten.
Das große Zentrum in via Col di Lana, das für das Kollektiv von via Cherubini und andere Gruppen bestimmt war, sowie allen Frauen zum freien Besuch offenstand, bot also die Möglichkeit einer lebendigeren politischen Auseinandersetzung.
Das Zentrum war größer, und das bedeutete auch höhere Kosten. Außerdem sollte es gemütlich eingerichtet werden, wie die Privatwohnungen, wo sich die ersten Frauengruppen getroffen hatten.
Dieser Punkt wird im Dokument besonders hervorgehoben. Damit die materielle Seite der weiblichen Erfahrung zum politischen Inhalt wird, sollen die Frauen die Energien und die finanziellen Mittel, die sie für sich selbst und für ihre Familie aufwenden, zum Teil in die kollektiven Orte der Frauen investieren, und zwar je nach der Wichtigkeit, die sie diesen zuschreiben.
Schluß also mit den kleinen und armseligen Zentren, die sich, wie einst die Bettler, durch »Almosen« am Leben erhalten. Dem Wert, den die Frauen aus der Bewegung den kollektiven Orten beimessen, soll eine Umverteilung ihrer Zeit und ihres Geldes entsprechen. Nach der Meinung der Verfasserinnen kann heute nur diese Umverteilung »den Bruch mit

dem Alten und eine Alternative bedeuten« – dasselbe, was »vor fünf Jahren« die politische Aktivität in reinen Frauengruppen bedeutet hatte. Damals hatte es genügt, sich separat zu treffen, heute brauchen wir mehr.
In direktem Zusammenhang mit der Umverteilung der materiellen Kräfte steht die »Übernahme von Verantwortung«. Das ist der zweite Punkt, dem in diesem Dokument große Wichtigkeit beigemessen wird. Das Rezept ist dasselbe. Es geht darum, einen Teil dessen, was die Frauen in ihr Privatleben investieren, in die kollektiven Orte zu »exportieren«. So müssen »bestimmte Gewohnheiten, Verantwortung zu übernehmen«, die die Frauen zu Hause haben, »exportiert, in unsere kollektiven Orte gebracht« und in »politische Verantwortung« umgewandelt werden. Durch diesen Prozeß wird es konkret möglich, »eine andere Politik zu entwerfen, eine Politik der einzelnen, eine Politik des Persönlichen, eine Politik im Plural – also eine Politik, die nicht männlich ist«, bei der nichts an irgendeine »anerkannte Autorität« delegiert wird.
Hier schimmert ganz deutlich die Vorstellung einer notwendigen subjektiven Veränderung durch, die mit der möglichen Veränderung der Gesellschaft einhergeht – die Grundidee der Projektepraxis. Der eben untersuchte Text entstand auch unmittelbar vor dem Flugblatt *Die Zeit, die Mittel und die Orte*.
Das Zentrum in via Col di Lana wurde im Frühjahr 1976 für die notwendigen Reparaturarbeiten geöffnet und im Juni dann seinem eigentlichen Zweck übergeben.
Die Räume, eine ehemalige Werkstatt, die auf den Innenhof eines typischen Mailänder Arbeiterhauses gingen, waren wirklich sehr groß und schön, wenn auch reichlich heruntergekommen. Die für ihren neuen Verwendungszweck notwendigen, recht umfangreichen Instandsetzungsarbeiten wurden – aus den obengenannten Gründen – zur politischen Arbeit deklariert. Doch in dieser ersten Phase funktionierte das Rezept der »Umverteilung« nicht. Es galt nur für wenige, und die Arbeiten wurden auch ausgeführt; aber genau wie früher von einer Minderheit.
Als das Zentrum fertig war, strömten die Frauen herbei. Bei den Versammlungen am Mittwochabend war der große Saal brechend voll. Doch ziemlich bald wurde klar, daß auch in diesem größeren und offeneren Raum die erweiterte politische Auseinandersetzung nicht stattfand. Die räumlichen Dimensionen bewirkten nur, daß die Passivität vieler Frauen ins Unermeßliche wuchs. Jedesmal füllte sich der Saal mit 150 bis 200 Frauen, jedesmal begannen sie, ganz nett über dieses und jenes zu plaudern, wie eine Mädchenklasse, die auf ihre Lehrerin wartet. Dieser Zustand des Wartens nahm dann ein Ende, wenn die eine oder die andere – aber es waren immer dieselben – dazu aufforderte, mit der politischen

Arbeit, dem eigentlichen Zweck der Versammlung, zu beginnen. Dann wurde auch gearbeitet, es kamen der eine oder der andere Redebeitrag – immer von denselben Frauen, insgesamt etwa zehn, und die anderen hörten zu.
An diesem Ritual war einfach nichts zu ändern. Wenn keine der zehn Frauen die Diskussion eröffnete, fuhren die anderen mit unverminderter Lebhaftigkeit in ihren Unterhaltungen fort. Hatte die Diskussion einmal begonnen und keine der zehn ergriff das Wort, herrschte tiefes Schweigen im Saal. Auch die unterschiedlichen Diskussionsthemen konnten keine Veränderung der Situation bewirken. Es liegt nahe, daß es nach einer Weile nur noch ein einziges Diskussionsthema gab: die Situation selbst, die da entstanden war. Sie mußte entschlüsselt werden. Auch dieses Thema führte nicht zur geringsten Veränderung. Es wurde von den üblichen zehn »Sprechenden« vorgeschlagen und diskutiert, während die anderen unerbittlich schwiegen.
Das war ein absoluter Mißerfolg, der in unserer Geschichte seinesgleichen nur im nationalen Treffen von Paestum findet, wie wir gleich sehen werden.
Alle Erwartungen wurden enttäuscht, und zwar auf verblüffende Art. Am verblüffendsten war die Tatsache, daß die 150 bis 200 Frauen jeden Mittwoch wiederkamen, um den Saal zu füllen.
In der Hoffnung, das Projekt retten zu können, und noch mehr aus dem Bedürfnis heraus, die Situation zu verstehen, beschlossen die »Sprechenden« – mit der stillschweigenden Zustimmung der anderen – im Oktober jenes Jahres, 1976, die großen Versammlungen abzuschaffen und kleine Gruppen von zehn bis fünfzehn Frauen zu bilden, die sich einzeln treffen sollten, um vor dem Hintergrund der eben beschriebenen Erfahrung über die Politik der Frauen zu reflektieren. Die Frist betrug einen Monat, danach sollte gemeinsam über den weiteren Fortgang entschieden werden.

Es bildeten sich zwölf kleine Gruppen, drei davon veröffentlichten ihre Reflexionen in einer Sondernummer von »Sottosopra«, die im Dezember erschien und als Rosa »Sottosopra« bekannt wurde.
Schon vor der Erfahrung in Col di Lana hatte sich herausgestellt, daß die kollektiven Orte dank einiger Frauen lebten, daß aber auch viele andere, die nach außen hin passiv waren, deutliche Zeichen dafür gaben, daß sie auch für sie wichtig waren.
Im Dokument über *Die Orte der Feministinnen* wurde dieser Widerspruch mit dem Konflikt erklärt, der entsteht, »wenn du mühsam ein individuelles Gleichgewicht erreicht hast und die Praxis der Frauen von dir verlangt, dieses wieder in Frage zu stellen«.
Eine der zwölf Gruppen verfaßte den Text *Persönliche Veränderung und politisches Handeln,* in dem bestätigt wird, daß der Feminismus eine

persönliche Veränderung geschaffen hat, die sich nur mühsam in Politik zurückübersetzen läßt. Was die Situation in via Col di Lana betreffe, so sei diese eher der Angst davor zuzuschreiben, »politische Konflikte auszutragen«, denn dies werde als bedrohlich für die »Frauensolidarität«, für die »gefühlsmäßige Verschmelzung«, das »gefühlsmäßige Zusammengewachsensein« – für all das, was das Kollektiv zusammenhält, empfunden (Rosa »Sottosopra«, Dezember 1976).

Auch die Gruppe Nummer 4 (da alle Gruppen denselben Ursprung, Treffpunkt und Diskussionsschwerpunkt hatten, unterschieden sie sich durch laufende Nummern), kommt zu der Erkenntnis, daß die persönliche Erfahrung tendenziell zum Selbstzweck wird. Für die Situation in Col di Lana liefert sie jedoch eine andere Erklärung: An diesem kollektiven Ort werden deswegen keine politischen Konflikte ausgetragen, weil das »nicht mehr erlauben würde, daß die Frauen dort symbolische Nahrung finden«.

Wir möchten den besagten Abschnitt hier ganz zitieren, er stammt aus den *Notizen der Gruppe Nummer 4* im Rosa »Sottosopra«, Notizen auch hinsichtlich der sprachlichen Form:

☐ »Die Phantasie vom Kollektiv als dem Einen, Solidarischen, hindert viele daran zu sprechen, Stellung zu nehmen; Konflikte auszutragen würde nicht mehr erlauben, daß die Frauen dort symbolische Nahrung finden.

☐ Die Passivität im Kollektiv als Widerstand dagegen, eine Rolle im Spiel der Sprechenden zu übernehmen.

☐ Erwartung, daß eine gegenseitige Zerstörung der Rollen von außen erfolgt, und daß sich aus deren Trümmern aktive Existenzen erheben, die gleichberechtigte Beziehungen untereinander haben. Bei dieser Passivität kann das Spiel unbegrenzt weitergehen, denn die Rollen zerstören sich mit der Zeit nicht gegenseitig, sondern werden durch die Passivität verstärkt.

Die Lösung besteht also nicht darin, das Hauptquartier zu bombardieren [was, wie sich vielleicht manche erinnern, die maoistische Lösung war], sondern darin, diese verfahrene Situation aufzubrechen. *Passivität ist das Bedürfnis nach dem Kollektiv als symbolischem Ort der Nahrung für die eigene Veränderung«.*

Hätte den 150 bis 200 Frauen wirklich ihr inneres Gleichgewicht am Herzen gelegen, wie in der ersten Erklärung behauptet wird, dann wären sie nicht an diesen Ort gekommen, um diese Rolle zu spielen. Hätte ihnen andererseits die Frauensolidarität am Herzen gelegen, wie in der zweiten Erklärung behauptet wird, dann hätten sie diese Rolle nicht gespielt, die durch ihre Unveränderbarkeit zu einem offensichtlichen Angriff auf das gemeinsame Projekt wurde.

Doch gibt auch die Gruppe Nummer 4 zu, daß die Frage des persönlichen Gleichgewichts eine Rolle spielt, insofern als »die Passivität zwei Arten von Forderung enthält: 1. nach der Garantie, nicht mehr zur Abhängigkeit vom Mann zurückzukehren, was durch die imaginäre Nahrung seitens des Kollektivs gegeben ist; 2. nach affektiver Nahrung *durch* die Frauen, die es möglich macht, als Unabhängige in das Territorium der Männer (das reale oder auch nur imaginäre) zurückzukehren«.

Das Kollektiv war also, wenn wir recht verstanden haben, nicht der Ort einer möglichen autonomen Existenz, sondern das leere Symbol dieser Existenz. So läßt sich der Widerspruch erklären, daß die kollektiven Orte als so wichtig galten, daß die Frauen aber die aktive Potenz ihres Begehrens dort nicht investieren wollten oder konnten.

Daß das Begehren sich nicht offen in Worten ausdrückte, machte übrigens die damals verbreitete Forderung, »alles in Frage zu stellen (oder: sich in Frage zu stellen)« zunichte. Wer oder was konnte wen oder was in Frage stellen? Es sei denn, in Form von Vorwürfen.

Dafür gibt es Beispiele. »In meiner Erfahrung« – hier spricht eine im Projekt sehr engagierte Frau – »hängt die übertriebene Bewertung der Rolle in der Öffentlichkeit mit der Verleugnung von persönlichen Bedürfnissen zusammen, mit der Tendenz, der Politik *mehr Wert zuzuschreiben* als der einzelnen Frau (was ganz klar mit der Verleugnung des Frauseins bei sich selbst zusammenhängt).« Was heißt »ganz klar«? Ist Spaß an der Politik per definitionem den Männern vorbehalten? Dieselbe Frau fährt fort: »Die Abhängigkeit, die in einem Kollektiv von diesen Personen« – sie selbst ist übrigens eine davon – »entsteht, läßt sich nicht auf Passivität (Delegation) reduzieren, sie hat eine sexuelle Konnotation (...): Macht und Autorität werden den Frauen zugeschrieben, die ihre Sexualität und Bedürfnisse/Abhängigkeiten nach außen hin mehr unterdrücken« (*Persönliche Veränderung und politisches Handeln*, Rosa »Sottosopra«).

In dieser »verfahrenen Situation«, wie die Gruppe Nummer 4 es nannte, wurde die menschliche Potenz der einzelnen Frau, die in ihrer Rolle gefangen und ohne Beziehung zur anderen Frau war – ein weibliches Begehren, das keinen Gegenpart findet – schließlich zu etwas Negativem und Schuldigem. Eine alte Geschichte in der Geschichte der Frauen, aber hier finden sich die ersten Anzeichen eines Auswegs.

Die *Notizen der Gruppe Nummer 4* beziehen sich nicht auf eine bestimmte Frau, ihre Wesensart oder ihre Vorlieben. Hinter diesen psychologischen Fakten steckt eine Frage symbolischer Natur. Die Frauen haben das Bedürfnis nach »symbolischer Nahrung«, das dann befriedigt wird, wenn jede auf ihre Rolle festgelegt ist, auf immer dieselbe und daher verstümmelnde Rolle, und wenn die unzähligen Diskurse über die

Unterschiede zwischen Frauen auf ein Nichts reduziert werden. Das ging so weit, daß den wirklich bedeutsamen Unterschieden sogar Schuld zugeschrieben wurde.
Auf dieser Hypothese baute die Arbeit der Gruppe Nummer 4 nach ihrem Austritt aus dem kollektiven Zentrum in den folgenden Jahren auf. Nach Einschätzung dieser Gruppe war nämlich »alle unsere Theorie erschöpft«, und deshalb mußte neue produziert werden: »Mehr Theorie würde unsere materielle Basis stärken«.
Von den drei im Rosa »Sottosopra« erschienenen Texten spiegelt der erste – schon im Titel – am deutlichsten wider, was die 150 bis 200 Frauen dachten: *Endlich den Mut zum Zweifeln haben ...*
Während die anderen zwei Texte der theoretischen Analyse gewidmet sind, will dieser eher ein Unbehagen zum Ausdruck bringen und dessen Wurzeln aufspüren. Ein Unbehagen, das einigen Äußerungen zufolge bereits seit mehreren Jahren andauert. Denn schon »in der kleinen Selbsterfahrungsgruppe merkten wir, daß sich – nach einem sehr schönen Anfang – auch dort Machtpositionen herausbildeten«. Als dann der Übergang zur Praxis des Unbewußten erfolgte, »tat sich das Unbewußte vor mir auf, was bei mir große Ängste auslöste, mir jedoch keine Möglichkeit zur Veränderung gab«; »ich hatte das Gefühl, daß die Interpretation des Verhaltens an einige wenige delegiert wurde« und daß »nur diesen das Projekt in seiner Gesamtheit klar war« usw.
Die Einschätzung der anderen, daß sich persönliche Veränderungen und Fortschritte nicht in politische Inhalte zurückübersetzen lassen, wird hier unter einem ganz anderen Aspekt gesehen. Hier geht es um die Spaltung zwischen einer persönlichen Situation einerseits, die durch Suche und Unruhe gekennzeichnet ist, und der Politik der Frauen andererseits, die dieser Situation nicht Rechnung zu tragen scheint. Eine Frau meint sogar: »An diesem Punkt frage ich mich, ob unsere Praxis es zuläßt, daß wir wir selbst bleiben, mit all unseren persönlichen Eigenschaften; ich frage mich, ob für diese Dinge neben der Ideologie noch Raum übrigbleibt.« In diesem Abschnitt wie im restlichen Text wird unter »Ideologie« das politische Projekt der Frauen verstanden, ohne andere Nebenbedeutungen. An einer Stelle sagt das eine offen: »Ich frage mich, wo die Grenze zwischen politischem Projekt und Ideologie liegt.« Vielleicht gibt es keine Grenze, wenn wir verwechseln, was der Ausdruck eines Begehrens und was das Aufzwingen einer Norm ist. »Zum Beispiel«, so fährt diese Frau fort, »hatte ich letztes Jahr das Gefühl, daß Sexualität zwischen Frauen ein Muß (die Norm) ist. Das erlebte ich einerseits als neue Moral, andererseits bedeutete das auch mehr, es zeigte, in welche Richtung eine Veränderung erfolgen konnte.«
Dieselbe Sache konnte also zwei entgegengesetzte Bedeutungen, beziehungsweise eine Bedeutung mit zwei Köpfen annehmen, nämlich

Einschränkung der eigenen Freiheit und Aufforderung, sie zu leben.
Wie lange konnte dieser Zustand dauern? Das wissen wir nicht, denn die Doppeldeutigkeit wurde dadurch aufgelöst, daß die Idee eines kollektiven Ortes der »Auseinandersetzung«, das heißt der Gegenüberstellung verschiedener Formen politischer Praxis, aufgegeben wurde.
Eine Gegenüberstellung hätte diese Doppeldeutigkeit sowie den Ort, an dem sie sich zeigte, auf ewig erhalten. Einige Frauen beschlossen daher, sich dem Element zuzuwenden, das aus der Gegenüberstellung ausgeschlossen geblieben war, nämlich dem »Einwand der schweigenden Frau«.

Dieser Ausdruck, Titel eines *Nachtrags* zu den Notizen der Gruppe Nummer 4, bezeichnet nicht die unterdrückte Frau, sondern eine Frau, die im Spiel zwischen Unterdrücker und Unterdrückten nicht mitspielt. Er meinte also nicht die Frauen, die in Col di Lana verkehrten und die sich vollständig auf dieses Spiel eingelassen hatten. Er meinte, wie es in dem *Nachtrag* heißt, jenen »Teil« einer Frau – jeder Frau, der »nicht beschrieben, erläutert und von niemandem verteidigt werden will«. Wenn dieser Teil sprechen würde, könnte er zum Beispiel sagen, daß ihn »die Frauen mit ihren Abtreibungsproblemen überhaupt nicht interessieren«.
Aber er sprach nicht, denn das damals vorherrschende politische Denkmuster – das zwar dazu beigetragen hatte, daß die Frauen das Wort ergriffen – sah nicht vor, daß Frauen sich nicht für die Unterdrückung interessierten, der viele unterworfen sind. Nach diesem Denkmuster verteilte sich alles, was verglichen wurde, schließlich auf eine Dichotomie und verharrte dort – eine Dichotomie von gerecht/ungerecht, Unschuld/Schuld, Opfer/Unterdrücker, ein festgelegtes Muster – niemand wußte wie und von wem. In diesem Denkmuster mußte die Frau verteidigt werden, verteidigbar sein, etwas anderes konnte sie nicht sein. Auch diejenigen, die jedes politische Projekt Ideologie nannten, ja sie in besonderem Maße, vertraten diesen Standpunkt.
Auf diese Weise gaben sich die Frauen Bestätigung (das heißt symbolische Nahrung) – eine armselige, aber altbewährte Weise.
Die Erfahrung in via Col di Lana bewies das. Das weibliche Symbolische besaß keine Autonomie. An jedem Mangel mußte irgend jemand – sei es Mann oder Frau – schuld sein.
Die »schweigende Frau« sollte also die weibliche Differenz darstellen, die solange stumm bleibt, wie sie die Frauen in Worten wie »wir sind Opfer der Ungerechtigkeit« ausdrücken. In diesem Sinn ist sie mit der Figur der »autonomen Mutter« verwandt, die in den Texten der Praxis des Unbewußten erscheint. Diese zeigt die symbolische Autorität, die das Wort der Frauen bekommt, wenn es frei ist vom Bedürfnis nach Anerkennung und von der Angst, abgelehnt zu werden. Es sind die ersten

Figuren eines autonomen weiblichen Systems der Symbole. Hier ist der Mangel nicht etwas, woran die anderen schuld sind, sondern ein Mehr, das eine Frau sein will und sein kann.

Das nationale Treffen in Paestum im Dezember 1976 war hinsichtlich der zahlenmäßigen Beteiligung ein Erfolg, aber im übrigen ein so grandioser Mißerfolg, daß es der Erinnerung wert ist.

Paestum, im Sommer ein freundlicher, archäologisch und touristisch interessanter Ort, wie wir es alle kennen, verwandelt sich im Winter in eine regnerische und trostlose Gegend. Dorthin strömten eintausendfünfhundert Frauen, vielleicht auch mehr. Eigens zu diesem Treffen waren die Hotels wiedereröffnet worden. Sie lagen alle weit voneinander entfernt, einige waren so abgelegen, daß sich die Frauen dort regelrecht in Verbannung fühlten, da sie nicht wußten, wo der Treffpunkt war.

Es gab zwei Hauptversammlungsorte, einen Schuppen, der im Sommer für Tanzveranstaltungen genutzt wurde, und die Halle eines Hotels.

Es waren anstrengende Tage. Was eigentlich eine Auseinandersetzung zwischen verschiedenen Formen der politischen Praxis hätte werden sollen, war am Ende nur der Versuch einiger weniger Frauen, die anderen davon zu überzeugen, daß eine Politik der Frauen nicht darin bestehen kann, sich mit Demonstrationen, Forderungen oder Anschuldigungen an die Männergesellschaft zu wenden. Die Argumente lauteten, die Frauen brauchten eine spezifische Form der Politik. Wir kennen diese Argumente, und viele der Frauen in Paestum kannten sie auch. Sie gingen auf die Praxis der Beziehungen zwischen Frauen, auf die Praxis des Unbewußten und auf die Projektepraxis zurück und waren schon in zahlreichen Texten erläutert worden – zuletzt im Rosa »Sottosopra«, von dem in Paestum mehrere hundert Exemplare verkauft wurden.

Die Auffassung, daß sich die Politik der Frauen durch eine Andersartigkeit auszeichnet, die nicht von anderen politischen Formen abzuleiten ist, wurde allgemein geteilt. Deshalb stieß alles, womit sie untermauert werden konnte, auf die Zustimmung der breiten Mehrheit; so wie es in kleinerem Rahmen im Zentrum in via Mancinelli schon geschehen war.

Doch das Denkmuster, das aus dem Leiden der Frauen die Grundlage für ihre Politik macht, konnte trotz aller Argumente nicht durchbrochen werden. Die Figur der Frau mit Abtreibungsproblemen ging allmählich unter, an ihre Stelle trat die der Frau als Vergewaltigungsopfer. In Paestum fiel das Wort Vergewaltigung sehr häufig, Abtreibung dagegen sehr selten, obwohl diese Verlagerung des Interesses durch keinerlei gesellschaftliche Veränderungen gerechtfertigt war. Das war ein Phänomen, das dem politischen Imaginären innewohnt. Bekanntlich muß man, um Identifikation zu bewirken, die Figuren variieren. Wenn sie zu abgenutzt sind, wirken sie nicht mehr.

Der Mechanismus einer Politik, die auf der Identifikation aller Frauen mit dem Leiden weniger aufbaute, wurde in Paestum also deutlich sichtbar. Doch gab es dort auch viele Argumente gegen die Politik der Forderungen, unter anderem das einzige Argument, das gegen den eben genannten Mechanismus wirken konnte und das eine wirkliche Auseinandersetzung ermöglichte, nämlich den Einwand der schweigenden Frau: der Mangel ist nicht Schuld der anderen, sondern Wunsch nach etwas anderem.

Neue Standpunkte in der Reflexion von Frauen, die die Schule der 150 Stunden besuchten

Es handelte sich, wie bereits dargelegt, um ein Problem symbolischer Natur.
Das wird deutlich, wenn wir die Worte einer Frau lesen, die auf die Schulbank zurückgekehrt ist, um den Mittelschulabschluß nachzuholen. 1977 schreibt sie einen Kommentar zu einem Artikel, den sie ihr zur Lektüre aufgegeben hatten, und zwar *Was für eine Kultur für die Frau* von D. M., einer feministischen Schriftstellerin:
»Meine erste Reaktion auf diese Lektüre ist Ablehnung: Ich lehne die Theorie ab, daß wir Frauen schon immer vom Mann und seiner Geschichte instrumentalisiert und verwaltet worden sind. Mir ist bewußt, daß ich mich mit diesem Protest verteidigen will, aber für eine Frau, die schon ihr halbes Leben hinter sich hat und die immer geglaubt hat, sie hätte alles bestens gemacht, ist es wirklich tragisch, wenn sie gesagt bekommt (ich drücke es mit eigenen Worten aus): 'Du hast alles falsch gemacht im Leben; die Werte, die du für richtig gehalten hast, wie Familie, Kinder, Treue in Liebesbeziehungen, Reinheit, ja selbst deine Arbeit als Hausfrau – alles falsch, alles Ergebnis einer subtilen, von einer Generation an die nächste überlieferten Strategie zur ewigen Ausbeutung der Frau.' Ich wiederhole: da kann ich nur bestürzt sein.«
In diesem Text kommen die Grenzen des feministischen Denkens sehr deutlich zum Ausdruck. Er macht an sich keinen Kommentar erforderlich, doch trägt eine genauere Analyse zum Verständnis dessen bei, woran die Politik der Frauen scheiterte, weshalb sie entweder in Forderungen abrutschte oder sich auf die Verteidigung ihrer spezifischen Formen zurückzog. Wir hatten das pauschal einem schwachen, genauer gesagt: untergeordneten weiblichen Symbolischen zugeschrieben.
Es ist vermutlich aufgefallen, daß die Verfasserin nicht die Frage nach wahr oder falsch stellt. Sie möchte die »Theorie« als nicht wahr zurückweisen, weiß aber, daß sie sich »verteidigt«. Sie verteidigt sich also nicht

vor dem Wahren, denn in diesem Fall würde sie es falsch nennen, sondern vor etwas anderem, und zwar vor einer Darstellung ihres Lebens, die etwas enthält, von dem sie nicht ausschließt, daß es wahr sein könnte, sie damit aber als menschliches Subjekt mit eigener Willens- und Urteilskraft vernichtet.

Aber in dieser Lage befindet sie sich zwangsläufig, und sei es auch nur, um von der anderen Frau zu erfahren, was sie wissen soll. Aber wenn das, was die andere sagt, wahr ist, dann bedeutet »Ich drücke es mit eigenen Worten aus«, daß sie bis zu diesem Augenblick alles falsch gemacht hat. Zu einem anderen Schluß kann ein denkendes Subjekt nicht gelangen, wenn es entdeckt, daß alles, was es bisher getan und gedacht hat, in Wirklichkeit nicht eigenes Denken und eigener Wille, sondern Denken und Wollen eines anderen Subjekts waren. Nicht ganz und gar Opfer also, wie die Schriftstellerin meinte, aber ganz und gar im Irrtum.

Im untergeordneten weiblichen Symbolischen hieß es, das Wesen des weiblichen Geschlechts in Worte zu fassen, wenn die erlittene Unterdrückung in Worte gefaßt wurde. Alles andere (zum Beispiel die Rebellion) galt nur als Konsequenz davon. Das war eine absurde Darstellung, wie Maria Pia richtig bemerkt. Wenn bis zu jenem Moment ihr Denken Nicht-Denken und ihr Wille Nicht-Wille war, wie soll sie dann wissen, daß jetzt ihr Denken wirklich ihr Denken und ihr Wille (zum Beispiel der Entschluß, auf die Schulbank zurückzukehren) wirklich ihr Wille ist? Wenn jene Darstellung richtig ist und wenn sie von einer Frau kommt, wo steht sie selbst dann als Frau, die ihresgleichen mitteilen will, was wahr ist? Und wo stehen die Frauen, an die sie sich wendet, damit sie die Wahrheit erfahren?

Die Freiheit muß im weiblichen Denken vorhanden sein, damit eine Frau ihre Unterdrückung erkennen kann. Wen soll jene Darstellung, die nichts von Freiheit sagt, darstellen?

»Aber wenn ich mich ein bißchen beruhige, etwas nachdenke und mich zurückerinnere«, fährt Maria Pia fort, »sehe ich meine Mutter und viele Frauen aus ihrer Zeit vor mir, ich sehe ihre Lebensbedingungen, im Haus und außerhalb, und da muß ich meine Meinung revidieren und zugeben, daß doch vieles daran wahr ist.«

Auf eine andere Frau übertragen scheint die Figur, mit der sich keine Frau identifizieren kann, wieder wahrscheinlich, ja sogar wahr zu werden. Wir kennen diesen Mechanismus, es ist derselbe wie in der Politik der Frauen – dort waren die Hausfrauen, die Frauen mit Abtreibungsproblemen und die Vergewaltigungsopfer nötig ...

Keine Frauen von Fleisch und Blut, mit eigenen Wünschen und Urteilen, sondern Figuren des unterdrückten weiblichen Geschlechts, die als solche dem gesamten Weiblichen Rechtfertigung verleihen.

Die Gegnerinnen dieser Opferthese stellten das Moment der Komplizenschaft heraus. Sie wiesen mit guten Argumenten nach, daß die Frauen bei der Aufrechterhaltung der sexistischen Herrschaft ihren Part spielen. Das brachte uns der Wahrscheinlichkeit einen Schritt näher. Außerdem kam dadurch das Moment des persönlichen Vorteils zur Sprache. Auch das war ein Schritt vorwärts, denn so konnte sich die Vorstellung durchsetzen, daß Frauen ein eigenes ökonomisches Denken haben.

Aber das waren nur partielle Korrekturen, die nicht an den Kern des wahren Problems rührten. Nämlich daß der Frauenbewegung eine Vorstellung vom freien weiblichen Denken fehlte, von dem sie hätte ausgehen und einen Bewußtwerdungsprozeß in Gang setzen können. Die Freiheit wurde als Ergebnis des Bewußtwerdungsprozesses betrachtet. Die logische Ordnung war auf den Kopf gestellt, aufgrund eines Irrtums, dessen Natur in den letzten Worten Maria Pias durchschimmert: Die vom Mann versklavte Frau ist eine wahre Figur, sie stimmt für die Vergangenheit, für ihre Mutter. Dabei handelt es sich selbstverständlich nicht um faktische Wahrheit, sondern um symbolische Formen, das heißt um die Art, die Dinge darzustellen. Davon hängt es jedoch ab, ob das Wahre gesagt werden kann oder nicht – und das ist genau das Problem, das Maria Pia aufwarf.

Wieviel Verwirrung hinsichtlich des Ursprungs der weiblichen Freiheit herrschte, zeigte sich unter anderem an dem Widerspruch, daß einerseits alle dazu neigten, sich im Vergleich zu ihren Müttern als freier zu betrachten, dies jedoch nicht den Mythos einer fernen Vergangenheit untergraben konnte, wo die Frauen frei gewesen sein sollen. Im Rückblick auf die vergangenen Generationen sah der Geist mehr Freiheit und mehr Knechtschaft.

Das verfälschte auch die Vor- und Darstellung von zeitlich näher liegenden, allgemein bekannten Tatsachen, wie etwa der, daß manche Frauen bei der Gründung von Gruppen oder Projekten eine führende Rolle gespielt hatten. Über diese Tatsache wurde stillschweigend hinweggegangen. Sie wäre als Hindernis für die Entfaltung der Freiheit jeder einzelnen empfunden worden.

Dem weiblichen Symbolischen fehlte Autonomie, weil ihm der Ursprung fehlte. Das Wissen, das die Frauen über die sexistische Herrschaft gewonnen hatten, hatte kein Fundament. Es war nicht an sich falsch, aber auch nicht wahr, da ihm seine Grundlage fehlte. Daher ist Maria Pia so bestürzt. In jenem Bild, das ihr zu Freiheit und Wissen fähiges Ich nicht darstellt, kann sie sich nicht wiedererkennen.

Die Frauen, die sich, wie sie, in jenen Jahren zahlreich an der Schule der 150 Stunden einschreiben und so ihren Familien Zeit und Energie entziehen, begründen diese Entscheidung nicht mit dem Argument der allgemeinen Gerechtigkeit, wie etwa mit dem Recht auf Bildung oder Freizeit.

Durch ihre Rückkehr in die Schule durchbrechen sie ganz bewußt eine festgelegte Ordnung, nach der die Frau sich dem Wohl der anderen zu widmen hat. Denn sie suchen eine Existenz auf der Ebene des Symbolischen, sie wollen ihrem Leben einen Sinn geben. Sie wissen sehr gut, daß die festgelegte Ordnung viel stärker ist als die sogenannten Menschenrechte. Die Regelverletzung, der Familie weniger und sich selbst mehr Zeit zu widmen, mußte sich von selbst rechtfertigen. Diesen Frauen genügt es also nicht, um ihre Unterdrückung zu wissen.
So schreibt Santina, die mit Maria Pia zusammen den Kurs besuchte: »Von meiner Rückkehr in die Schule erwarte und erhoffe ich vor allem eines: ich möchte mein Hirn, das eingeschlafen ist, nachdem ich vor so vielen Jahren mit dem Lernen aufgehört habe, wieder aufwecken.« »Es ist nicht leicht«, schreibt sie weiter unten, »über meine Unsicherheit zu sprechen, die ich, glaube ich, schon immer hatte.« Dann spricht sie aber doch darüber und meint, sie sei vielleicht angeboren: »Das wollte ich sagen, weil ich niemand die Schuld an meiner Natur geben will, ich bin jetzt zwar erwachsen, verheiratet und Mutter, aber mein Charakter hat sich nicht wesentlich geändert.« Und weiter: »Ich bin wirklich froh, daß ich den Mut hatte, nach so vielen Jahren wieder in die Schule zurückzukehren, ich sehe das als mutigen Schritt mir selbst gegenüber an, nach so vielen Jahren, die ich nur der Familie gewidmet habe. Hier in der Schule merke ich, wie schön es ist, für drei Stunden pro Tag zu denken, daß mein Ich existiert.« (Gruppe 150 Stunden – Mittelschule V. Gabbro, Mailand, *Die Überquerung;* es handelt sich um ein von den Kursteilnehmerinnen 1978 herausgegebenes Papier.)
Die Schule zu besuchen ist für all diese Frauen ein Akt der Freiheit, der ihnen Wert verleiht und ihnen einen neuen Blick auf ihre menschliche Daseinsbedingung ermöglicht. Die Urteile über die Vergangenheit fallen sehr unterschiedlich aus, doch im allgemeinen überwiegt die Lust am Erzählen (die manchmal sehr schöne Erzählungen hervorbringt) die Kritik, obwohl nicht wenige ein erschreckend hartes Leben hinter sich haben. Die Kritik überwiegt jedoch bei der Analyse der Gegenwart. Die Erfahrung mit den 150 Stunden ist ein Kontrast, der die Situation dieser Frauen ans Tageslicht bringt: ihre Isolation, ihr Gefühl, vom gesellschaftlichen Leben abgeschnitten zu sein, die frustrierenden Anstrengungen, daran teilzunehmen (zum Beispiel über die Elternversammlungen in der Schule) und vor allem ihre »Angewohnheit«, nichts für sich selbst zu tun.
Viele äußern sich ähnlich zu diesem letzten Punkt. Am Ende des Kurses entdeckt Antonia, »über vierzig, drei Kinder«, daß der Anfang sie zwar »Mut« gekostet hat, aber das »Drama« jetzt, wo die Schule zu Ende ist, darin besteht, daß sie nicht weiß, wie sie sich weiterhin mit den Dingen beschäftigen kann, die ihr Interesse geweckt haben: »Sich mit Frauen zu

treffen ohne den Vorwand der Schule oder der Arbeit, ist überhaupt nicht einfach.« Das liegt weniger an äußeren Hindernissen (hier stimmen auch andere zu); die gibt es zwar, aber sie stellen nicht das eigentliche Problem dar. Das »Schlimmste« ist, daß du dich, »wenn du dich einmal für ein paar Stunden von zu Hause oder vom üblichen Alltagstrott losgerissen hast«, »irgendwie verhindert, blockiert« fühlst, ganz einfach durch die Angewohnheit, nichts für uns selbst zu tun. Das verstärkt unsere Angst noch« (*Das durchgeschüttelte Ei,* »Lotta Continua«, 21. 12. 1977).
Zum selben Thema schreibt Teresa: »Ich glaube, uns Frauen ist es noch nie in den Sinn gekommen, daß wir ein paar Stunden für uns haben könnten, wo wir machen können, was wir wollen (...) Wir stehen immer der Familie zur Verfügung, an die wir körperlich und gefühlsmäßig gebunden sind (...) Wir Frauen wissen, daß unsere Leistung sehr viel wert ist, wenn es darum geht, uns aufzuopfern und hinter den anderen zurückzustecken, aber für uns selbst ist sie nichts wert.« Dieser Unwert der weiblichen Leistungen, so können wir aus den folgenden Bemerkungen schließen, hindert die einzelne Frau daran, am gesellschaftlichen Leben teilzunehmen, zumal die anderen Frauen diese Teilnahme nicht fördern: »Oft tun wir etwas Nützliches in der Gesellschaft nicht, weil wir Angst davor haben, was die anderen Frauen über uns denken könnten. Dabei sind sie Sklavinnen desselben Vorurteils« (*Mehr Staub im Haus, weniger Staub im Hirn,* 1977; ebenfalls ein vom Kurs der 150 Stunden in der Mittelschule in via Gabbro, Mailand, verfaßtes Papier).
Eine ähnliche Bemerkung ist in *Die Durchquerung* zu lesen. In ihren Reflexionen über die Einsamkeit schreibt Franca: »Die Einsamkeit ist ein Problem, das vor allem die Frau spürt, denn sie hat keine Entscheidungsfreiheit, selbst wenn ihr Mann sie ihr zugesteht. Sie muß an die Kinder denken, an die Hausarbeit, die immer schwerer wird, je größer die Familie ist, und sie hat Schwierigkeiten, in die Gesellschaft einzutreten. Oft passiert es, daß sie dann ausgeschlossen wird, daß die anderen über sie reden.«
Wenn eine Frau versucht, in die Gesellschaft einzutreten, schreiben Emilia und Amalia, »entdeckt sie, daß dort Männergesetze herrschen, daß ihr alles verschlossen und mißtrauisch gegenübersteht«, daß für sie »alles so schwierig, alles so kompliziert ist (...) Sie muß ständig beweisen, daß sie alles versteht, daß sie intelligent ist, daß sie etwas wert ist und daß sie dem Mann gleich ist, weil sie ihm nicht gleich ist.« Hier bricht die Anklage ab: »Aber lassen wir die Kritik«, es muß »gekämpft werden für eine Aufwertung der Frau auf Massenbasis« (Kurs der 150 Stunden – Mittelschule in via Gabbro, – Mailand, – 1976/77, *Die blasse Hausfrau gibt's nicht mehr*).
Die Namen der beiden Verfasserinnen tauchen in den oben zitierten Ausgaben von »Lotta continua« wieder auf, allerdings in einer anderen

Konstellation. Emilia ist mit 53 Jahren gestorben, und Amalia setzt sich in einem Beitrag über den Kurs der 150 Stunden mit ihr auseinander: »Diese Frau ging mir in der ersten Zeit ziemlich auf den Geist; sie erzählte x-mal am Tag ihre Geschichte, und die Teresa und ich hatten allmählich wirklich genug davon.« Amalia ist eine große Erzählerin, wie dieser nüchterne und vorbehaltlose Anfang schon beweist. Danach erzählt sie, wie sie lernte, Emilia zu verstehen und ihr zu helfen. Das begann, als sie merkte, daß von der ganzen Klasse Emilia »diejenige war, die die meisten Probleme hatte«. Ihr Leben war vergangen, »ohne daß es sie auch nur mit der geringsten Befriedigung erfüllt hätte«, sie war finanziell schlecht gestellt, verheiratet, hatte aber keine Kinder. Sie selbst hatte zu Amalia gesagt: »Mein Leben war immer ein einziges Nein.«

Etwas begann sich für sie mit der Schule der 150 Stunden zu verändern: »Dieser Kurs hatte ihr sehr gut getan, sie schien richtig verjüngt; endlich, nach so vielen Jahren, tat sie etwas für sich und traf sich mit anderen Leuten, mit denen sie sich wenigstens aussprechen konnte. Mir vertraute sie alles an ...«
Zwischen den beiden Frauen entstand eine enge Beziehung, in der das Schreiben im Mittelpunkt stand, denn Emilia hatte das Bedürfnis, ihre Gedanken festzuhalten, und Amalia die Fähigkeit, die Dinge gut auszudrücken, sowohl mündlich als auch schriftlich.
»Sie gab mir immer die Sätze zu lesen, die sie nachts oder im Bus, während sie zur Schule fuhr, aufgeschrieben hatte ... und wenn sie dann las, was ich geschrieben hatte, vor allem wenn ich von meinem Dorf erzählte, von den Bauern und von meinem Leben, weinte sie immer ...« Amalia erklärt sich Emilias Tränen damit, daß auch diese ihr Leben erzählen wollte, »es aber nicht schaffte, alles miteinander zu verbinden und sich einfach der Verzweiflung überließ.«
In ihrem Artikel erinnert sich Amalia, wie sie versuchte, Emilia zu trösten, ihr zu sagen, was sie über sie dachte: »Diese Frau kapierte die Dinge wirklich, sie schrieb viele Sätze, die zwar unzusammenhängend waren, aber tiefe Wahrheiten enthielten. Sie unterschätzte sich nur, weil sie es nicht schaffte, beim Schreiben ihre Gedanken richtig zu verbinden.« Amalia findet schließlich eine Lösung für Emilia: »Ich habe für sie ihre Lebensgeschichte aufgeschrieben, denn die kannte ich mittlerweile auswendig, und die trug sie dann in ihrer Handtasche mit sich herum und las sie immer wieder ganz gerührt.«
Das Geschenk der geschriebenen Geschichte ist ein hervorragendes Bild für das, was wir zu erklären versuchten, nämlich daß die Revolution des Symbolischen – die Revolution der Repäsentation des eigenen Selbst und des eigenen Geschlechts – im Kampf der Frauen fundamental ist und an erster Stelle kommt.

Die Frauen, die in die Schule zurückgekehrt sind, um »zu denken, daß mein Ich existiert«, haben es weniger nötig zu erfahren, daß sie Unterdrückte sind. Auf unterschiedliche Art, aber im wesentlichen übereinstimmend, zeigen ihre Texte, daß die notwendige Veränderung des Symbolischen nicht in Kritik und Vorwürfen – so berechtigt diese auch sein mögen –, sondern in der Repräsentation der weiblichen Freiheit besteht. Es geht nicht um Bedürfnisse psychologischer, sondern symbolischer Art. Diese Frauen wollen, daß im weiblichen Wissen ihre gegenwärtige Erfahrung von Freiheit und Wissen Darstellung findet. Sie wollen, daß ihrer Erfahrung die wichtige Rolle zukommt, die sie verdient: Auch dann, wenn ein Leben zu neunzig Prozent nicht mir gehört, geben mir die zehn Prozent, die mir diese Einsicht ermöglichen, das ganze Leben wieder, und deshalb sind sie wichtig.

In der Frauenbewegung gab es von Anfang an ein Bewußtsein darüber, daß das Symbolische eine wichtige Rolle spielt. Aber keine kam auf die Idee, das zum Inhalt der politischen Arbeit zu machen.

In vieler Hinsicht war die Praxis des Unbewußten eine solche Arbeit. Da sie aber auf das weibliche Geschlecht beschränkt war und die Veränderung der einzelnen zum Ziel hatte, brachte sie ein politisches Wissen hervor, das zwar die Beziehungen unter Frauen, nicht aber die Beziehung der Frauen zur Gesellschaft verstärken konnte. Der allgemeinen Auffassung zufolge würden sich die Beziehungen zwischen Frauen später von selbst in diese Richtung entwickeln. In Wirklichkeit aber stellte sich, wie wir gesehen haben, die alte Trennung wieder her: die Trennung zwischen einer weiblichen Erfahrung ohne gesellschaftlichen Wert einerseits und den von der Frau für die Gesellschaft erbrachten Leistungen andererseits, wobei sich die Frau den vorgeschriebenen Rollenmustern entsprechend verhält, wenn sie diese akzeptiert, oder als Neutrum, wenn sie sich ihnen entziehen will.

Jahrelang hatten wir uns darum bemüht, die weibliche Erfahrung zu verstehen, unsere Erfahrung zu verstehen. Sie sollte die Grundlage unserer Stärke und unseres Wissens sein, mit dem wir der Welt entgegentreten können. Dieses Unternehmen schien, je weiter es fortschritt, immer länger, ja endlos zu werden wie das Tuch der Penelope. Denn alles, was an Neuem und Originellem ans Tageslicht kam, verstärkte nur das Gefühl der Fremdheit der Gesellschaft gegenüber, als ob es sich um zwei inkommensurable Dinge handelte. Und wenn die beiden inkommensurablen Dinge zusammentrafen, wie bei der Arbeit und in anderen gesellschaftlichen Zusammenhängen oder auch in den Frauenprojekten, war das Resultat die Selbstbeschränkung der Frauen.

Die Veränderung übersetzte sich nicht in gesellschaftlich relevante Inhalte. Oder wenn das doch der Fall war, dann waren es armselige Inhalte – Forderungen, Überlebensstrategien, die nichts mit der Veränderung zu tun hatten.

Aber unterdessen hatte sich auf verschiedenen Wegen – sei es über die Projektepraxis, die Schule der 150 Stunden, die Krise der kollektiven politischen Zentren oder die Diskussion um das Vergewaltigungsgesetz – eine Erkenntnis durchgesetzt: Wenn sich die weibliche Erfahrung nicht in freie soziale Formen übersetzt, liegt der Grund darin, daß die Frauen bei ihrem Eintritt in die Gesellschaft keine Vorstellung von der Kraft ihres Geschlechts haben und keine Formen dafür finden. Sie treten als Geschlecht ein, das schon verloren hat.

Die sozialen Beziehungen mußten also unter das Vorzeichen des Geschlechts treten, es mußte deutlich gemacht werden, daß sich hinter der scheinbaren Neutralität der Gesellschaft Auseinandersetzungen und Konflikte zwischen den Geschlechtern verbergen. Ich, die Verfasserin dieses Teils des Buches, erinnere mich noch genau an die Situation, als ich diese Vorstellung zum ersten Mal öffentlich äußern wollte – den sozialen Beziehungen des Zeichen des Geschlechts aufprägen: Mich packte ein Entsetzen wie damals, als ich als kleines Mädchen träumte, ich befände mich inmitten einer Menschenmenge und merkte plötzlich, daß ich nur im Unterrock und ohne Schuhe dastand.

Die politische Arbeit am Symbolischen wird darin bestehen, die Einheit, die für das Funktionieren der Gesellschaft zu gelten scheint, zweizuteilen und zu zeigen, daß sie das Zeichen des männlichen Geschlechts trägt; und dem weiblichen Geschlecht in der Gesellschaft Legitimität zu verleihen; und das weibliche Begehren zu unterstützen, das sich durch aktive Beteiligung an der Gesellschaft und durch Aneignung von Wissen verwirklichen möchte.

Die Frauen, die in die Gesellschaft eintreten oder eintreten möchten, tragen ein Begehren in sich, das Befriedigung sucht. Das stellt niemand in Zweifel, doch fehlt diesem Wunsch die Legitimation, und so kann er nicht offen gezeigt werden. Die Arbeit am Symbolischen wird also darin bestehen, symbolische Figuren zu entwerfen, welche aus der Zugehörigkeit zum weiblichen Geschlecht die gesellschaftliche Legitimierung für alle Freiheit machen, die eine Frau für sich will.

Die erste dieser Figuren wurde *symbolische Mutter* genannt, damit sollte deutlich gemacht werden, woher die gesellschaftliche Legitimität der weiblichen Differenz kommt. Konkret verkörpert wird sie für eine Frau von Frauen, die ihrem Begehren Berechtigung verleihen und es der Welt gegenüber unterstützen. Mit dem Aufkommen dieser Figur geht die Herrschaft der weiblichen Selbstbeschränkung zu Ende; eine neue Zeit bricht an, deren Geschichte wir noch nicht schreiben können, denn es ist unsere Gegenwart. Also werden wir in dieser Form davon sprechen – von dem, was wir heute denken und wollen.

Viertes Kapitel

Noch eine Geschichte wollen wir erzählen, und zwar die vom *Gelben Katalog*. So hieß – nach der Farbe seines Deckblatts – ein Heft mit dem Titel *Unser aller Mütter,* das der Mailänder Buchladen und die Frauenbibliothek von Parma 1982 veröffentlichten. Diese Geschichte erzählen wir, weil sie in direktem Zusammenhang mit ihrem theoretischen Resultat steht, und das führt hin zu unserer Gegenwart: Es geht um die Disparität, um die einfache Tatsache, daß die Frauen nicht alle gleich sind, und darum, welche möglichen gesellschaftlichen Konsequenzen die Frauen selbst daraus ableiten.

Die ersten Figuren der Freiheit aus der Frauenliteratur

Die Arbeit am *Gelben Katalog* begann mit dem Ziel, »ein Symbolisches der Frauen zu finden«. Das war nicht der erste Versuch dieser Art, und wir waren auch nicht die einzige Gruppe, die sich in jenen Jahren damit beschäftigte. Schon mit dem *Grünen Katalog* von 1978 (Texte zur politischen Theorie und Praxis) hatten wir einen Versuch in diese Richtung unternommen. Daneben hatte es eine »Schreibgruppe« gegeben, die, ebenfalls 1978, ein Heft mit dem Titel *Im Zickzack. Geschriebenes und Ungeschriebenes* herausbrachte.
Im Vorwort wird erklärt, was der Suche nach dem Symbolischen zugrunde liegt: »Von jeder Ordnung des Diskurses trennt uns die Unsicherheit unseres Geschlechts (...), wir haben keine eigene Sprache, und so müssen wir, um neue Erkenntnisse auszudrücken, gezwungenermaßen die Worte von anderen verwenden.« Deshalb ist »unser Wissen widersprüchlich und zweideutig«.
Diese Suche erwuchs also aus dem Bedürfnis nach einer Sprache, die das Zeichen des weiblichen Geschlechts trägt. Mangels dieser stand die Politik der Frauen auf schwachen Füßen; sie bewegte sich zwischen zwei Polen hin und her: auf der einen Seite Selbstrechtfertigung mit Hilfe der Rechtfertigung von anderen, das heißt eine Politik, die die Opferrolle und die Forderungen der Frauen zum Inhalt hat; auf der anderen Seite der Wunsch, von sich und für sich selbst zu sprechen. Dieser Widerspruch führte oft zu einem ungewollten Rückzug auf eine unbefriedigende, gemäßigte Position.
All dies geschah zu einer Zeit, als – nicht zuletzt infolge der Politik der Frauen – die Emanzipation beachtliche Fortschritte machte, sowohl in der staatlichen Gesetzgebung als auch in der gesellschaftlichen Wirklichkeit.

So trug also eine Politik, die eigentlich der weiblichen Differenz Ausdruck verleihen sollte, in der Praxis dazu bei, daß der Angleichungsprozeß der Frauen an die männliche Gesellschaft beschleunigt wurde.

Das Projekt des *Gelben Katalogs* unterschied sich anfangs von anderen ähnlichen Projekten dadurch, daß es vorrangig der Literatur, insbesondere den Romanen, gewidmet war, sowie dadurch, daß es von der Perspektive der Leserin ausging, also von einer, die etwas finden und nicht erfinden will.

1975, als der Buchladen gegründet wurde, hofften wir, in den Werken der Schriftstellerinnen die sexuelle Differenz in besonderen sprachlichen Formen ausgedrückt zu finden. 1980 war diese Hoffnung zu einem wirklichen Bedürfnis, zu einer dringlichen Forderung geworden. Allerdings dachten wir nun nicht mehr an die sprachliche Form oder an andere Besonderheiten. Die Autorinnen sollten uns einfach nur irgendwie weiterhelfen. Ihre literarische Produktion interessierte uns nicht als Beitrag der Frauen zur Kultur der Menschheit, sie interessierte uns vielmehr, ja wir brauchten sie insofern, als sie das zum Ausdruck bringen konnte, was die Kultur der Menschheit über die weibliche Differenz nicht weiß. Das war der kompliziertere Ansatzpunkt; wir hatten keinerlei Kriterien außer dem Bedürfnis, zu finden, was wir brauchten. Was das genau war, konnten wir damals noch gar nicht wissen, denn uns fehlte eine »Sprache«, d.h. eine symbolische Vermittlungsstruktur. Die mußte gefunden werden, bevor die Antwort und mit ihr der Inhalt der Frage klar werden konnten.

Diese Voraussetzungen führten zu einer Vorgehensweise, die als »wildwüchsig« bezeichnet werden könnte, wenn wir sie nicht schon zu anderen Zwecken in unserer Politik erprobt hätten. Wir gingen mit den literarischen Texten wie mit unseren eigenen Worten um, d.h. wir sahen sie als Teile eines zu entschlüsselnden Rätsels an, die auseinandergenommen, neu zusammengesetzt und mit nichtsprachlichen Elementen – mit Orten, Ereignissen, Gefühlen – kombiniert wurden. Dieses totale Experimentieren führte zur Aufhebung der Grenzen zwischen Leben und Literatur. Wir tauschten die Rolle mit den Autorinnen, ihren Lebensgeschichten, ihren Figuren. Dadurch schufen wir neue, seltsame Romane – auf der Suche nach der richtigen Kombination, die uns die Antwort geben und den Inhalt unserer Ausgangsfrage enthüllen sollte. Schließlich fanden wir sie.

Das begann schon bei der Auswahl der Schriftstellerinnen, die wir lesen wollten. Es stand sofort fest, daß wir unsere Lieblingsautorinnen nehmen wollten. Das war die einzig mögliche Entscheidung, denn andere, objektivere Kriterien gab es nicht. Aber diese Entscheidung war keineswegs so harmlos, wie wir im ersten Moment glaubten. Wenn wir genauer darüber nachgedacht hätten – doch schien die Sache an sich so banal –,

hätten wir das gleich ahnen können. Wir waren nämlich nicht darauf vorbereitet, daß eine Frau einer anderen Frau außerhalb einer Freundschafts- oder Liebesbeziehung den Vorrang gibt. Wir waren eher auf das Gegenteil vorbereitet, das heißt, wir wußten nichts davon.
Unter einem weiteren Gesichtspunkt war es kein harmloser Akt, Präferenzen auszudrücken. Damit sollte nämlich im voraus das bezahlt werden, was wir uns danach sanft oder mit Gewalt nehmen wollten: die Zeichen der sexuellen Differenz; und diese Zeichen wollten wir bei Frauen finden, die sich oft dagegen gewehrt hatten, daß ihr Werk im Zeichen ihres Geschlechts interpretiert werde.
Unsere Lieblingsautorinnen – so hieß es ursprünglich auch im Titel, bevor der Ausdruck am Ende durch »Mütter« ersetzt wurde – waren Jane Austen, Emily Brontë, Charlotte Brontë, Elsa Morante, Gertrude Stein, Silvia Plath, Ingeborg Bachmann, Anna Kavan, Virginia Woolf und Ivy Compton-Burnett.
Der Akt, Präferenzen auszudrücken, hatte eine latent »schädliche« Wirkung, denn er führte dazu, daß ein bestimmtes Denkmuster in der Politik der Frauen aus der Balance geriet – jenes Muster, das das weibliche Begehren in einem quälenden Gleichgewichtszustand hält und blockiert: Dem Begehren stehen zahlreiche Gegenpole gegenüber – erduldetes Leiden, erlittenes Unrecht, verschleuderte Energien –, mit denen es einen Gleichgewichtszustand herstellen muß, bevor es sich überhaupt ausdrücken kann.
Die gleichgewichtsstörenden Auswirkungen unseres Aktes wurden nun langsam offensichtlich. Natürlich bevorzugten nicht alle von uns dieselbe Schriftstellerin, ganz abgesehen davon, daß einige Leserinnen aus unserer Gruppe gar keine Präferenzen hatten. Gerade dieser Umstand, der im Grunde belanglos scheint, löste eine Krise aus. Daß einige Frauen ihre Vorlieben so massiv vertraten, löste bei den anderen nämlich unterschiedliche Reaktionen aus: die einen unterstützten sie, die anderen wehrten sich dagegen, da sie sich dadurch an einer persönlichen Meinungsbildung gehindert fühlten.
Die schärfste Auseinandersetzung entbrannte um die Figur Jane Austens. Von einigen wurde sie so verehrt wie etwa Aristoteles von den Scholastikern, während sie von den anderen immer mehr mit der Figur einer Mutter, die die Freiheit der Tochter verhindert, identifiziert wurde. Die Diskussion verlagerte sich dann auf Silvia Plaths Mutter (die biographische), dann auf die Mütter im allgemeinen – wobei jede von uns ihre eigene im Kopf hatte –, um schließlich erneut zu Jane Austen und ihren Romanfiguren zurückzukehren, insbesondere zu Emma, der Hauptfigur des gleichnamigen Romans.
Diese Vorgehensweise war die Methode unserer Gruppe; und abgesehen davon, daß es eine traditionell weibliche Methode ist, wohnte ihr eine

eigene Rationalität inne, auch wenn das Gegenteil der Fall zu sein scheint. Es ging ja darum, eine Sprache zu finden; die Ordnung der Dinge hängt von der Sprache ab. Wenn es keine gibt, gibt es keine andere Methode, als bedenkenlos alle möglichen Kombinationen auszuprobieren. Theoretisch könnte man hier einwenden, daß das ein Unternehmen ohne Ende ist, denn die möglichen Kombinationen sind unzählig. Aber in diesem konkreten Fall leitete uns beharrlich das Bedürfnis nach Sprache, das heißt das Bedürfnis, einen Sinn in den Dingen zu entdecken, die uns direkt betrafen. Wenn wir darauf stoßen sollten, würden wir ihn sicher erkennen.

Dies bewahrheitete sich mitten in einer Auseinandersetzung, als die Hauptgegnerin von Jane Austen, wieder einmal in der Minderheitenposition, von den »Scholastikerinnen« in die Mangel genommen wurde. Die anderen sahen schweigend zu, um ihre Meinung dann erst angesichts vollendeter Tatsachen zu äußern. Da brach sie plötzlich ihre Argumentation ab und stellte mit nüchterner Miene fest: »Die Mütter sind nicht die Schriftstellerinnen, die Mütter sind in Wirklichkeit hier unter uns, wir sind nämlich nicht alle gleich.«

Als diese simple Wahrheit zum ersten Mal ausgesprochen wurde, klangen diese Worte wahrhaft schrecklich – scharf, hart, schneidend. Aber allen war klar, was sie bedeuteten. Niemand zweifelte an ihrem Wahrheitsgehalt, und alle erkannten, daß sie direkt mit unserer Suche zusammenhingen.

Das war in der Tat das erste Ergebnis unserer Suche. Wir wollten eine Sprache, um das Un-sagbare der sexuellen Differenz zum Ausdruck zu bringen; und die ersten Worte, die wir fanden, machten es möglich, die »Ungerechtigkeit« in unseren Beziehungen zu benennen.

Wir brauchten nicht lange, um zu akzeptieren, was wir jahrelang nie offen registriert hatten – obwohl wir es direkt vor Augen hatten: Wir waren nicht gleich, waren nie gleich gewesen, und es gab keinen Grund anzunehmen, wir seien gleich. Das Entsetzen des ersten Augenblicks wich dem allgemeinen Gefühl, etwas freier zu sein.

Indem wir die Ungleichheit zwischen uns benannten, entledigten wir uns des Zwangs, in unseren Beziehungen dem Ideal einer neutralen Gerechtigkeit nachzuhängen; es befreite uns von der Vorstellung einer solchen Gerechtigkeit und von den Schuldgefühlen und Ressentiments, die durch die Unterordnung unter das Ideal der Gleichheit in unseren Beziehungen aufgekommen waren. Um dieses Ideals willen, das weder unserer Geschichte entsprang noch unseren Interessen entsprach, hatten wir uns gezwungen, etwas zu sehen, was gar nicht war, und uns untersagt, das, was war, positiv zu nutzen. Als ob wir jemals das Problem gehabt hätten, etwas gegen die mögliche Rivalität zwischen zwei konkurrierenden starken Begehren zu tun. Genau das Gegenteil war unser Problem, nämlich die Unsicherheit und das Stummbleiben des Begehrens. Darin liegt auch die Ursache dafür, daß die sogenannten Machtkämpfe zwischen Frauen so quälend und endlos sind.

Ein Gefühl von Befreiung machte sich damals gleich breit, dort im Kellerraum des Buchladens, wo der *Gelbe Katalog* hergestellt wurde. Aber es vergingen Monate, bis wir verstanden, woher das kam. Zunächst glaubten wir, einfach deshalb freier zu sein, weil die Herrschaft einer Fiktion und der Zwang, diese aufrechtzuerhalten, zu Ende waren.

Dieses erste Ergebnis unserer Suche, nämlich die Erkenntnis, daß wir nicht alle gleich sind und daß es auch keine zwingenden Gründe dafür gibt, dies zu glauben, war eine zwar großartige, aber unvollständige Erkenntnis.

Es fehlte noch der Bewußtseinsschritt, daß wir durch die Befreiung unseres Denkens von einem neutralen Symbolischen die symbolische Potenz der Mutterfigur freigesetzt hatten. Es war schließlich kein Zufall, daß wir von der Figur der Mutter ausgegangen waren, um die Ungleichheit zwischen uns zu benennen.

Ist die Ungleichheit als gegeben akzeptiert, so ist es theoretisch gesehen kein großer Schritt bis zu der Vorstellung, daß unser Wert einer weiblichen Quelle entstammt – der Mutter im symbolischen Sinn. Das war jedoch nicht einfach und das ist nicht einfach.

Wir können die Ungleichheit sehen und benennen, denn wir verlassen uns darauf, daß der Mangel, den eine Frau einer anderen gegenüber empfindet, sie zu einem Mehr an weiblichem Ursprung hinführt, zu einem Mehr, zu dem auch sie fähig ist und das sich bei ihr eben in dieser Erfahrung des Mangels zeigt.

Das heißt also, daß eine Frau die Quelle unseres Werts als Mensch sein kann. Diese Quelle muß benannt werden, doch es bestand und besteht noch immer die Gefahr, daß sie als weibliche Kopie der Autorität männlichen Ursprungs aufgefaßt wird.

Sie mußte benannt werden, um deutlich zu machen, daß der allererste Bezugsrahmen für die Existenz, das Wollen und das Denken einer Frau in ihrem weiblich geprägten Menschsein, in ihrer Zugehörigkeit zum weiblichen Geschlecht besteht. Aber diese Quelle mußte in Übereinstimmung mit ihren Erscheinungsformen benannt werden. Diese haben nichts gemein mit der Art, wie die Autoritätsfiguren männlichen Ursprungs auf- und abgebaut werden – Gott, Vater, Gottvater, Stadt, Staat, Partei etc. Die Autorität, die die weibliche Differenz als ursprüngliche Differenz im Menschsein legitimiert, entsteht im Kontext der politischen Praxis mittels Worten und Gesten des alltäglichen Lebens, in der Beziehung zu der einen oder der anderen Frau, mit der Verstärkung des Begehrens, in der Nähe zu alltäglichen Dingen.

Den Ursprung der weiblichen Differenz zu benennen war also notwendig, um die durch unsere Politik veränderte Realität symbolisch einzuschreiben. Ebenso notwendig war und ist es aber, sich die weibliche Bedeutung jener Benennung klar zu machen.
Konkret gingen wir bei unserer Arbeit am *Gelben Katalog* so vor, daß wir erneut zu unseren Lieblingsautorinnen zurückkehrten. Sie erhielten in dieser Arbeitsphase den Namen »Prototypen«.
Dieser Name ist zwar nicht schön, aber er diente dazu, die Position dessen zu bezeichnen, was vorher da war und so dem Gegenwärtigen, also uns, ein Mittel liefert, um uns selbst und die Unterschiede zwischen uns zu erkennen. Unsere Lieblingsautorinnen halfen uns, die weibliche Quelle der Autorität darzustellen und dabei zugleich die Unterschiede zwischen uns zum Vorschein zu bringen. Dadurch, daß wir uns auf das Wort von Frauen bezogen, die vor uns da waren, bekamen unsere Beziehungen jene Struktur, die wir schon in der Projektepraxis gesucht hatten, um die »antagonistische Gegenüberstellung« zwischen Frau und Frau zu überwinden. Da die verschiedenen Worte der Frauen sich nun innerhalb der gemeinsamen Perspektive der sexuellen Differenz bewegten, konnten sie zum Ausdruck kommen und gegebenenfalls auch im Kontrast zueinander stehen, ohne die Angst, sich gegenseitig zu zerstören.
Auf diesem Weg erkannten wir allmählich die Notwendigkeit einer Vermittlung, die das Zeichen des Geschlechts trägt. Indem wir einer anderen Frau im gesellschaftlichen Rahmen Autorität und Wert zuschreiben, verleihen wir uns selbst, unserer eigenen Erfahrung, unserem eigenen Begehren Autorität und Wert: »Wenn ich für Gertrude Stein eintrete, trete ich auch für mich selbst ein.«
Mit diesem Ergebnis, zu dem wir in der letzten Arbeitsphase, bei der Suche nach einem Titel, gelangten, wurde das Projekt des *Gelben Katalogs* abgeschlossen. Der Titel lautete, wie bereits gesagt, *Unser aller Mütter*. Vor einer Frau ist immer ihre Mutter da – einen anderen Namen gibt es nicht.

Die Ungleichheit zwischen Frauen zu benennen, war sicher der entscheidende Schritt.
Das bedeutete einen Bruch mit der Gleichmacherei und der daraus folgenden Einordnung der Frauen in Kategorien, die vom männlichen Denken, nach dessen Kriterien und nach den Bedürfnissen der Männerwelt entworfen sind. Das bedeutete auch, daß sich unter Frauen ein Tauschverhältnis entwickeln muß, damit jenes Mehr weiblichen Ursprungs, das durch die anerkannte Ungleichheit ins Spiel gebracht wird, zirkulieren kann. Von Tauschobjekten, die sie in der Männerwelt waren, können und müssen die Frauen zu Tauschenden werden.

Wir waren auf der Suche nach einer Sprache, die das Zeichen des weiblichen Geschlechts trägt. Aber die kann nicht entstehen, wenn in ihr der Mangel – das Mehr, das in einem nicht verwirklichten Begehren enthalten ist – nicht zum Ausdruck kommt.
Das Gleichheitsdenken in unseren politischen Gruppen verhinderte, daß unsere Verschiedenheiten ihre symbolische Potenz entfalteten. Wenn der Mangel ausgeschlossen war, blieben unsere Verschiedenheiten ohne Wirkung, wie alle Dinge, die man jemandem, der kein Begehren hat, anbietet.
Aber bei uns ist das nicht so. In unseren Beziehungen spüren wir den Mangel ganz deutlich. Wir wissen zum Beispiel, daß eine Frau leiden kann, wenn sie eine andere sieht, die etwas besitzt, was sie selbst gern hätte. Diese Erfahrung wird normalerweise nicht hinterfragt, weil sie schon einen Namen hat, der als Erklärung dient – nämlich Neid. Aber der Name erklärt, zumindest in diesem Fall, gar nichts. Wie wir aus der Praxis der Disparität gelernt haben, entsteht dieses schmerzliche Gefühl aus dem Bedürfnis, mit der weiblichen Quelle unseres Wertes als Mensch in Beziehung zu treten.
Selbst in einer Gesellschaft, wo alle Wertmaßstäbe männlich sind und wo das, was von Frauen kommt, unter neutralem Vorzeichen zirkuliert, fehlt den Frauen – auch wenn ihnen eigene Maßstäbe fehlen – eins nicht: das Gefühl, daß das, was sie für sich selbst wünschen, um so wünschenswerter und vorteilhafter erscheint, wenn sie es in einer anderen Frau verwirklicht sehen.
Diese richtige Wahrnehmung bleibt nur deshalb in der rudimentären Form des Neids stecken, weil die Betroffene unter den sozialen Verhaltensformen keine findet, die geeignet wäre, um mit der »besitzenden« Frau in Beziehung zu treten.
Das Benennen der Ungleichheit machte es – wie jeder Gedanke, der ein Ungleichgewicht zu erfassen vermag – notwendig, eine Perspektive zu entwerfen, die das Ungleichgewicht umfaßt, ohne dadurch aus dem Gleichgewicht zu geraten. Solange das erfaßte Ungleichgewicht nur das zwischen Frau und Mann war, war die Perspektive neutral. Ein neutrales Recht erlegte den Frauen auf, sich nicht einander gegenüberzustellen und versprach ihnen, sie den Männern gleichzustellen. Das führte dazu, daß die weibliche Erfahrung in sich selbst gefangen blieb und gesellschaftlich nicht wirksam wurde.
Unsere Suche nach Sprache war eine Suche nach Vermittlung, die das Zeichen des Geschlechts trägt. Aber die kann nicht entstehen, wenn die einzelne Frau nicht zugibt, daß eine andere etwas besitzt, was sie für sich selbst sucht, und statt dessen fordert, daß alle Frauen gleich zu sein haben.

Die Tatsache, daß die Frauen nicht gleich sind, hebt diesen Anspruch auf. Und erst als das anerkannt war, entdeckten die Frauen, was sie bei ihrer Suche nach einer Sprache brauchten. Erst aus der anerkannten Disparität heraus kann eine höhere weibliche Instanz Gestalt annehmen, die selbst Maßstab ist und nicht fremden Maßstäben unterworfen ist, die urteilt und nicht beurteilt wird, die Prinzip der Welterkenntnis und Legitimation des Begehrens ist.

Die »symbolische Mutter«, die Figur des Ursprungs, die das Zeichen des Geschlechts trägt, bedeutet einfach, daß Wahrheit und Gerechtigkeit nicht indifferent hinsichtlich der sexuellen Differenz sind. Die weiteste Perspektive des Denkens trägt, ebenso wie sein Subjekt, das Zeichen des Geschlechts, und eine Frau kann sich mit ihrem Begehren, ihren Plänen und ihren Ansprüchen über sich selbst hinauswagen, wenn sie die Gewähr hat, daß ihre Erfahrung als Frau auch von dem, was über sie hinausgeht, verstärkt wird. Jede symbolische Vermittlungsstruktur potenziert sich dadurch, daß sie gebraucht wird, und je stärker sie wird, desto weiter und anspruchsvoller wird durch sie der Rahmen des Sagbaren. Und das setzt sich immer fort, in einem Kreislauf unbegrenzter Potenz. Ohne symbolische Mutter, das heißt ohne Vermittlung, die das Zeichen des Geschlechts trägt, zirkulieren die von Frauen produzierten Reichtümer unter neutralem Vorzeichen in der Gesellschaft und bedeuten keinen Gewinn für das weibliche Geschlecht. Wenn die Frauen deren Herkunft anerkennen, so drückt sich das, wenn überhaupt, in den meisten Fällen als Neid aus. Ohne Vermittlung, die das Zeichen des Geschlechts trägt, kann der Reichtum, den eine Frau besitzt, von der anderen als etwas empfunden werden, was ihr selbst vorenthalten ist.

Die symbolische Mutter setzt diesem traurigen Zustand ein Ende. Unter ihrer Herrschaft wird die Ungleichheit, die sichtbare, ins Spiel gebrachte Ungleichheit, zu einem Mittel der Bereicherung.

Das Grüne »Sottosopra«

Zu diesen Erkenntnissen gelangten wir zwar durch die Arbeit am *Gelben Katalog,* aber das geschah fast wie im Traum. Das heißt, sie waren alle in Bilder gefaßt, vorläufig gab es kaum andere Formen. Zum Titel des Katalogs waren wir durch Gertrude Stein angeregt worden, die einem ihrer Theaterstücke über die amerikanische Feministin Susan B. Anthony den Titel *Unser aller Mütter (The mothers of us all)* gegeben hatte. Und die Formulierung der Vorteile, die den Frauen aus ihren Beziehungen untereinander erwachsen, wenn sie sich auf einen weiblichen Maßstab beziehen, stammt zum Beispiel aus einem Kommentar zu Elsa Morantes *Lüge und Zauberei:* »Der unermeßlich prächtige Ort, der sich hier eröffnet, hat einen Zauber an sich, an dem wir ihn wiedererkennen – es ist der Ort der Mutter. Dort gelten die Wertmaßstäbe nicht, nach denen wir in Wirklichkeit arm sind. Dort herrscht Überfluß, und nichts wird an niemandem gemessen.«

Dann kam der Moment des Erwachens. Das heißt, es kam der Moment, wo das, was in Bildern ausgedrückt worden war, noch einmal gesagt werden mußte und wo Konsequenzen daraus zu ziehen waren.

Das Erwachen kam 1983 mit der Veröffentlichung des Grünen »Sottosopra« *Mehr Frauen als Männer,* auch dies ein Titel, der von einer Schriftstellerin, Ivy Compton-Burnett, kommt. Aber dieses Bild wird hier im Text ganz bewußt neu- und weiterentwickelt. Im Grünen »Sottosopra« wird nämlich eine weibliche Sprache der Reflexion verwendet, die die Arbeitsweise der Verfasserinnen widerspiegelt. Es handelte sich um die bereits erwähnte Gruppe Nummer 4, die aus der Krise des Zentrums in via Col di Lana entstanden war.

Die Gruppe war zu Ergebnissen gelangt, die sich mit denen des *Gelben Katalogs* zwar nicht in allen, aber in den wesentlichen Punkten überschnitten. Die Erkenntnisse aus dem *Gelben Katalog* wurden also in den Diskurs über den Widerspruch zwischen »Wille zu siegen« und »Fremdheit der Frauen«[*], der das Hauptthema des Grünen »Sottosopra« darstellt, miteinbezogen.

Dieser Widerspruch wird von den Frauen auf unterschiedliche Art wahrgenommen. Im Vordergrund der Analyse im Grünen »Sottosopra« standen die Themen der Niederlage, die die Frau in der Gesellschaft erlebt, sowie die Selbstbeschränkung, beziehungsweise Mittelmäßigkeit der Frauen, was ihre Leistungen in der Gesellschaft betrifft.

Die Analyse zeigt, daß der Wille der Frauen zu gesellschaftlicher Existenz daran scheitert, daß eine angemessene und ihrem Geschlecht treue symbolische Vermittlung fehlt. Die Differenz des Frauseins bleibt daher vom gesellschaftlichen Diskurs ausgeschlossen, sie ist eine kleine, bedeutungslose Einzelheit, die nur dann Bedeutung erhält, wenn die Frau sich in die an ihre Anatomie gebundenen Rollen einfügt.

Doch in der Frau ist die Differenz eins mit ihrem ganzen Menschsein – also mit ihrem Wunsch danach, sich nützlich zu machen, anerkannt zu werden, sich Wissen anzueignen, Entscheidungen zu treffen, Urteile zu fällen. In einem Wort – nach Freiheit. Eine der Anatomie aufgedrückte

---

[*] »Wille zu siegen« oder auch »Lust zu siegen« (voglia di vincere) ist ein positiver Gegenentwurf zum Freudschen Penisneid. Die Frauen wollen sich aus eigenem Antrieb in der Welt durchsetzen und nicht, um etwas zu bekommen, was die Männer besitzen. – »Fremdheit« (estraneità) bezeichnet den inneren Widerstand, den die Frauen dagegen empfinden, am gesellschaftlichen Leben aktiv teilzunehmen. (Anm. d. Ü.)

gesellschaftliche Rolle ist keine Freiheit, und eine Freiheit in der Gesellschaft, die wir mit der Verleugnung unseres geschlechtlich gezeichneten Körpers bezahlen, bedeutet Sklaverei.

Dieser erste Teil der Reflexionen stieß bei den Leserinnen – die übrigens sehr zahlreich waren, das Grüne »Sottosopra« hatte großen Erfolg – auf eine einzige Schwierigkeit: Es fiel ihnen schwer zuzugeben, daß das weibliche Geschlecht so etwas wie »Wille zu siegen« haben kann.

Noch heute, nach mehreren Jahren, teilen uns Frauen mit, sie seien jetzt, nach langen Überlegungen, zu dem Schluß gekommen, daß es stimme, daß tatsächlich von einem weiblichen Willen zu siegen die Rede sein könne. Endlich hätten sie ihn auch bei sich entdeckt. Bei einigen war er in der Vergangenheit begraben, andere spürten ihn noch lebendig in sich.

Viele Frauen brauchten allerdings nicht so lange, um sich in der Analyse des Grünen »Sottosopra« wiederzuerkennen. Für einige war das Sich-Wiedererkennen so unmittelbar und aufwühlend, daß sie weinten, genau wie Emilia, als sie die Erinnerungen von Amalia las: »Sie sagte, daß ich Dinge schrieb, die auch sie hätte schreiben wollen, daß sie es aber nicht schaffte, alles miteinander zu verbinden und sich einfach der Verzweiflung überließ.«

Doch kann nicht geleugnet werden, daß die Frauen zögern zuzugeben, daß eine Frau – wie jeder Mensch – in ihrem Innersten nicht nur etwas, sondern alles will. Sie zögern, sich das einzugestehen. Die gewaltige Größe des eigenen Begehrens macht Angst, wenn es keine Möglichkeiten gibt, es zum Teil zu befriedigen und den Rest wieder neu einzubringen. Zu oft kommt es im Leben einer Frau vor, die von einer zu starken inneren Kraft angetrieben wird, daß sie sich umwendet, und hinter ihr steht keine Freundin wie Bryher, die Freundin von H. D., die ihr ohne zu zögern sagt: »Mach' weiter«. Und zu oft interpretiert sie dann diese mangelnde Unterstützung als Mißbilligung, wie Teresa aus dem Kurs der 150 Stunden: »Oft tun wir etwas Nützliches in der Gesellschaft nicht, weil wir Angst davor haben, was die anderen Frauen über uns denken könnten.«

Eine Frau – nur eine, hätte genügt, um uns genug Unterstützung für das ganze Leben zu geben – es erübrigt sich zu sagen, wer. Ihr nämlich, der realen Mutter, schreiben wir die Schuld an der Schwäche unseres Begehrens zu, mit dem bitteren Gefühl, daß uns auch die richtige Intuition (Mutter ist, wer mein Begehren unterstützt) nicht davor bewahrt, unproduktiv und ungerecht zu sein. Denn sie, die reale Mutter einer jeden von uns, erhofft im Grunde nur eins von uns: daß es uns trotz allem gelingen möge, das, was sie für uns getan hat, zu ihren und zu unseren Gunsten zu interpretieren. Vor allem die Tatsache, daß sie uns aus ihrem selben Geschlecht hervorgebracht hat.

Das Zurückschrecken davor, die ungeheure Größe des Begehrens anzuerkennen und es sich selbst gegenüber als legitimen Bestandteil einer weiblichen Erfahrung auszusprechen, schuf eine leichte Angriffsfläche für die Kritik seitens einiger Berufspolitikerinnen – Frauen, denen aufgrund ihrer Position der menschliche Wille zu siegen nicht unbekannt sein konnte. Sie lehnten jedoch, vielleicht mangels Erfahrung mit der Selbsterfahrungspraxis – wo die Frauen lernen, die eigene Erfahrung unzensiert wahrzunehmen – oder vielleicht aus ihrer Gewohnheit heraus, ideologische Lösungen zu suchen, Sprache und Inhalt des Grünen »Sottosopra« ab. Diese seien, so meinten sie, gegen die authentische weibliche Natur.
Den Widerspruch, der dort analysiert und beleuchtet wird, lösten sie mit Hilfe der Behauptung auf, der Wille zu siegen sei der Mehrheit der Frauen gänzlich unbekannt, er finde sich nur bei einer unbedeutenden Minderheit, die von der Männerwelt dazu verleitet worden sei (beziehungsweise von deren schlimmsten Elementen, denn in ihren Augen gibt es auch eine Männerwelt, die ganz uneigennützig den Sieg von Wahrheit und Gerechtigkeit anstrebt).
Das war eindeutig eine ideologische Lösung. Aber sie prägte und prägt immer noch das Denken, weil die Frauen reale Schwierigkeiten haben sich einzugestehen, wie groß ihr Begehren ist. Es findet keinen Weg nach außen, es kann nicht ohne die Maske neutraler Werte oder ohne das Kostüm irgendeiner weiblichen Tugend offen ins Rampenlicht der Gesellschaft treten.
Die weibliche Differenz ist anstößig. *Die anstößige Differenz* lautet auch der Titel eines Textes aus dem Programm des Virginia-Woolf-Kulturzentrums Rom, das 1983 kurz nach dem Grünen »Sottosopra« erschien.
Die weibliche Differenz ist anstößig wie alles, was sich nicht im Gesellschaftsanzug präsentieren kann. Und der Anzug ist nicht eine Handlungsanweisung, wie die Philosophen irrtümlicherweise lehrten, sondern die Sprache. Das heißt, der symbolische Apparat, der das, was ist, sagbar macht, und dem einen Sinn verleiht, was ein Mensch in seinem Inneren lebt und was ihm zum Tode werden kann, wenn er es nicht aus sich herausbringen und anderen mitteilen kann.
Es gibt Frauen, die an ihrer für sie bedeutungslosen Differenz sterben. Es sind immer mehr, in einer Gesellschaft, in der die traditionellen weiblichen Rollen – so sehr sie sich auch ausgeweitet haben mögen – ihr Leben nicht mehr erfüllen können. Viele sterben durch innerliches Erlöschen, was schon Sigmund Freud auffiel, auch wenn er nicht imstande war, zur Ursache vorzudringen: »Hingegen kann ich es nicht unterlassen, einen Eindruck zu erwähnen, den man immer wieder in der analytischen Tätigkeit empfängt. Ein Mann um die dreißig erscheint als ein jugendliches, eher unfertiges Individuum, von dem wir erwarten, daß es die

Möglichkeiten der Entwicklung, die ihm die Analyse eröffnet, kräftig ausnützen wird. Eine Frau um die gleiche Lebenszeit aber erschreckt uns häufig durch ihre psychische Starrheit und Unveränderlichkeit. Ihre Libido hat endgültige Positionen eingenommen und scheint unfähig, sie gegen andere zu verlassen. Wege zu weiterer Entwicklung ergeben sich nicht; es ist, als wäre der ganze Prozeß bereits abgelaufen, bliebe von nun an unbeeinflußbar, ja als hätte die schwierige Entwicklung zur Weiblichkeit die Möglichkeiten der Person erschöpft.«

Der große Erfolg des Grünen »Sottosopra« ist vor allem seinem ersten Teil zu verdanken. Darin wird das dunkle Leiden der Frau bewußt gemacht, die eine Berechtigung für die sexuelle Differenz sucht und sie nicht findet.

Im letzten Teil wird ausgeführt, wie der Widerspruch zu überwinden ist. Dieser Teil baute auf theoretischen Ergebnissen des *Gelben Katalogs* auf.

Damit die weibliche Differenz sich selbst zum Ausdruck bringen kann, im Rampenlicht der Gesellschaft, und für jede Frau zum Prinzip der Erkenntnis und der Kraft zur Veränderung der Gesellschaft wird, muß die Mutterfigur als Figur des Ursprungs eine weibliche Bedeutung bekommen.

Die wahre Bedeutsamkeit der sexuellen Differenz, so heißt es im Grünen »Sottosopra«, wird dadurch freigesetzt, daß die Ungleichheit zwischen Frauen in der Praxis gelebt wird und daß eine Frau sich vorzugsweise einer anderen Frau anvertraut, wenn sie in die Welt treten will.

Die separate Frauengruppe, eine mit dem Feminismus entstandene politische Form, ist schon vollständig eine solche Form von weiblicher Vermittlung, und sie hat den Frauen zu einer sichtbaren, autonomen Existenz in der Gesellschaft verholfen. Aber diese Vermittlungsfunktion verliert sie in dem Moment, wo sie zum Schutz, zur Herberge für eine ansonsten unbedeutende Differenz wird, wo ein Denken in den Begriffen Drinnen⌒Draußen, das Zeichen für erneute Spaltung, vorherrscht.

Die Schutz- und Trostfunktion entfernt die Mutterfigur vom Ort des Ursprungs und beschränkt ihre symbolische Potenz. Diese bekommt sie durch die Beziehung des affidamento in vollem Maße zurückerstattet, denn diese Beziehung entsteht dort, wo eine Frau der Welt gegenüber gleichzeitig Fremdheit und Willen zu siegen verspürt. Zwischen ihr und der Welt gibt es nichts, was diesen extremen Widerspruch aufheben kann – außer einer weiblichen Vermittlung.

Sich in diesem Kontext auf eine andere Frau zu beziehen, bedeutet, der Unproduktivität des weiblichen Geschlechts im Bereich der Symbole ein Ende zu setzen. Ruth bekommt ein Kind, und die Nachbarinnen sagen: »Naëmi hat ein Kind bekommen.« Die symbolische Frucht der Beziehungen zwischen Frauen tritt in die Welt und zeigt ihren Ursprung –

zeigt, daß das, was vor einer Frau kommt und größer als sie ist, wiederum eine Frau ist, bis hin zum Ursprung.

Der zweite Teil des Grünen »Sottosopra« erregte Befremden, viele Frauen fanden ihn merkwürdig und schwierig – selbst die, die den ersten Teil als klar und richtig empfunden hatten.

Stimmen der Zustimmung und der Ablehnung wurden laut. Unter den öffentlich geäußerten Meinungen überwog die Ablehnung. Doch viele Kritikpunkte entbehrten jeder Grundlage. Etwa der, die Verfasserinnen seien gegen die Solidarität unter Frauen, während es im Text lediglich heißt: »Die Solidarität ist ein wertvolles Element, aber sie reicht nicht«, oder der Vorwurf, die Verfasserinnen wollten Ungleichheit unter Frauen schaffen, während die Überlegung – die sich durch die Arbeit am *Gelben Katalog* herauskristallisiert hatte – lautete, daß die Ungleichheit bereits vorhanden ist und anerkannt werden muß.

Es ist weniger interessant, diese anfängliche Kritik zu analysieren als vielmehr zu verstehen, was ihr zugrunde lag: dieses Gefühl der Bestürzung bei der Vorstellung, die Ungleichheit zwischen Frauen in der Praxis zu leben, um sich Wert zu verleihen.

Unserer Meinung nach ist diese Bestürzung auf die Überlebensökonomie des weiblichen Geschlechts und die Rolle, die die Phantasien in dieser Ökonomie spielen, zurückzuführen. Der dem weiblichen Geschlecht zugewiesene gesellschaftliche Status, schreibt Carla Lonzi in *Wir pfeifen auf Hegel*, ist dergestalt, »daß ein Mann, müßte er ihn für sich selbst in Betracht ziehen, lieber nie geboren wäre«. Die Frauen haben ihn ertragen, ertragen ihn noch, zum Teil – in welchem Maß, ist schwer zu sagen – mit Hilfe von Phantasien. Oft ist uns nicht gleich klar, wieviel Phantasie uns dabei hilft, unsere Differenz zu behaupten, wenn wir den exhibitionistischen Attitüden des männlichen Geschlechts ausgesetzt sind. Normalerweise erkennen wir das erst, wenn es zu spät ist, das heißt, wenn die Kraft zum Phantasieren nachläßt. Dann gibt sich der weibliche Geist geschlagen und fällt in jenen Zustand, den die Psychologen Depression nennen.

Auch zu diesem Punkt könnten wir Freud zitieren, und zwar *Endliche und unendliche Analyse,* seine letzte Schrift zum Geschlechterunterschied. Dort stellt er fest, daß die Psychoanalyse der weiblichen Depression machtlos gegenübersteht.

Als die Gruppe Nummer 4 nach jahrelanger Forschung die Unzulänglichkeit und die Niederlage der Frauen in der Gesellschaft benannte, behaupteten viele der Teilnehmerinnen, davon bei sich noch nie etwas verspürt zu haben, ihre Erfahrung sei völlig anders, sie stünden den Maßstäben der Gesellschaft mit gelassener Gleichgültigkeit, beziehungsweise mit voller Zustimmung gegenüber – jedenfalls seien ihre Probleme ganz anderer Natur. Da gab eine Frau, die seit Jahren an schweren

Depressionen litt, ihr übliches Schweigen auf und sagte, sie finde diese Behauptungen lächerlich und könne nur bestätigen, daß Unzulänglichkeit und Niederlage das tägliche Brot sind, das die Gesellschaft den Frauen zu essen gibt. Sie drückte sich zwar nicht ganz so blumig aus, aber sinngemäß waren das ihre Worte; und vielleicht hätten wir es ohne ihren Beitrag aufgegeben, in dieser Richtung weiterzuforschen.

Eine Frau, die an Depressionen leidet, hat keine Phantasien mehr – sie sieht die Dinge. Aber sieht nur den Teil der Dinge, der sie verleugnet, und ist deshalb verzweifelt und unfähig, eine andere Veränderung als ihre Selbstzerstörung zu entwerfen.

Praxis der Ungleichheit und Beziehung des affidamento zwischen Frauen – dieses politische Projekt fand Unterstützung bei einer Frau, die die Dinge klar sah, aber völlig verzweifelt war, weil sie die Fähigkeit zum Träumen verloren hatte. So gesehen ist das ein Paradox, denn Projekte entstehen, wenn jemand einen eigenen, lebendigen, hohen Anspruch der Welt gegenüber hat.

Das Paradox ist dann keines mehr, wenn wir bedenken, daß die Phantasien in der weiblichen Überlebensökonomie nichts anderes sind als die Erben von abgestorbenen Ansprüchen. Sie treten an deren Stelle. Wenn die Phantasien ihrerseits absterben, werden die Ansprüche nicht etwa wieder lebendig, aber sie tauchen zumindest wieder auf.

Die weiblichen Phantasien dienen dazu, die Differenz des Frauseins zu behaupten, wenn die Frau entdeckt, daß sie in der Gesellschaft auf verlorenem Posten steht. Dann beginnt die Anstrengung, in der Liebe der Mutter, des Vaters, in der Wertschätzung durch Gleichaltrige ... jene merkwürdige Benachteiligung, nicht als Mann geboren zu sein, auszugleichen. Dann beginnen auch die Phantasien. Die Ansprüche sinken, manchmal sterben sie völlig ab, und an ihre Stelle treten die Phantasien, die keinen Maßstab mehr haben.

Als erstes geht der einzige für jede Frau wahre Maßstab unter, nämlich ihre Zugehörigkeit zum weiblichen Geschlecht. Die Frau, die sich den Phantasien überläßt, weiß nicht, in welchem Maß und *in welcher Form* sie ihresgleichen braucht. In diesem Sinn gibt es keinen großen Unterschied zwischen dem jungen Mädchen, das Fotoromane liest, und der Intellektuellen, die ihr Leben nach dem Vorbild männlichen Denkens gestaltet. Beide vermeiden es, sich an ihresgleichen zu wenden, um zu erfahren, was sie über sich selbst und die Welt denken sollen. Beide setzen die Phantasie ein, um sich in einer Welt wichtig zu fühlen, in der sie sich in Wirklichkeit der Geschlechterhierarchie gegenüber zahm und respektvoll verhalten.

Wenn eine Frau ihre Niederlage in der Gesellschaft spürt, so zeigt das jedoch, daß ihre Ansprüche noch lebendig sind. Diejenigen, die in der Gruppe Nummer 4 eingewendet hatten, sie seien zufrieden, wollten damit eigentlich sagen, daß sie eine gesellschaftliche Bewertung nicht akzeptierten, die für sie kein echter Maßstab, sondern eine entstellende Zwangsjacke ist. Die Erfahrung der Niederlage hat jedoch nicht diese Bedeutung. Erfahrung der Niederlage bedeutet, sich sozusagen an den vormaligen Ansprüchen der Kindheit zu messen – den Ansprüchen, die nie abgestorben, beziehungsweise wieder neu entstanden sind. Genauer gesagt ist es die Unmöglichkeit, sich an den Maßstab der Gesellschaft anzupassen, weil die Ansprüche der Realität gegenüber zu maßlos sind. Die Evokation dieser vormaligen Ansprüche löste bei den Frauen starke emotionale Reaktionen aus, doch die Notwendigkeit, sich einem weiblichen Maßstab zu unterwerfen, um diese Ansprüche in der Wirklichkeit geltend zu machen, stieß und stößt auf Widerstände.

Doch der wahre Grund für die Bestürzung bei den Leserinnen des Grünen »Sottosopra« – das, was die weibliche Überlebensökonomie mit ihren vielen Phantasien und wenigen Ansprüchen durcheinanderbrachte – ist vielleicht die Tatsache, daß diese Reflexionen über die Welt das Zeichen des weiblichen Geschlechts tragen.

Eine solche Denkweise ist neu, jedoch nicht völlig neu für den weiblichen Geist. Denn schon vor uns gab es Frauen, die so dachten, Frauen, die sich darüber bewußt waren, daß sie ihresgleichen brauchten, um sich mit der Welt auseinanderzusetzen, und die bereit waren, daraus alle notwendigen praktischen und theoretischen Konsequenzen zu ziehen. Und zweitens gab es im Leben jeder Frau eine Zeit – selbst wenn sie weit entfernt und begraben ist –, in der sie zu irgendeiner Frau als Trägerin des für sie wichtigen Wissens aufschaute. Das war die Zeit, in der sie ganz naiv glaubte – sie war ein kleines Mädchen –, daß die Welt auf sie wartete und sie brauchte. Um nichts anderes drehen sich die weiblichen Phantasien. Nur fehlt ihnen das zwingende Element der Auseinandersetzung mit der Realität, und somit fehlt auch dessen notwendige Ergänzung, nämlich die Vorstellung, daß es wichtig ist, von anderen Frauen zu lernen, um die eigenen Ansprüche durchzusetzen.

Die größte Bestürzung rufen nicht die Dinge hervor, die man noch nie gewußt hat, sondern die, die man schon gewußt und dann vergessen hat. Die Frau macht die brutale Erfahrung, daß ihr Geschlecht in der Gesellschaft nichts wert ist, und das läßt sie vergessen, was sie in ihrer vormaligen Naivität wußte: Um groß zu werden – in jeglichem Sinne –, braucht sie eine Frau, die größer ist als sie.

Als wir darüber diskutierten, wie der Widerspruch zwischen Fremdheit und Wille zu siegen aufzuheben sei, und zum Schluß gelangten, daß dies durch eine Beziehung des affidamento möglich ist, schien uns diese Vorstellung etwas völlig Neues zu sein.

Später wurde uns bewußt, daß auch schon andere vor uns darauf gekommen waren – schon zu ältesten Zeiten. Wir waren einerseits durch einen logischen Schluß zu dieser Vorstellung gelangt, nämlich daß eine Vermittlungsstruktur immer nötig ist, um sich mit einem außerhalb des eigenen Selbst liegenden Anderen zu messen; und andererseits durch die Erinnerung an die Vergangenheit. Was wir erfunden zu haben glaubten, hatte es in Wirklichkeit schon vor uns gegeben.

Im Grünen »Sottosopra« wird die Beziehung des affidamento benannt, aber nicht gelehrt. Hier machen wir es genauso. Als einzig Neues können wir nur hinzufügen, daß wir diese Beziehung nicht erfunden, sondern nur entdeckt haben.

Wir können das politische Projekt und seine Gründe erklären, aber was die Beziehung selbst, ihr konkretes Entstehen und ihre jeweils eigenen Gründe betrifft, so können wir sie nur *wiedergeben.* Das heißt, noch einmal erzählen, wie wir sie gelernt haben, sie aber nicht lehren. Naëmi hatte zwei Schwiegertöchter, von denen die eine beschloß, sich ihr anzuvertrauen, und nachdem Naëmi vergebens versucht hatte, sie davon abzubringen, akzeptierte sie es. Wir haben von ihnen gelernt und haben wie sie gelernt: aus Notwendigkeit, aus Berechnung, aus Liebe.

Die Politik der Frauen ist eine Politik der Experimente, in die die einzelnen vorbehaltlos hineingezogen werden. Eines der Kriterien, mit dem wir die Richtigkeit unserer Politik überprüften, war auch das Kriterium des persönlichen Gewinns. Gemeinsam kontrollierten wir, ob die einzelnen der Politik nicht geopfert wurden.

Aber dieses Kriterium hat seine Grenzen, denn das Denken wird durch einen geistigen Akt revolutioniert, der keine Zeit erfordert, während alles übrige ein Prozeß von Veränderung und Wiederherstellung des Gleichgewichts ist, was Zeit erfordert – und noch viel mehr als Zeit. Während dieser Übergangszeit ist es schwer zu sagen, was persönlicher Gewinn ist, denn es ist eine Phase von persönlichen Risiken, von Energieeinsatz ohne Garantie auf Erfolg und von Versuchen, die nicht immer zum gewünschten Ergebnis führen.

Für einige Frauen bedeutet es schon einen Gewinn, in einer solchen Situation zu leben, für andere bedeutet es Hoffnung auf Gewinn, für andere wiederum kann es dagegen eine übermäßige Anstrengung sein. Daher läßt sich der Gewinn nicht errechnen, wenn nicht auch das Element der persönlichen Entscheidung in die Rechnung mit eingeht. Jede Frau muß ihre eigene Rechnung aufstellen und entscheiden, was sie will, was ihr nützt, was sie riskieren will und was nicht.

Vielleicht sollten wir an dieser Stelle noch einmal daran erinnern, daß die durch das weibliche Denken ausgelöste Revolution keine zerstörte Welt hinter sich läßt und so die Geschichte weitertreibt. Die Revolution des Denkens, das unter dem Vorzeichen des weiblichen Geschlechts steht, zeichnet sich durch logische Irreversibilität aus, denn es ist eine Form des Denkens, die die des neutral-männlichen Denkens aufhebt. Und sie hat auch zwingende Elemente in der menschlichen Daseinsbedingung des weiblichen Geschlechts. Aber sie besitzt nicht die historische Notwendigkeit, die man, vielleicht zu Unrecht, den sozialen Revolutionen zuschreibt und die diese sich manchmal selbst geben, wenn sie die bestehende Welt zerstören.

Die sozialen Revolutionen zerstören das Bestehende, um dazu zu zwingen, das Neue zu entwerfen. Aber die Revolution des weiblichen Denkens braucht nichts zu zerstören, denn das Neue, das zu entwerfen ist, ist eine Differenz und all das, was diese Differenz möglich macht – neue Entwürfe, um die Welt zu erkennen und aktiv an ihr teilzuhaben. Die Subversion liegt in der Art, wie die Dinge kombiniert werden, das heißt, in ihrem Sinn. Es gibt neue Kombinationen, die der gegebenen Realität jeglichen Sinn nehmen und sie verändern, indem sie sie *untergehen* lassen. Hier besteht die ganze Gewalt darin, daß den in der gegebenen Realität einzig gültigen Kombinationen neue Kombinationen entgegengestellt werden. Die physische Zerstörung hätte nicht dieselbe Wirksamkeit, denn manche Kombinationen behalten ihren Sinn, selbst wenn sie zerstört werden, und erstehen deshalb mit Sicherheit wieder auf.

Das Neue kann also nicht mit Gewalt entstehen. Vielmehr besteht die erste Auswirkung der Politik der Frauen in der Einsicht, daß die Zwänge, die bisher ertragen wurden, als gäbe es keine Alternativen, keine Zwänge sind und daß die gesellschaftlichen Zwänge im allgemeinen weniger Macht über uns haben, als wir uns vorstellen, wenn wir uns ihnen unterwerfen.

Die Frauenbewegung ist auf eine ganz besondere Weise von diesem Bewußtsein geprägt. Denken wir nur an die These über die Komplizenschaft mit der sexistischen Herrschaft, oder vor allem an die Notwendigkeit der eigenen Veränderung, die mit der Veränderung der Gesellschaft einhergehen muß. Die politische Theorie der Frauen hat deutlich gemacht, daß die symbolische Ordnung eine materielle Wirksamkeit besitzt, die der der natürlichen Ordnung in nichts nachsteht. Diese Vorstellung an sich ist nicht neu, doch die Frauenbewegung hat sie in politische Praxis übersetzt.

Vielleicht sind, wie Simone Weil meinte, alle sozialen Revolutionen ihrem Wesen nach symbolischer Natur, ohne es zu wissen. Die vom weiblichen Denken ausgelöste Revolution weiß, daß sie es ist. Sie erhält ihre Sprengkraft nicht dadurch, daß sie die Kontinuität der materiellen Dinge, der an unser Körper-Sein gebundenen Dinge zerstört. Denken wir nur daran, wie die weibliche symbolische Autorität Gestalt angenommen hat: durch die neue Kombination freier Beziehungen unter Frauen mittels Worten und Gesten des täglichen Lebens, durch ein Wiederzusammensetzen

der spezifischen Bedürfnisse. So entstand eine Kraft, mit der das weibliche Begehren zum Ausdruck gebracht werden kann.
Die Befreiung der Frau, die unterdrückt war – mehr von der symbolischen Figur des Unterdrückers als vom Unterdrücker in Fleisch und Blut – ist noch nicht abgeschlossen. Sie ist solange nicht irreversibel, wie die Frau nicht selbst einen Weg findet, um den äußeren Zwang durch eine innere Notwendigkeit zu ersetzen. Solange sie nicht selbst sieht, daß die Welt ihre Freiheit braucht. Deshalb können alle Gründe, die wir hier anführen, damit in das System der sozialen Beziehungen auch die Beziehung des affidamento Eingang finde, deshalb können alle auch noch so fundierten Argumente eines nicht ersetzen: die persönliche Entscheidung jeder Frau. Ja, unsere Argumente kommen nicht ohne die persönliche Entscheidung der einzelnen aus, nur sie weiß, wie und warum diese Beziehung ihr nützt. Die Autorität, die uns Kraft gibt, soll nämlich in Übereinstimmung mit der Lebenswirklichkeit der einzelnen stehen.

In der Perspektive der sexuellen Differenz

Aus dem Wissen um die sexuelle Differenz entstand das politische Projekt, die Beziehung des affidamento in das System der sozialen Beziehungen einzuführen, damit das weibliche Geschlecht in sich selbst die Quelle seines Werts und eigene gesellschaftliche Wertmaßstäbe finden kann. Grundlage des Projekts ist die Notwendigkeit einer Vermittlung, die das Zeichen des Geschlechts trägt. Es geht von der menschlichen Erfahrung der Frauen, von ihrer vergangenen Geschichte und ihren gegenwärtigen Bedürfnissen aus.
Die Anfechtungen eines neutral-männlichen Denkens können es nicht treffen, sie sind alle unproduktiv und enthalten keine neuen Aspekte. Zum Beispiel der Einwand, jedes Mehr, das in den Beziehungen unter den Menschen zum Vorschein kommt, würden sich unweigerlich einzelne aneignen und zum Zweck der Herrschaft über andere mißbrauchen.
Diese Möglichkeit, die natürlich nicht von vornherein auszuschließen ist, kann nur aus historischen Gründen als Einwand gelten. Doch die Geschichte selbst kann sie auch widerlegen: Das System, sich fremdes Gut zum Zweck der Herrschaft anzueignen, anstatt es in der Gesellschaft in Umlauf zu bringen, entstand, wie die Geschichte zeigt, nicht durch die Frauen, sondern gegen sie.
Ebensowenig gilt der Einwand, die Praxis der Ungleichheit richte sich gegen ein Ideal der Gleichheit, das jeder Mensch als unabdingbar empfinde.

Die Gleichheit war einst im allgemeinen Bewußtsein nicht verankert. Als sie dort eindrang, wurde sie als universale Errungenschaft des Menschen aufgenommen, da das politische Denken, das sie theoretisierte, so extrem inkonsequent war, die Menschen weiblichen Geschlechts nicht miteinzubeziehen. Diese Inkonsequenz ist darauf zurückzuführen, daß die Gleichheitsidee in einer Geschichte von Beziehungen zwischen Männern entstand. Die Frauen waren inbegriffen, und die Inkonsequenz wurde korrigiert, als die Frauen begannen, eine freie Existenz in der Gesellschaft zu suchen. Sie wurden in ihrem Streben nach Gleichheit den Männern gleichgestellt, als ob dies eine angemessene Antwort auf ihre Forderungen wäre. Das war es sicher nicht, aber das ist nur ein zweitrangiger Aspekt, wenn wir bedenken, daß das Ideal der Gleichheit nichts mit der Geschichte und den Beziehungen zwischen Frauen zu tun hat. Das zeigt sich schon allein daran, daß Gleichheit, wenn von Frauen die Rede ist, immer Gleichheit der Frauen mit den Männern bedeutet.

Die Frauen können in ihren Beziehungen untereinander ein Bedürfnis nach Gleichheit empfinden, das unter bestimmten Gesichtspunkten stärker ist als bei Männern. Aber es ist ganz anderer Natur. Eine Frau kann so sehr unter dem gesellschaftlichen Unwert ihres Geschlechts leiden, daß sie es nicht erträgt, beziehungsweise es keiner anderen antun will, weniger zu sein als eine andere. Aber genau dieses Gefühl macht uns deutlich, daß wir tiefer in uns das Bedürfnis haben, die Quelle und den Maßstab für den gesellschaftlichen Wert der Frauen – auch der einzelnen – in unserem Geschlecht zu finden.

Dieses tiefere Bedürfnis wird durch die Anerkennung der Ungleichheit zwischen Frauen und durch die Praxis des *affidamento* befriedigt. Wahrscheinlich gibt es andere Lösungen, vielleicht auch bessere. Wir werden sie noch finden. Doch sicher ist es keine Lösung, wenn Frauen ihre Beziehungen untereinander als Kompensation für die Ungerechtigkeiten betrachten, die sie in den Beziehungen mit dem anderen Geschlecht erleiden.

Auf diese Art von Argumenten können und wollen wir nicht eingehen, denn in unserem Leben gehen wir davon aus, daß unsere Zugehörigkeit zur Gesellschaft durch unsere Zugehörigkeit zu deren weiblichem Teil bestimmt ist. Und unsere politische Praxis besteht darin, aus dieser Tatsache, der gesellschaftlichen Ursache unserer Unfreiheit, den Ursprung unserer Freiheit zu machen.

Auf andere Einwände gegen unser Projekt müssen wir jedoch eingehen, sei es, weil sie in unserer Perspektive der sexuellen Differenz angesiedelt sind, sei es, weil sie die Schwierigkeiten aufdecken, die eine Frau hat, sich in dieser Perspektive anzusiedeln.

Als Mademoiselle de l'Espinasse ohne das Wissen von Madame du Deffand begann, Treffen mit den *philosophes* zu organisieren, wußte sie, daß sie gegen den Willen ihrer Protektorin handelte, aber sie verstand nicht, weshalb diese sich weigerte, die entstehende Partei der *philosophes* zu unterstützen, obwohl viele von ihnen ihre Freunde und Verehrer waren.

Mademoiselle de l'Espinasse war eine der naiven, jungen, begabten Frauen, die sich mit Elan und Ehrgeiz in die Welt stürzen und nicht wahrnehmen, in welchem Maße die sozialen Beziehungen in Wirklichkeit homosexuelle Beziehungen unter Männern sind, beziehungsweise das überhaupt nicht wahrnehmen und glauben, sie seien neutral – wobei sie sich die Tatsache, daß so wenig Frauen präsent sind, mit einer gewissen Rückständigkeit erklären, die im Zuge des allgemeinen Fortschritts der Sitten verschwinden wird.
Es gibt mehr als eine Entschuldigung für diese Arglosigkeit bei vielen, ansonsten intelligenten Frauen: Die Verführung durch diejenigen, die sich hervortun, der jugendliche Ehrgeiz, etwas erreichen zu wollen, was andere nicht erreicht haben, die natürliche Ablehnung der Vorstellung, daß das Frausein gesellschaftliche Benachteiligung bedeuten könnte ...
All diese Umstände treten jedoch hinter einem andern zurück: Frau sein und Ansprüche der Welt gegenüber haben – das sind zwei Dinge, die, jedes für sich genommen, etwas Normales für ein menschliches Wesen darstellen –, doch zusammen ergeben sie eine Kombination, der die menschliche Gesellschaft in ihrer symbolischen Ordnung keinen Wert zuerkennt.
Deshalb findet es die Frau, die ihre Kindheit hinter sich gelassen, aber von ihrem Anspruch, in der Welt etwas zu gelten, noch nicht abgelassen hat, viel natürlicher, sich an Individuen männlichen Geschlechts zu wenden, um weiterzukommen. Das ist die naheliegendste Entscheidung, solange sich die symbolische Ordnung nicht ändert und die Differenz des Frauseins nicht zur Quelle von Wert und von Legitimation der weiblichen Ansprüche und zu deren Maßstab wird.
Andere Erklärungen, die gemeinhin angeführt werden, sind von zweitrangigem Interesse. Wenn das Band zwischen Frauen, die ein Interesse daran haben sollten, sich gegenseitig zu unterstützen, nicht zustandekommt oder zerbricht, so liegt das weniger an einem Übermaß an Rivalität, Neid oder Mißtrauen, und ebensowenig an vermeintlich tieferliegenden, unbewußten Gründen. Stärker als all diese Umstände wirkt eine symbolische Ordnung, die unter Frauen Beziehungen gegenseitiger Hilfeleistung gestattet (und diese sind tatsächlich auch sehr verbreitet; jede Frau sucht in einer Notsituation mit spontanem Vertrauen eine Geschlechtsgenossin), die aber keine Beziehungen vorsieht, die der Frau Wert verleihen. Ohne die Revolutionierung dieser Ordnung ist das Bewußtsein, das viele von uns zum Feminismus geführt hat, für eine junge, ehrgeizige Frau nicht von Nutzen. Es ist an sich wertvoll, aber es kommt aus anderen Zeiten.

Es ist von verletzten Ansprüchen, enttäuschten Erwartungen, mißlungenen Anläufen und teuer bezahlten Entdeckungen gezeichnet. Eine Frau, die in die Welt tritt, weist ein so bitteres Wissen zurück, denn es ist bedrohlich für ihre Wünsche und Hoffnungen, die auf das Beste abzielen.

Wenn der intakte Anspruch der einen und das Wissen der anderen nicht miteinander kommunizieren, gibt es von einer Frauengeneration zur anderen nur eine Aufeinanderfolge von naiver Hoffnung und bitteren Erkenntnissen, es entsteht weder Austausch noch Veränderung.

Die Ursache des fehlenden Austauschs zwischen diesen beiden Momenten des weiblichen Menschseins, zwischen der Frau, die will, und der Frau, die weiß, ist nicht etwa in der weiblichen Psychologie zu suchen. Die Ursache liegt in der symbolischen Ordnung, die das System der sozialen Beziehungen unterspannt. Die Allianz zwischen der alten und der jungen Frau macht den Männern Angst. Vielleicht erinnern sich manche von uns daran, in ihrer Jugend von Männern umschwärmt worden zu sein, die es nur darauf abgesehen hatten, ihren Kontakt zu »älteren« Frauen zu unterbinden, wobei »älter« im wörtlichen wie im übertragenen Sinn von »erfahrener« zu verstehen ist.

Das affidamento ist eine solche Allianz. Alt sein bedeutet hier, Wissen zu besitzen, in das die Erfahrung der Niederlage eingegangen ist, und jung sein bedeutet, intakte Ansprüche zu haben. Beide treten miteinander in Kommunikation, um sich zu potenzieren.

Es kann auch vorkommen, daß sich beide Momente zusammen in ein und derselben Frau finden, die somit gleichzeitig alt und jung ist – auch wenn sie jung ist, hat sie schon gemerkt, daß ihre Differenz keinen Wert in der Gesellschaft hat, auch wenn sie alt ist, hat sie noch nicht den Willen verloren, in der Welt etwas zu gelten. Die Koexistenz der beiden Momente stellt noch keine soziale Beziehung dar, präfiguriert diese aber. Wenn sie zwischen zwei Frauen entsteht, findet eine neue Kombination ins System der sozialen Beziehungen Eingang, und dessen symbolische Ordnung wird verändert.

Der Altersunterschied ist ein Umstand, der das Entstehen dieser Kombination begünstigt, denn einerseits ist diese Art der Ungleichheit am leichtesten zu akzeptieren, und andererseits zwingt er dazu, explizit zu benennen, worum es geht, nämlich um die Revolutionierung einer symbolischen Ordnung. Die junge Frau braucht die explizite Aussage darüber, worum es geht, damit sie sich entscheiden kann. Sie wehrt sich gegen ein Wissen, das ihre vertrauensvolle Erwartung bedroht, bringt diese aber gern ein, wenn es darum geht, von der anderen hohe Ansprüche ans Menschsein zu übernehmen.

Aber die Vorstellung, die Ungleichheit in der Praxis zu leben und eine Beziehung des affidamento einzugehen, hat auch Frauen abgeschreckt, die um ihre Differenz wissen und keine neutralen Wertmaßstäbe suchen, weder in der Phantasie noch in der Praxis. Frauen, die sich in Wirklichkeit eng auf Frauen beziehen und immer bereit sind, deren Verdienste anzuerkennen. Eigentlich sollte sie also nichts daran hindern, sich dieses Projekt zu eigen zu machen, das ihrer Art zu leben ja voll und ganz entspricht. Sie haben nur ein Problem: die Tatsache, daß es sich um ein politisches Projekt handelt.

Dieser Widerstand mag sehr merkwürdig erscheinen. In Wirklichkeit ist er aber am häufigsten anzutreffen, denn er hat mit der Wahrnehmbarkeit der weiblichen Differenz zu tun, mit ihrem offenen Zutagetreten in der Gesellschaft. Wer *Kassandra* von Christa Wolf gelesen hat, kann verstehen, was wir meinen. Diese Autorin versucht, das weibliche Mehr auszudrücken, doch sie kann sich nicht vorstellen, daß es in der Gesellschaft zirkuliert. So stellt sie es in Form einer Frauengemeinschaft dar, die sich in den Höhlen des Berges Ida eingenistet hat.

Diesem Argument sind wir schon mehrmals begegnet, oft kam es von Frauen, die eigentlich mutig und sensibel sind. Sie schienen Schwierigkeiten zu haben, das politische Projekt – den sozialen Beziehungen das Zeichen des Geschlechts aufprägen – richtig zu erfassen. Jedesmal haben wir aufs neue wiederholt, daß unser Vorschlag einfach lautet, sie sollten ihr spontanes Verhalten anderen Frauen gegenüber in soziale Formen übersetzen. Schließlich verstanden wir, worüber sie stolperten.

Das Ziel, der weiblichen Differenz gesellschaftliche und symbolische Existenz zu verleihen, schien diesen Frauen zwar richtig, aber noch nicht ausreichend. In ihren Augen ist die weibliche Differenz ein Weg, um die Gesellschaft zu verbessern, und nur letzteres ist für sie ein wahres Ziel und kann ein Projekt nach sich ziehen, das unser politisches Engagement verdient.

Ein ähnlicher Standpunkt schimmert in einem anderen Einwand durch: Gegen die Vorstellung, daß ein weibliches Mehr in den Beziehungen unter Frauen anerkannt werden muß, damit es in der Gesellschaft sichtbar wird und zirkulieren kann, wandten manche ein, dieses Mehr drücke keine positiven Werte aus und könne demzufolge auch keiner Sache einen Wert verleihen – weder der Politik noch der weiblichen Differenz. Auch auf diesen Einwand gibt es eine einfache Antwort: Das weibliche »Mehr« bedeutet dasselbe wie der Begriff »irreduzible Differenz«, das heißt, das Frausein kann dem Mannsein weder untergeordnet noch angeglichen werden. Und deshalb kann es nicht durch irgendwelche Werte ausgedrückt werden, denn sein einziger wesentlicher Wert ist »das Weibliche«, eine Perspektive des Menschseins, die mit all dem, was eine Frau ist und wird, weiter und reicher wird. Die Form des Komparativs bezieht sich ausschließlich auf diese Potenzierung des eigenen Selbst, die durch die Treue zu sich selbst möglich wird.

In diesen Einwänden liegt scheinbar eine Verwechslung von Differenz und Bessersein vor. Bei näherem Hinsehen stellt sich jedoch heraus, daß es sich keineswegs um eine Verwechslung handelt. Die weibliche Differenz, die sich in bereits wertbesetzten Inhalten ausdrücken möchte und die ihr Ziel im Gemeinwohl sieht, sucht für sich jene wahre und richtige Transzendenz, die den Frauen von der patriarchalischen Kultur abgesprochen wird. Sie sind an ein anatomisches Schicksal gebunden, außerhalb dessen die Gesellschaft – selbst die liberalste – dem weiblichen Geschlecht kein Ziel und keine Daseinsberechtigung zugesteht.

Die Frau, die dieser Knechtschaft für sich und ihresgleichen ein Ende setzen möchte und gemeinsam mit den anderen – wie es auch richtig, ja notwendig ist – eine neue, freiere Interpretation der weiblichen Differenz in der Gesellschaft sucht, glaubt vielleicht, diese gefunden zu haben, wenn sie nachweist, daß die weibliche Differenz in Übereinstimmung mit dem Gemeinwohl steht. Und vielleicht denkt sie, nur diese nachgewiesene Übereinstimmung könne den Frauen zu einer freien Existenz in der Gesellschaft verhelfen.

Das eben Gesagte finden wir jedoch oft als ganz spontane Haltung bei vielen Frauen. Die Unstimmigkeiten, die darin enthalten sind, lassen sich aufdecken, wenn wir beobachten, wie diese Frauen auf Regelverletzungen reagieren, die im Zeichen ihres Geschlechts begangen werden. Also dann, wenn sich eine Frau in ihrem Denken und Handeln nach den Interessen ihres Geschlechts richtet und somit in Kontrast gerät zu den Interessen der Allgemeinheit (das heißt, meistens der Männer). Um ein konkretes Beispiel anzuführen: Eine Lehrerin, die der Beziehung zu den Schülerinnen Vorrang einräumt und das auch sagt, macht der Kollegin Angst, die glaubt, ihre weibliche Differenz dadurch zu zeigen, daß sie ihre beruflichen Fähigkeiten – eine unparteiische, neutrale Haltung gegenüber Schülern und Schülerinnen gleichermaßen – unter Beweis stellt. Ihr gegenüber nützt es wenig, daran zu erinnern, daß die männlichen Schüler ohnehin schon begünstigt sind: Sie leben in einer Gesellschaft voller Bilder, die ihr Geschlecht bestätigen. Diese Lehrerin will beweisen, daß sie als Frau moralisch höhersteht; und weil sie sieht, daß die Männer sich gegenseitig privilegieren, wird sie in ihrem Vorhaben noch bestärkt: Der männlichen Ungerechtigkeit wird sie ihre höhere Gerechtigkeit entgegensetzen.

Das ist, so meinen viele Frauen, die einzige Art, wie die weibliche Differenz in der Welt zum Ausdruck kommen kann. Damit läßt sich auch die Forderung erklären, das weibliche Mehr müsse mit positiven Werten besetzt sein. Das erklärt auch die entrüstete Reaktion angesichts der Vorstellung einer sozialen Praxis, deren vorrangiges Ziel es ist, die Interessen

des weiblichen Geschlechts zu fördern, ohne diese vorher mit irgendeinem für die gesamte Gesellschaft positiven Wert zu umhüllen.
Damit läßt sich auch erklären, weshalb es den Frauen nur mühsam gelingt, im Zeichen ihres Geschlechts über die Welt zu reflektieren, selbst wenn sie nicht vom männlichen Denken verführt sind und sich aufrichtig eine Sprache wünschen, die das Zeichen ihres Geschlechts trägt. De facto reflektieren und handeln sie im Zeichen ihres Geschlechts, aber nur in einem beschränkten Kontext. Sobald der Rahmen allgemeiner wird, wird ihre Erfahrung gefiltert und all das eliminiert – oft noch bevor es bewußt wird –, was nicht dem Idealbild des weiblichen Geschlechts entspricht. Die weibliche Erfahrung wird so in ein vereinfachtes Muster gepreßt; das Denken verliert an Kraft und an Zugriff auf die Realität.

Dieser Effekt ist auch in der – wenn auch großartigen – Erzählung *Kassandra* festzustellen. Die erzählerische Kraft läßt deutlich nach, als sich der Schauplatz von der Stadt der Männer, wo Kassandra lebt, zu der Frauengemeinschaft des Berges Ida verlagert. Statt der Darstellung eines Weiblichen, das der Gewalt der Männergeschichte fremd gegenübersteht, die es eigentlich sein sollte, sehen wir die emblematische Darstellung eines Weiblichen, das aufgrund seines Besser-Sein-Wollens abgeschmackt und fade wird. Die Höhlenbewohnerinnen, die ihre Tongefäße modellieren und mit ihrem Webstuhl hantieren, sind ein recht schwaches ideologisches Symbol für die Fremdheit der Frauen dem Krieg gegenüber; um eine etwas konkretere Vorstellung davon zu bekommen, müßten wir uns eher die Vorteile ausmalen, die Macht, das Vergnügen, all das, was die Frauen sich unter Ausnutzung der Abwesenheit der Männer, die mit dem Kriegführen beschäftigt waren, genommen haben.
Doch ein solch materielles Denken scheint für viele Frauen verwerflich zu sein, denn hier vermischen sich Vorteile für ihr Geschlecht mit den höheren Interessen der Menschheit; für sich selbst können diese Frauen nur letztere akzeptieren, zumindest würden sie niemals die ersteren unabhängig davon durchsetzen. Sie sind bereit, bedingungslos die weiblichen Interessen um ihrer selbst willen zu vertreten, solange die Frauen unterdrückt und diskriminiert sind. Es ist auch klar, weshalb: In diesem Fall ist ein höheres Gut zu verteidigen, nämlich die verletzte Gerechtigkeit.
Zu dieser geistigen Haltung paßt eine Politik der Frauen, die die gesellschaftliche Ordnung mit Hilfe von Werten zu verändern sucht, welche häufiger von Frauen als von Männern verkörpert werden: selbstloser Einsatz, Sorge für die Schwächeren, Ablehnung gewaltsamer Mittel usw.

Der große Glanz, den diese Werte – an die einige von uns fest glauben – ausstrahlen, hindert uns nicht daran, den grundlegenden Fehler eines solchen Projektes zu sehen. Es ist politisch unwirksam und menschlich nicht richtig, die Bedeutung der weiblichen Differenz von Inhalten ethischer Natur – wie übrigens auch von jeglichen anderen Inhalten – abzuleiten. Wer mit einem Körper weiblichen Geschlechts auf die Welt kommt, hat das nicht gewählt – weder die Tatsache, auf die Welt zu kommen, noch das Geschlecht. Das Frausein kann also, um gesellschaftlich anerkannt zu werden, nicht von etwas abgeleitet werden, das per definitionem nur dann Wert hat, wenn es Gegenstand einer freien Entscheidung ist.

Die sexuelle Differenz ist eine ursprüngliche Differenz im Menschsein. Wir dürfen sie nicht in dieser oder jener Bedeutung einschließen, wir müssen sie zusammen mit unserem Körper-Sein akzeptieren und ihr Bedeutung geben – als unerschöpflicher Quelle immer neuer Bedeutungen. Wird die Differenz verleugnet, bedeutet im Grunde jeder weitere Versuch, ihr durch den Nachweis der Übereinstimmung mit irgendeinem gesamtgesellschaftlichen Interesse, und sei dies noch so edel, Wert zu verleihen, daß sich eines der beiden Geschlechter – es erübrigt sich zu sagen welches – dafür rechtfertigen muß, daß es ist, wie es ist, nämlich anders als das andere Geschlecht.

Die Politik der Frauen hat nicht zum Ziel, die Gesellschaft zu verbessern, sondern die Frauen zu befreien und ihnen freie Entscheidungen zu ermöglichen. Sie zu befreien von der von der Pflicht, sich für ihre Differenz rechtfertigen zu müssen, und von allen Formen der Sklaverei in der Gesellschaft, die diese Pflicht mit sich bringt, was die Geschichte der Menschheit zur Genüge illustriert.

Es ist leicht, die Politik der ethischen Werte zu kritisieren, doch die geistige Haltung, an die sie appelliert, ist stärker. Auch dann, wenn wir in überzeugender Weise nachweisen, daß die ethische Interpretation der weiblichen Differenz keine Freiheit für die Frauen bedeutet, bleibt für die einzelne einerseits das Problem, in der Freiheit die eigenen Interessen mit den gesellschaftlichen Interessen zu verbinden, andererseits die Angst davor, die gegebenen Regeln im Interesse ihres Geschlechts zu durchbrechen.

Dazu können wir nur sagen, daß eine solche Regelverletzung unumgänglich ist, ohne Transgression gibt es für die Frauen keine wahre und richtige Transzendenz. Eine Frau muß aus ihrer Erfahrung einen Maßstab für die Welt machen, aus ihren Interessen ein Kriterium für die Beurteilung der Welt, aus ihrem Begehren den Antrieb zur Veränderung der Welt, damit die Welt für sie etwas wird, wofür sie Verantwortung übernehmen kann. Der Schritt, sich nur unter Frauen zu treffen und somit auch Methoden und Inhalte der Politik zu verändern, ist ein Beispiel von befreiender Regelverletzung. Das Beispiel dieser Frauen diente anderen zur Rechtfertigung, aber niemand und nichts bot eine Gewähr dafür, daß das, was sie taten, richtig war. Der Wert der weiblichen Differenz ist nicht ins System der sozialen Beziehungen eingeschrieben, und nichts von dem, was der Differenz zur Existenz verhelfen soll, bietet von vornherein die Gewähr, das Richtige zu sein. Wir selbst, in Fleisch und Blut, müssen uns an die Stelle der fehlenden Gewähr, der noch zu schaffenden Gerechtigkeit, der zu erkennenden Wahrheit stellen. Dieser Schritt ist unumgänglich.

Dieser Schritt muß näher untersucht werden. Wir sagen, er ist unumgänglich, in Wirklichkeit haben die Frauen große Schwierigkeiten damit. Er besteht darin, sich die Autorität zu verleihen, die es ermöglicht, selbst über das eigene Denken und Wollen zu entscheiden. Eine Frau, die diese Autorität besitzt, macht die weibliche Differenz sichtbar und bedeutsam.

Natürlich meinen wir nicht, daß es ein individueller Akt ist, sich Autorität zu verleihen. Autorität empfängt man ursprünglich von einer Person, deren Stellung es erlaubt, sie zu geben, die die Autorität besitzt, sie geben zu können. Aber die besitzt sie nicht, wenn die Person, die sie braucht, sie ihr nicht zuerkennt. »Mach' weiter«, erwidert Bryher H. D. und gibt ihr so in Form der symbolischen Autorisierung jene mütterliche Autorität zurück, die ihr die andere, indem sie sich an sie wandte, gegeben hatte.

Das Fehlen von weiblicher Autorität in der Welt ist die Folge einer unglücklichen Spiegelung zwischen Frauen. Die anderen Frauen sind mein Spiegel, und was ich in keiner von ihnen sehen kann, ist mir versagt.

Aber warum? Warum will die Frau in der anderen die Bestätigung dafür finden, daß sie nicht weniger ist, anstatt die Möglichkeit zu suchen, mehr zu sein? Woher kommt diese Unsicherheit, die immer neue Unsicherheit hervorbringt?

Um eine Antwort auf diese Frage zu finden, haben wir unsere eigenen Erfahrungen hinterfragt und so von vornherein die einfachsten Argumente aus dem Spiel gelassen, mit denen normalerweise der Mangel an wertzuschreibenden Beziehungen unter Frauen erklärt wird. So gelangten wir zu jener Ebene, wo sich die materielle Grundlage der Gesellschaft mit ihrer symbolischen Organisation verflicht.

Als wir unsere eigenen Erfahrungen hinterfragten, entdeckten wir, daß die Ungleichheit zwischen Frauen und alles, was sie mit sich bringt, eine Mutterfigur evoziert, die dann als erdrückend empfunden wird, wenn der Wertmaßstab der Frauen nicht auch für die einzelne gilt, das heißt, wenn durch die Praxis der Ungleichheit ihr Geschlecht, aber nicht auch sie persönlich Wert zuerkannt bekommt.

Eine Frau kann erst dann Wert als Mensch erhalten, wenn das, was ihre Differenz ausmacht, nach den Maßstäben einer weiblichen Ökonomie

Wert erhält. Andernfalls werden die Frauen vergöttert, die jeweils gerade ein weibliches Mehr verkörpern. Aber noch häufiger geschieht es, daß die Frauen – das gilt vor allem für diejenigen, die am meisten eine persönliche Lebensgestaltung anstreben – in der Männergesellschaft einen Maßstab für ihren Wert suchen, um ein Gegengewicht zu einer mütterlichen Potenz herzustellen, die sich ihrem Zugriff zu entziehen scheint. Die Männergesellschaft verfügt nämlich über eine symbolische Ökonomie, in der der einzelne – abgesehen von Extremfällen von Krankheit, Alter oder Außenseitertum – die Möglichkeit hat, sich zu messen und Wert zuerkannt zu bekommen. Diese Ökonomie stützt sich allerdings in ganz entscheidender Weise auf den Unwert des weiblichen Geschlechts. Sucht nun eine Frau in diesem Rahmen einen Maßstab für sich, so bringt das für sie eine Unzahl von Widersprüchen mit sich. Doch dieses Problem wird oft von einem anderen überlagert: von dem Gefühl, erdrückt zu werden von einem weiblichen Mehr, das als Maßstab ohne Maß empfunden wird.

Nun können wir auch verstehen, weshalb die separate Frauengruppe die Ungleichheit innerhalb der Gruppe über Jahre hinweg nicht anerkannte, obwohl sie alle vor Augen hatten. Die separate Gruppe evozierte die Mutterfigur mit einer Potenz, mit der eine einzelne, selbst noch so starke Frau, kaum fertigwerden konnte, und so schützten sich die einzelnen, auch die stärksten, durch die Vorstellung, daß sie alle gleich seien, das heißt alle in gleichem Maße Teilhaberinnen dieser Potenz.

Dieser Ausweg hatte seinen Preis, wie wir schon sagten, in einer Beschränkung der symbolischen Potenz der Mutterfigur. Sie wird darauf reduziert, Hüterin einer weiblichen Differenz zu sein, die außerhalb der Gruppe ohne Vermittlung und daher stumm und wirkungslos blieb.

Die Frauen brauchen die mütterliche Potenz, wenn sie eine freie Existenz in der Gesellschaft wollen. Die Mutter stellt symbolisch die Vermittlung dar, die das Zeichen des Geschlechts trägt – das, was den Frauen eine Beziehung zur Welt ermöglicht. In der Erfahrung der Frauen, die andernfalls in eine un-sagbare Innerlichkeit und ein fremdes Außen gespalten ist, schafft sie einen lebendigen Kreislauf zwischen dem Selbst und dem Anderen. Die mütterliche Potenz ist also nichts, wovor sich die Frau schützen muß – ganz im Gegenteil.

Doch in einem symbolisch-sozialen System, das der Frau weder beibringt noch in der Praxis zeigt – das ist nicht vorgesehen, ja sogar ausgeschlossen –, wie sie mit der mütterlichen Potenz in Beziehung treten und sie zur Quelle ihres Wertes und ihrer Freiheit machen kann, kann diese Potenz bedrohlich wirken.

In der von den Männern entworfenen sozialen Ordnung gibt es keine Formen symbolischer Verbindung der Frau mit der größeren Frau, die ihre Mutter ist. Zwischen ihnen gibt es nur eine natürliche Beziehung, die mit den verschiedensten Gefühlen besetzt und mit Emotionen beladen ist, die aber keine Umsetzung auf symbolischer Ebene erfährt, das heißt, sie ist ohne Formen und Regeln.

Von einer Sache, die niemand frei wählt – auf die Welt zu kommen –, scheint es für diejenigen, die als Frau geboren werden, keine mögliche Erlösung zu geben. Als Frau geboren zu werden, ist in der von den Männern entworfenen symbolisch-sozialen Ordnung ein Zufall, der das ganze Leben bestimmt. In dieser Ordnung hat die Frau keinen eigenen Lebensentwurf; für sie können Freiheit und Notwendigkeit nie zusammenfallen, denn ihre Notwendigkeit besteht darin, sich dem gesellschaftlichen Einsatz ihrer Anatomie (Mutterschaft, Jungfräulichkeit, Prostitution, das »körperliche Gebundensein«, von dem Teresa von den 150 Stunden spricht) zu fügen, und ihre Freiheit besteht darin, sich dem zu entziehen.

Jenseits der aus der weiblichen Anatomie abgeleiteten Rollen hängt das Schicksal einer Frau in der Luft; es hängt von persönlichen Entscheidungen ab, die man den Frauen heutzutage problemlos zugesteht, die jedoch nicht durch das Bewußtsein aufgewertet sind, daß sie irgendeiner objektiven Notwendigkeit entsprechen. Das führt dazu, daß die weiblichen Lebensläufe in den Gesellschaften, in denen die Frauen nicht hart in die Fortpflanzungsarbeit eingespannt sind, meist recht chaotisch und von den zufälligsten Umständen abhängig sind. Das menschliche Wesen weiblichen Geschlechts bindet sich an nichts, wenn es nicht für die Fortpflanzung sorgen muß. Wenn die Frau von der Knechtschaft ihres anatomischen Schicksals befreit ist, wird sie nicht automatisch frei, sondern überflüssig.

Einige Frauen erblicken in der Tatsache, daß sie überflüssig sind, einen Hinweis seitens der Gesellschaft, daß sie zu neutralen, geschlechtslosen menschlichen Subjekten werden sollen, und machen das zu ihrem Schicksal. Ihre Lebensläufe sind auch ganz konsequent. Um sich einen persönlichen Lebensentwurf zu ermöglichen, entledigen sich diese Frauen der »zufälligen« Tatsache, Frauen zu sein. Von ihnen sagt man, sie seien wie Männer, aber das ist falsch, denn die Männer haben ein Geschlecht, das sie sowohl in dem, was sie sind, als auch in dem, was sie als gesellschaftliche Subjekte tun, determiniert.

Für die konsequent neutrale Position haben sich nur wenige entschieden. Viele – die meisten – springen ruhelos zwischen Emanzipation und klassischen weiblichen Rollen hin und her, laden sich die verschiedenartigsten Aufgaben auf, ziehen von einem Projekt zum anderen, versuchen eine Sache, dann eine andere – als liefen sie etwas nach, das nur in ihrem Kopf und sonst nirgends existiert.

Diese Ordnung läßt sich nicht ändern, ohne daß ein Preis dafür bezahlt wird. Dieser Schritt fehlt noch.

Der Preis für die Freiheit, den die Männer beim Übergang von Natur zu Kultur bezahlen, macht die Frauen nicht frei; ihre Sklaverei in der Natur setzt sich ohne Unterbrechung in ihrer Sklaverei in der Gesellschaft fort. Man darf auch nicht glauben, daß später die Fortschritte des Gemeinwesens für ihre Freiheit sorgen werden.
Diese können den gesellschaftlichen Nachteil, als Frau geboren zu sein, höchstens wiedergutmachen, und das ist das Maximum in Richtung Fortschritt. Aber in Richtung Freiheit ist das nichts, ja, weniger als nichts: solange eine Frau Wiedergutmachung fordert, und was sie auch immer erhalten mag – sie wird niemals die Freiheit kennen.
Alle kennen wir dieses Gefühl – von uns selbst oder aus Beziehungen mit anderen, dieses weibliche Gefühl, einen Schaden erlitten zu haben, der Wiedergutmachung verlangt. Spontan richtet sich die Forderung unterschiedslos an Frauen wie an Männer, aber vielleicht häufiger an Frauen, zumindest an die unter ihnen, die etwas mehr zu haben scheinen – einfach mehr Glück.
Wir haben auch gesehen, daß die Forderung nach Wiedergutmachung zu einer Form von weiblicher Politik geworden ist; in dieser Version wenden sich die Frauen, die sich alle gleichermaßen als Opfer der Männergesellschaft fühlen, mit ihren Schadensersatzforderungen an die Männer.
Die Reaktion ist normalerweise positiv; die Gesellschaft gibt ohne weiteres zu, daß die Frauen Opfer sind, daß sie einen Schaden erlitten haben, auch wenn sie es sich dann vorbehält, nach ihren eigenen Kriterien über die Art der Wiedergutmachung zu entscheiden, und so kann das Spiel ewig weitergehen. Aus unseren Beziehungen untereinander wissen wir, daß die Forderung so unendlich groß ist, das Gefühl des Schadens so tief sitzt, daß es keine Genugtuung geben kann, es sei denn, sie bestünde gerade im Recht, ständig zu klagen.
Eine solche Haltung gehört zur armseligen Ökonomie des reinen Überlebens und unterstützt diese weiterhin, samt den dazugehörigen Eigenschaften der Unterordnung und der Verantwortungslosigkeit. Wir fühlen uns nicht verantwortlich einer Welt gegenüber, die von Männern oder von ihrem Gott entworfen und regiert wird, aber nicht selten gilt auch das Gegenteil: Wir sehen, daß ein fremder Wille eine Welt regiert, der gegenüber wir uns verantwortungslos verhalten.
Der Zustand der Verantwortungslosigkeit hat Vorteile. Um nur einen zu nennen: Die Gesellschaft toleriert ohne weiteres die Mittelmäßigkeit der weiblichen Leistungen. Die Verachtung des weiblichen Geschlechts bedeutet auch, daß die Gesellschaft von der einzelnen nicht verlangt, sie solle ihr Bestes geben. Obwohl allgemeine Unzufriedenheit über das Funktionieren der Schule herrscht und obwohl das Personal in der Schule überwiegend weiblich ist, macht niemand den Frauen Vorwürfe, und diese fühlen sich, von wenigen Ausnahmen abgesehen, nicht angesprochen, wenn Kritik an der Schule laut wird.

Es versteht sich, daß die Maßstäbe dann schärfer werden, das heißt, den für die Männer gültigen näherkommen, wenn eine Frau die Forderung nach persönlicher Selbstverwirklichung stellt. Schärfer also, aber auch ungerechter, denn sie passen nicht, sie deformieren.
Das ist nicht der Preis, das kann nicht der Preis für die weibliche Freiheit sein. Dieser Preis, der einzige, den die Gesellschaft ihrem weiblichen Teil bietet, ist doppelt unsinnig. Erstens weil eine Frau niemals aufhören könnte, ihn zu bezahlen, denn nach den geltenden Maßstäben wird sie in den meisten Fällen als unzulänglich bewertet. Zweitens weil er ihr keine Freiheit gibt, denn sie zahlt ihn an den falschen Gläubiger.
Die Frauen sind den Männern nichts schuldig; anders zu denken wäre Moralismus. In den modernen Gesellschaften, den Gesellschaften der Emanzipation, ist ein Moralismus dieser Art den Frauen gegenüber sehr verbreitet.
Zwischen Frauen und Männern gibt es keinen Gesellschaftsvertrag, die Männer haben ihn nie gewollt. Es wäre Moralismus, wenn ich bezahle, was ich mir von denen nehme, die mit mir keine Abmachung über den Tausch geschlossen haben, weil sie das günstiger für sich fanden.
In diesem Sinn ist die Verantwortungslosigkeit der Frauen richtig. Der Fehler vieler Frauen und der Politik, die sich auf die Opferthese stützt, besteht in der Überzeugung, daß eine Frau also niemandem etwas schuldig ist. Dabei wird nicht gesehen, was sie anderen Frauen schuldig ist – derjenigen, die sie zur Welt gebracht hat, denen, die sie gern hatten, denen, die ihr etwas beigebracht haben, denen, die sich dafür eingesetzt haben, die Welt für sie bewohnbarer zu machen ...
Der Preis der Frauen für die Freiheit besteht darin, diese symbolische Schuld zu bezahlen.
Wenn eine Frau das nicht erkennt, wenn sie nicht lernt zu bezahlen, wird sie nie frei sein. Die Welt wird für sie etwas bleiben, was von anderen entworfen und verwaltet wird. Sie kann ihnen vielleicht diesen oder jenen kleinen Vorteil entreißen, aber immer von der untergeordneten Position der Forderungen aus. Und ihr Recht auf Freiheit bleibt eine leere Hülle, selbst wenn es von der Gesellschaft anerkannt ist, denn sie hat keine freie Selbstbestimmung erreicht. Wenn sie das, was sie von anderen Frauen bekommen hat, nicht anerkennt und nicht bezahlt, wird das, was sie hat, nicht wirklich ihr gehören. Es werden »männliche« Güter sein, die sie als solche einbringen kann, einschließlich ihrer Freiheit. Oder weibliche Güter, die sie nicht einbringen kann, wie Diebesgut; und sie wird nie das Gefühl überwinden, arm, unzulänglich, betrogen und unfähig zum Tauschhandel zu sein.
Die Unsicherheit der Frauen ist ein Faß ohne Boden, in das schon Unmengen an Ermutigungen geschüttet wurden – aber vergebens, denn ihre Hauptursache liegt darin, daß die Frauen die symbolische Schuld

der Mutter gegenüber nicht anerkennen wollen oder können. Sie in der Beziehung zwischen Frauen einfach anzuerkennen – dieser Akt ist die konkrete Grundlage der weiblichen Freiheit. Alles übrige, sowohl in der Theorie als auch in der Praxis, geschieht entweder als Folge davon, oder es ist nicht wichtig. Eine einzelne Frau, die einer anderen gegenüber Dankbarkeit zeigt, weil diese ihr etwas gegeben hat, ist für die Befreiung des weiblichen Geschlechts mehr wert als eine Gruppe oder eine ganze feministische Bewegung, in der diese Dankbarkeit fehlt.

Wenn eine Frau dankbar ist für das, was sie empfangen hat – das Leben, das Geschlecht, Liebe, Freundschaft, Solidarität, Wissen, Ermutigung – kennt sie den Weg, um mit der weiblichen Quelle ihres Werts in Beziehung zu treten. Wenn sie sich gegenüber den Frauen, die ihr etwas gegeben haben, verpflichtet, hört sie auf, in der Beziehung eine Diebin zu sein. Die mütterliche Überlegenheit wird ihr dann nicht mehr als erdrückend erscheinen, und deren Mehr wird zu etwas, das sie sich aneignen und nach eigenem Belieben in der Welt einsetzen kann.

Das Fehlen von Dankbarkeit unter Frauen läßt die einzelne und alle in viel stärkerem Maße als die sexistische Herrschaft verarmen. Wenn wir uns auf die symbolische Ebene begeben, die die sozialen Beziehungen unterspannt, ist übrigens leicht zu erkennen, daß diese beiden Ursachen der Armut zusammenfallen. Der Mann kann sich nicht den Reichtum einer Frau zu eigen machen, wenn diese die weibliche Herkunft des Reichtums kennt und ihn mit dem Zeichen seiner Herkunft einbringt.

Es ist notwendig, sich auf die Ebene zu begeben, die die sozialen Beziehungen strukturiert, auch weil dadurch der Dankbarkeit ihr ganzes Gewicht gegeben wird. Es kann zwar nicht behauptet werden, daß dies in der gängigen Bedeutung des Wortes nicht der Fall wäre; das Wort »Dankbarkeit« hat in der Tat ein großes Gewicht. Aber wenn die Frauen es verwenden, geschieht es oft, daß es sich auf die private, gefühlsmäßige Sphäre beschränkt, vielleicht deshalb, weil es für eine Frau so wenig Übereinstimmung zwischen ihren Gefühlen und den gesellschaftlichen Regeln gibt. Eine Frau kann einer anderen gegenüber voller Dankbarkeit sein, aber wenn sie in die Gesellschaft tritt, sieht sie keine Möglichkeit, innerhalb der dort geltenden Regeln ihre Dankbarkeit zum Ausdruck zu bringen. Und so bleibt diese ohne Folgen; alles trennt sich wieder: Innen/Außen, subjektiv/objektiv usw., der weibliche Geist wird gespalten und fällt in seine Unsicherheit der Welt gegenüber zurück.

Deshalb sagen wir, daß die Beziehung des affidamento zwische Frauen eine soziale Beziehung ist, deshalb machen wir sie zum Inhalt eines politischen Projekts. Die symbolische Schuld der Mutter gegenüber muß für alle sichtbar, öffentlich, vor aller Augen, vor Frauen und Männern, bezahlt werden.

Die positive, befreiende Bedeutung dieses Aktes ist, ebenso wie die Bedeutung der mütterlichen Autorität, ohne eine politische Praxis der Beziehungen zwischen Frauen nur schwer zu verstehen.

Diese Politik entzieht die Mutterfigur nämlich den Darstellungen männlicher Prägung und zeigt sie uns in Formen, die unseren Bedürfnissen und Interessen entsprechen.

Eine Frau braucht zum Beispiel die Vorstellung, daß ihr Begehren mit Recht den familiären Rahmen verlassen und sich auf gesellschaftliche Objekte richten darf. Die Mutterfigur männlicher Prägung erzeugt oft schreckliche Schuldgefühle bei der Frau, die außerhalb der Familie eine befriedigende Tätigkeit sucht, und zwingt sie dazu, heuchlerische oder neutrale, jedenfalls von ihrem wirklichen Begehren weit entfernte Begründungen dafür zu erfinden. In diesem Fall bezahlt die Frau der Mutter eine Gebühr der Knechtschaft.

Aber in der politischen Beziehung mit anderen Frauen, in der Verantwortung, die sie aufgrund ihrer Zugehörigkeit zum weiblichen Geschlecht für andere Frauen übernimmt, entdeckt eine Frau, daß die Mutter diese Gebühr nie von ihr verlangt hat.

In den Anfängen des Feminismus herrschte der Glaube, daß die Mutter sich mit allem zufriedengibt, was sie bekommt. Das stimmt nicht, wie die Tatsachen gezeigt haben. Das Gleichheitsdenken in unseren politischen Gruppen führte nur dazu, daß Konflikte und Gefühle verdeckt wurden, die aus der vormaligen Beziehung zur Mutter herrührten und nicht ans Licht gebracht werden konnten. Die Praxis der Ungleichheit zwischen Frauen beruht nicht auf Freiwilligkeit; die Mutter will Dankbarkeit für das, was sie gegeben hat.

Diese Notwendigkeit, das muß hinzugefügt werden, läßt sich nicht von ihrem Ergebnis, der Freiheit – auch für die einzelne –, trennen. Über einen Zugewinn an Freiheit und an Stärke erkennen wir, daß unser Begehren legitim und von einer gemeinsam anerkannten weiblichen Autorität legitimiert ist. Die symbolischen Formen dieser Autorität sind die konkreten Handlungen, die einer Frau zu Freiheit und Selbstwertgefühl verhelfen. Anders drückt sich die Autorität nicht aus.

Die qualitativen Unterschiede bewahren

Es gibt aber auch sozial bedingte Ungleichheit, mag manch eine einwenden. Das ist richtig, es wäre dumm von uns, nicht anzuerkennen, daß auch zwischen den Frauen die Ungleichheit teilweise durch eine ungerechte Verteilung der Güter bestimmt ist, beziehungsweise verschärft wird.

Doch stellt diese Tatsache – wenn wir uns wirklich damit auseinandersetzen wollen und sie nicht nur vorschieben, um die Auswirkungen eines lähmenden Neides zu verschleiern – kein Hindernis für die Praxis der Ungleichheit zwischen Frauen dar.

Grundsätzlich ist dazu zu sagen, daß die erste Ungerechtigkeit, unter der eine Frau leidet, darin besteht, nicht als Mann geboren und somit gesellschaftlich benachteiligt zu sein – und das betrifft alle Frauen. Abgesehen davon meinen wir, daß diese Ungerechtigkeit auch deshalb fortbesteht, weil es den Frauen an einer gesellschaftlichen Repräsentation der möglichen weiblichen Größe mangelt.

Maria Pia vom Kurs der 150 Stunden wehrte sich, wie wir uns erinnern, gegen ein feministisches Denken, das ihr eine solche Vorstellung von sich nicht vermittelte. Sie wollte, sie konnte sich nicht auf die Figur der unterdrückten Frau reduzieren lassen. Auch andere aus ihrer Schulklasse erzählten von sich, ihre Selbstunsicherheit sei für sie schlimmer gewesen als die soziale Ungerechtigkeit. Diese Worte stammen von Frauen, die diese Ungerechtigkeit nur allzu gut kennen, und zwar nicht nur vom Hörensagen. In ihrem Standpunkt kündigt sich ein Gerechtigkeitsdenken an, das sich von dem der Männer unterscheidet.

Wie die Erfahrung und die Politik der Frauen zeigen, kommt vor den Rechten, vor Gerechtigkeit und Justiz die gesellschaftliche Anerkennung der Differenz. Ihr Wert kommt nicht über Gerechtigkeit und Justiz zustande; er kommt vorher oder er kommt nicht, aber dann kommt vielleicht auch die Gerechtigkeit nicht.

Wenn die Gesellschaft der Differenz keinen Wert zuschreibt, macht die Justiz nämlich alle gleich, und dadurch geschieht es häufiger, daß die einzelnen von ihrem Ursprung entfernt werden, als daß Gerechtigkeit hergestellt wird.

Auf diese Weise – unter anderem auf diese Weise – konnte eine gesellschaftliche Klasse, die Bourgeoisie, andere Klassen an sich, an ihre Interessen, ihre Projekte, ihre Denk- und Verhaltensweisen binden. Mit der gleichen Methode gehen die industrialisierten Länder seit einiger Zeit vor, um die Agrarländer an sich zu binden: Sie gehen über die anderen Arten zu denken und zu handeln hinweg, und gleichzeitig gaukeln sie den anderen die Perspektive vor, sie könnten denen gleichgestellt werden, die sich als Modell der Entwicklung darstellen.

Die Frauenbewegung richtet sich gegen diese Tendenz zur Angleichung. Diese Bewegung wurde von Frauen ins Leben gerufen, die die Perspektive der Gleichstellung mit dem Mann ablehnten und die, um sich selbst und die Welt kennenzulernen, Beziehungen zu anderen Frauen gewählt haben.

In diesem Sinn ist die Frauenbewegung, unabhängig vom sozialen Status der Frauen, eine antibürgerliche Bewegung.

Es ist nicht ganz einfach sich klarzumachen, daß das Bedürfnis nach Gerechtigkeit der Tendenz zur Angleichung Vorschub leisten kann, und zwar dann, wenn es dazu führt, daß Nicht-Vergleichbares verglichen wird. In den Gesellschaften mit fortgeschrittener Emanzipation wurde die Suche der Frauen nach freier Existenz in der Gesellschaft zu oft an den Errungenschaften der Männer gemessen und nach deren Maßstab gedeutet, als ob das der einzig passende Interpretationsschlüssel wäre. Er paßte für die Justiz, die Ungleichheiten ausgleicht – aber dadurch wurden die Frauen voneinander getrennt und von ihrem Ursprung, der Zugehörigkeit zum weiblichen Geschlecht, abgeschnitten.

Diesen Widerspruch, so meinen wir, können wir durch die Vorstellung überwinden, daß Rechte und Gerechtigkeit nicht vor allem anderen kommen. Vor allem anderen kommt die Treue zu sich selbst.

Die Praxis der Ungleichheit zwischen Frauen läßt sich nicht in die Begriffe Gerechtigkeit oder Ungerechtigkeit fassen, sie betrifft eine grundlegendere Ebene, nämlich die Deutung der sexuellen Differenz.

Die Ungleichheit in den sozialen Beziehungen stellt sich uns als recht verwickelt dar. Die Tatsache, daß wir andere brauchen, läßt sich oft nicht unterscheiden von der Ausbeutung durch die, die mehr Macht haben; ungerechte Formen der Ungleichheit werden verstärkt oder lassen sich zumindest nicht ausrotten, weil sie sich an jene Formen der Ungleichheit anhängen, die wir als nicht ausrottbar und in manchen Fällen auch als fruchtbar empfinden.

Die Praxis der Ungleichheit ist ein notwendiger Filter. Mit der Praxis der Ungleichheit (Ungleichheit ist zu einem gewissen Teil tatsächlich unausrottbar, wie auch von männlicher Seite zugegeben wird, allerdings ohne daß dies in einer explizit politischen Praxis verifiziert würde) wird es möglich sein, die ungerechten Formen von Ungleichheit von den anderen zu trennen.

Es gibt Formen der Ungleichheit zwischen Menschen, wie die zwischen Mann und Frau, die nur deshalb existieren, weil qualitiative Unterschiede nicht als solche gedeutet wurden. Die Ungerechtigkeit läßt sich hier nicht durch das Herstellen von Gleichheit abschaffen, sondern dadurch, daß die Differenz in freien sozialen Formen zum Ausdruck gebracht wird.

Es gibt fruchtbare Formen von Ungleichheit, wie die zwischen Erwachsenem und Kind; das ist die einzige in unserer Kultur, die wir als Beispiel anführen können, aber andere existieren oder könnten existieren.

Es gibt Formen von Ungleichheit, wie etwa hinsichtlich Schönheit oder Gesundheit, die oft nicht aufzuheben sind, und es hat keinen Sinn, sie ungerecht zu nennen, auch wenn sie leider oft Anlaß für die schlimmsten Ungerechtigkeiten sind - denken wir nur an die Situation der Kranken oder der Alten, denen die Macht des Geldes fehlt.

Eine Politik der Gleichberechtigung hat keine Möglichkeit, ungerechte Ungleichheiten auszufiltern, und so wird sie niemals die Ungerechtigkeit ausrotten. Die egalitären Projekte sind regelmäßig zum Roll-back verurteilt; sie erfahren immer einen reaktionären Rückschlag, sowohl von außen als auch von innen heraus, und zwar dann, wenn die unausrottbare Ungleichheit zwischen Menschen zu sozialen Privilegien für einige wenige wird. Die 68er Bewegung ist ein Beispiel dafür; denken wir nur an die berühmte schulische und soziale Auslese, die von denselben Leuten wieder eingeführt wurde, welche ihr zu Zeiten ihres Engagements für die Abschaffung der Ungerechtigkeit abgeschworen hatten.

Es muß verhindert werden, daß die Maßstäbe der Macht über jene qualitativen Differenzen hinweggehen, in denen der ursprüngliche Wert einer menschlichen Erfahrung enthalten ist. Auch die Suche nach sozialer Gerechtigkeit birgt oft die Tendenz in sich, darüber hinwegzugehen.

Als das Grüne »Sottosopra« erschien, in dem zum ersten Mal von der Praxis der Ungleichheit und des affidamento zwischen Frauen die Rede ist, bekamen die Verfasserinnen den Vorwurf zu hören, sie unterstützten die gegebene soziale Hierarchie - ein Vorwurf, der manchmal wie ein Kompliment für ihren Realismus klang.

Das war ein lächerlicher Vorwurf und ein unverdientes Kompliment. Eine Frau, die die gegebene Hierarchie wirklich respektiert, vertraut sich in dieser Gesellschaft einem Mann oder einem Männerprojekt an.

Aber wie uns später klar wurde, war dieser an sich lächerliche Vorwurf auf die Schwierigkeit zurückzuführen, Autorität und Überlegenheit anzuerkennen, ohne diese mit Herrschaft, mit Unterstützung der Macht und mit hierarchischen Formen in Verbindung zu bringen. So wurde zum Beispiel auch die Aufforderung mißverstanden, die Frauen sollten die Gefühle ausdrücken, die eine von ihnen bewunderte Frau bei ihnen auslöst. Manche verstanden das nicht als soziale Aufwertung der Beziehungen zwischen Frauen, sondern als Pflicht, konsequent zu sein: Wenn du deine Bewunderung für den großen Mann nicht versteckst, dann lerne auch, der Bewunderung für die große Frau Ausdruck zu verleihen; wenn du die von Männern festgelegten Hierarchien akzeptierst, respektiere sie auch, wenn sich in der höheren Position eine Frau befindet usw.

Die Beziehung des affidamento wird also nicht als soziales Moment wahrgenommen, in dem die lebendige Substanz, die qualitative Substanz der weiblichen Erfahrung - die vormalige Beziehung zur Mutter, die Dankbarkeit für den empfangenen Reichtum, das Begehren auf der Suche nach Verwirklichung - eine menschliche Beziehung prägt. Statt dessen wird das Muster männlicher Macht auf die Frauen übertragen und somit als universale, neutrale Vermittlungsinstanz bestätigt, die geeignet ist, jede menschliche Überlegenheit anzuzeigen.

Wenn der ursprüngliche Wert der Differenz nicht bewahrt wird, wenn es keine qualitativen Unterschiede gibt, wenn alles mit allem verglichen wird und wenn jede Ungleichheit als Konflikt zwischen Macht und Recht wahrgenommen wird, setzen sich schließlich nur die Differenzen und Maßstäbe durch, die von der Objektivität der Macht gesetzt werden.
Dieses ungeheure, aber leider nicht selten anzutreffende Mißverständnis zeigt unser Problem mit der Macht. Die Einführung des affidamento in das System der sozialen Beziehungen kann die weibliche Differenz davor bewahren, von einem System neutraler Maßstäbe einverleibt zu werden.
Aber der Sinn des affidamento muß bewahrt bleiben.
Wenn sich uns hierarchische Machtstrukturen aufdrängen oder unter uns wieder neu entstehen, setzen wir ihnen weder das Ideal noch die Praxis der Gleichheit, sondern die Praxis der gegebenen Ungleichheiten entgegen, damit unter diesen das weibliche Begehren zum Vorschein kommen und den wichtigsten Platz einnehmen kann. Ein lebendiges Begehren genügt, damit eine mögliche Ungleichheit zwischen Menschen entsteht, und das ist ein vitales, dynamisches Ungleichgewicht, das - unter bestimmten Voraussetzungen - die schicksalsbedingten Formen der Ungleichheit (Krankheit, Alter, Häßlichkeit ...) ausgleichen und den ungerechten Formen der Ungleichheit entgegenwirken kann.
In den Hierarchien jedoch, die mit objektiven Kriterien - egal welcher Art (es können auch die ausgleichenden der Justiz sein) - festgesetzt werden, treten am Ende immer diese Kriterien an die Stelle des ursprünglichen Begehrens oder Bedürfnisses und dessen Dynamik.
Wenn das Begehren und das Bedürfnis ihre qualitativen Inhalte verlieren und zu einer verschwommenen Forderung nach Macht werden, dann scheint natürlich alles eine Frage von Rechten und Gerechtigkeit zu sein. Dabei gehen jedoch die subjektive Erfahrung, deren ursprünglicher Inhalt und ihr potentieller Reichtum verloren.
Wichtiger als Rechte und Gerechtigkeit ist für uns, daß die ursprüngliche Qualität der weiblichen Erfahrung bewahrt wird und daß sie als Begehren, das nicht mehr stumm und nicht mehr nachahmend ist, zum Ausdruck kommen kann. Sie muß eine wichtige Instanz werden, die uns zur Erkenntnis und zur aktiven Teilhabe an der Welt befähigt. Also auch zur Beurteilung der sozialen Gerechtigkeit. Nur wenn wir in dieser Reihenfolge denken, besitzen wir die Kompetenz, über Gerechtigkeit und Justiz zu reflektieren.
Zwischen Frauen liegen auch Klassenunterschiede, Frauen leben in verschiedenen Kontinenten, was viele Ungerechtigkeiten und berechtigte Gründe zu Konflikten impliziert. Damit können wir uns in sinnvoller Weise nur dann auseinandersetzen, wenn die Interessen, um die es geht, und die Gründe, die angeführt werden, das Zeichen der sexuellen Differenz tragen. Ansonsten werden die Widersprüche dazu führen, daß die

Interessen und die Autorität der Männer ins Spiel kommen, und die Auseinandersetzung zwischen Frauen wird in das patriarchalische Paradigma des Hasses der Tochter gegenüber der Mutter zurückfallen.

Gerechtigkeit herstellen, ausgehend von sich selbst

Wir meinen, daß es für die Frauen solange keine Gerechtigkeit geben kann, wie Frauen unter Gerechtigkeit etwas verstehen, was man ihnen vorenthalten hat und nun zugestehen muß, und nicht etwas, was sie selbst herstellen können und herstellen müssen, indem sie von sich selbst und von ihren Beziehungen untereinander ausgehen.
Darüber können wir von der Gesellschaft absolut nichts lernen. Den Frauen wurden die Regeln auferlegt, die dem Interesse des Gemeinwesens dienten; ansonsten waren sie sich selbst überlassen wie eine Herde Vieh auf der Weide. Was, da es sich um menschliche Wesen handelt, trotzdem dazu geführt hätte - und unter bestimmten Voraussetzungen auch dazu geführt hat -, daß unter ihnen Regeln und Wertmaßstäbe entstanden. Aber eine Herde waren die Frauen nur in der symbolischen Ordnung, nicht im gesellschaftlichen Leben. Hier waren sie größtenteils voneinander isoliert.
Als diese Isolation zu Ende war, das heißt mit der Geburt des Feminismus, konnten wir entdecken, daß das System der sozialen Beziehungen schon immer funktioniert hat und weiterhin funktionieren wird, ohne daß Beziehungen der Frauen untereinander darin vorgesehen wären.
Auch unter diesem Gesichtspunkt war die Entscheidung, die Beziehungen zwischen Frauen ins Zentrum der Politik zu rücken, eine richtige Intuition. Dieser Aspekt, den das neutral-männliche Denken im Dunkel des Nicht-Gedachten belassen hatte und den der ideologische Feminismus auf vereinfachende Weise glorifizierte, machte es uns möglich, zum Fundament des Gesellschaftsvertrags vorzudringen und zu entdecken, daß dieser das Zeichen des männlichen Geschlechts trägt.
Ohne Regeln und Maßstäbe im Austausch mit anderen Frauen lernt eine Frau die Regeln des gesellschaftlichen Austauschs nie.
Setzt euch einmal ans Bett einer Frau, die im Sterben liegt. Ihr werdet sehen, daß ihre Worte ein Wirrwarr sind aus dem, was sie nicht bekommen hat und dem, was sie glaubt, noch geben zu müssen, daß aber eines völlig fehlt: ein Ausdruck des Bedauerns, daß sie nun etwas zurücklassen muß, was sie bekommen hat. Kein Todesempfinden, sondern nur die letzte Verzweiflung über ein Leben, in dem die Rechnung nie aufgeht.

Diese Erfahrung, daß die Rechnung nie aufgeht, machten wir auf einer alltäglicheren Ebene in der Praxis der Beziehung zwischen Frauen. Wir

haben versucht, eine Ordnung in diese Situation zu bringen; auch deshalb richteten wir unser Augenmerk auf den persönlichen Gewinn.
Selbst für ganz einfache Dinge war eine besondere politische Arbeit nötig. Die Frauen waren zum Beispiel nicht fähig, Situationen, die sich durch den gemeinsamen politischen Kampf verbessert hatten, positiv einzuschätzen. Fortschritte wurden genossen, aber nicht gemessen. Ganz spontan tendierten die Frauen zur Auffassung, sie selbst und die anderen machten Politik, weil sie gerade Lust dazu hatten, ohne bestimmtes Interesse, nicht aus Berechnung und ohne Verpflichtungen. Wenn es dann darum ging, Bilanz zu ziehen, behaupteten einige besonders gern, sie hätten zugunsten der Politik auf andere, großartige Alternativen verzichtet - die um so großartiger waren, je unbestimmter sie waren.
Später erkannten wir, woher dieser Genuß ohne Verpflichtung und die Neigung zur pathetischen Darstellung der persönlichen Opfer kamen: Die Frauen wissen nichts von der symbolischen Schuld der Mutter gegenüber und von den Möglichkeiten, sie zu bezahlen.
Auf denselben Grund ist ein Verhalten zurückzuführen, das ein noch extremerer Ausdruck von Undankbarkeit ist: das Verhalten der Frauen, die bei ihrem Eintritt in die Gesellschaft ihre Stärke aus dem ziehen, was sie von anderen Frauen bekommen haben und es dabei nötig haben, sich von diesen zu distanzieren. Eine derartig niederträchtige, aber nicht selten anzutreffende Handlungsweise läßt sich nur damit rechtfertigen, daß eine nicht bezahlte symbolische Schuld eine Lücke hinterläßt, die irgendwie gefüllt werden muß.
Normalerweise lösen die Frauen dieses Problem durch Komplizenschaft untereinander. So vereint, sind sie sowohl vor dem Haß der Männer als auch vor dem Haß zwischen ihnen geschützt. Dieser Verteidigungsmechanismus funktioniert nur unter der Bedingung, daß keine versucht, sich von den anderen zu unterscheiden. Will dagegen eine Frau diese Gemeinschaft verlassen und weiß nicht (oder will nicht wissen), wie sehr sie die anderen Frauen braucht, löst sie das Problem, indem sie leugnet, irgendeiner etwas schuldig zu sein - vor allem denen nicht, von denen sie etwas Wertvolles bekommen hat.
Das sind zwei Seiten derselben Sache. Davon hängt auch das Urteil über die Solidarität unter Frauen ab. Die Solidarität, die als Ersatz für fehlende Regeln im Austausch zwischen Frauen dient, ist ein armseliger Schutz gegen die Verachtung des weiblichen Geschlechts durch die Gesellschaft.
Wahrscheinlich hat jede Frau schon von klein auf die Erfahrung gemacht, wie schwierig es ist, die Forderung der anderen Frauen nach Zusammenschluß mit dem Bedürfnis nach individueller Abgrenzung in Einklang zu bringen - sei es in der Beziehung zur Mutter, zu den Schwestern, Freundinnen, Schulkameradinnen oder Arbeitskolleginnen.

Auch dieses Problem taucht in den schon zitierten Texten aus dem Kurs der 150 Stunden auf. Teresa ist der Meinung, die Frauen träten im gesellschaftlichen Leben nicht hervor, weil sie »Angst davor haben, was die anderen Frauen über uns denken könnten«. Mit richtiger Intuition schreibt sie das nicht etwa dem Mangel an persönlichem Mut oder der Böswilligkeit der anderen Frauen zu, sondern einer kollektiven Knechtschaft symbolischer Natur. Die einzelne zögert, und die anderen geben ihr nicht die notwendige Unterstützung, denn außerhalb des häuslichen Rahmens kann alles, was eine Frau tut, als Verleugnung ihres Geschlechts erscheinen. Deshalb verzichten viele Frauen darauf, draußen das umzusetzen, »was sie in ihrem Inneren sind«, mit dem Ergebnis, daß »viele geistige und seelische Werte mit ins Grab genommen werden« *(Mehr Staub im Haus, weniger Staub im Hirn)*.

Vergebens würden wir in den jahrhundertelangen Reflexionen der Männer zum Thema Individuum und Gemeinschaft eine Antwort auf die Frage jeder Frau suchen, wie sie ihren Wunsch nach individueller Abgrenzung mit der Forderung der Frauen nach Gemeinschaft in Einklang bringen kann. Die von den Männern als universell entworfene symbolische Ordnung gibt keine Antwort darauf, weder eine richtige noch eine falsche, weder eine akzeptable noch eine verbesserungsfähige. Alles, was unter Frauen zirkuliert – Leben, Worte, Gefühle, Sexualität, Liebe, Wissen –, blieb dem Zufall überlassen; Regeln gab es nur für die Fälle, die die Beziehungen zwischen Männern störten.

In diesem blinden Winkel des politischen Denkens tritt mit aller Deutlichkeit zutage, daß der Gesellschaftsvertrag nur die menschliche Erfahrung der Männer berücksichtigt.

In den Anfängen des Feminismus waren Schlagworte und Parolen in Umlauf, die von Außenstehenden als extrem individualistisch beurteilt wurden. »Freiheit«, so antwortet eine zu diesem Thema interviewte Feministin, »bedeutet für mich, ... einfach zu *sein*. Freiheit, anders zu sein (...), trotz der Gesetze, auch unabhängig von denen, die du 'Naturgesetze' genannt hast. Sich so zu den Leuten verhalten, wie man wirklich ist. Freiheit bedeutet, wählen zu können, ohne etwas von sich selbst aufzugeben – nicht das eigene Denken, nicht die materiellen Bedürfnisse, nicht das eigene Ich«. Darauf entgegnete ihr eine im Klassenkampf engagierte Frau, für sie dagegen gehe es darum, »nicht anders zu sein«. Anders sein bedeutete für sie privilegiert sein, abgetrennt sein, keine Rücksicht auf die anderen nehmen, usw. Mehrere Jahre später vergleicht eine andere Frau die beiden Antworten und ordnet die erstere – auch wenn sie sie weniger ideologisch und ehrlicher findet – unter die Positionen »der freiheitlich-individualistischen, erklärtermaßen elitären Ausprägung« ein. (Siehe Edoarda Masi, *Il libro da nascondere*).

Dieses Urteil trifft den Kern der Sache in keiner Weise. Wenn es einer Frau nicht gelingt, das, was sie in ihrem Inneren lebt, mit den Normen des Gemeinwesens in Einklang zu bringen, und sie ihre Freiheit deshalb mit der Möglichkeit, sie selbst zu sein, »anders« zu sein, gleichsetzt (was sollte sie schon anderes sagen, aus einer Erfahrung ohne gesellschaftlichen Spiegel heraus?), dann hat das mit Individualismus genauso viel zu tun wie mit Kollektivdenken, nämlich gar nichts.

Die Antwort der Feministin, aus den Anfängen des Feminismus, spiegelt die Position menschlicher Subjekte wider, die unfrei sind und den Interessen des Gemeinwesens unterliegen. Die Antwort kann kritisiert werden, sie wurde auch kritisiert, allerdings aus einem ganz anderen Grund. Sie war abstrakt; sie überging die notwendige Vermittlung zwischen dem Ich der einzelnen und dem Ich ihrer Identifikation als Mensch mit dem weiblichen Geschlecht. In den Anfängen des Feminismus wurde die weibliche Differenz mit den individuellen Differenzen verwechselt; beide hatten die gleiche absolute Daseinsberechtigung.

Die Kritik setzte, wie wir uns erinnern, 1975 mit dem Treffen in Pinarella ein. Dort wurde deutlich, daß die einzelne eine Brücke der Vermittlung zwischen sich und ihresgleichen braucht, um zu einer freien Existenz in der Gesellschaft zu gelangen. Das befreit sie aus ihrem »psychologischen Gefängnis« – wie es Teresa 1977 formulierte.

Die ersten feministischen Gruppen hatten das Bedürfnis nach einem allgemeinen Zusammenschluß befriedigt – in einer Form, die wir als anspruchsvoll bezeichnen können im Vergleich zu vielen sonstigen, spontan entstehenden Gruppen von Frauen, in denen alle auf ein niedriges Niveau gedrückt werden. Aber in Pinarella sahen wir auch, daß das Problem nicht gelöst war. Einerseits gab es Frauen, die sich ausgeschlossen fühlten und die mit ihren Phantasien (»in Wirklichkeit sind wir alle unsicher«) deutlich zeigten, daß das Bedürfnis nach einem Zusammenschluß unter negativem Vorzeichen, dem der Opferrolle, noch sehr stark war. Auf der anderen Seite gab es Schuldgefühle. Die Frau, die sich von den anderen unterschied, fühlte sich durch die Vorstellung bedroht, ihr eigenes Geschlecht zu verleugnen, zu unterdrücken, zu zensieren (es gab die verschiedensten Ausdrücke dafür). Das heißt, die Mutter zu verraten.

Daneben gab es auch Frauen — natürlich waren sie in unseren Gruppen nicht vertreten —, die vor dem Umgang mit ihresgleichen flüchten, um sich deren Forderung nach Zusammenschluß zu entziehen, denn sie wissen oder sie fürchten vielmehr, daß dort immer das Negative, die Opferrolle vorherrscht.

All diese Reaktionen schienen psychologische Gründe zu haben, aber es waren Zeichen des unzivilisierten Zustandes der weiblichen Menschheit.

Unter vielen Gesichtspunkten mögen die Frauen als der zivilisiertere Teil der Menschheit erscheinen. Den Mangel an Zivilisation erkennt man, besser gesagt, wir erkennen ihn, wenn eine Frau mit einer anderen in Konflikt gerät und mit Emotionen umgehen muß, die sie nicht in sozialer Form zu regeln gelernt hat, weil es ihr nirgendwo und von niemandem beigebracht wurde. Ein Urzustand also, im wahren Sinne des Wortes, der daher rührt, daß die Beziehung einer Frau zu einer anderen Frau nicht zu den kollektiv gewollten und entworfenen Beziehungsformen gehört.

Darin liegt auch der Grund, weshalb viele Frauen die Suche nach individueller Abgrenzung als unvereinbar mit der Forderung der anderen nach Zusammenschluß empfinden: Vergiß nicht, daß du eine Frau wie alle anderen bist.
In der Tat handelt es sich um zwei Ansprüche, die in einer Gesellschaft, in der Autorität und Werte männlichen Ursprungs herrschen, unvereinbar sind. Die Suche nach Abgrenzung trennt eine Frau von ihresgleichen insofern, als weder sie als einzelne noch die anderen in ihrer Gesamtheit den weiblichen Ursprung jenes Mehr kennen, das die Abgrenzung der einzelnen ermöglichen würde.
Vor diesem Hintergrund können wir den antiken Mythos der Persephone neu lesen. Eine Autorität männlichen Ursprungs stellt sich zwischen die Tochter und die Mutter, indem der Tochter ein sozialer Status verliehen wird, den sie nicht durch Auseinandersetzung mit der mütterlichen Autorität erlangt hat. So findet sie sich schließlich als Entführte im Reich der versteinerten Symbole der männlichen Macht wieder; sie braucht ihresgleichen, ist aber unfähig, mit ihnen über das, was sie braucht, einen Tauschhandel zu führen.
Es gibt Frauen, die im Tauschhandel mit der Gesellschaft nicht unerfahren sind, die jedoch von ihresgleichen verlangen, als Gleiche akzeptiert zu werden. Dabei legen sie eine Dreistigkeit und Naivität an den Tag, die man nur bei kleinen Mädchen gut finden kann.
Unser Geschlecht verleugnen wir auch dann, wenn wir der Forderung der Frauen, »so zu sein wie alle«, in keinem Punkt nachkommen, das heißt, wenn ich mich nicht genügend darum bemühe, daß die meines Geschlechts in mir eine ihres Geschlechts erkennen.
Denn auch auf diese Weise kann die symbolische Schuld der Mutter gegenüber bezahlt werden. Und das beruht nicht auf Freiwilligkeit. Es scheint nur so, weil uns die Gesellschaft — deren Organisation auf der männlichen Freiheit basiert — nichts darüber sagt und weil die Frauen auf der Suche nach Selbstverwirklichung gezwungen sind, sich den Regeln anzupassen, die vom männlichen Teil der Gesellschaft festgelegt wurden.

In dieser Gesellschaft sind die Frauen von der Pflicht befreit, der Mutter die Schuld zu bezahlen, und das fällt irgendwann in Form von Knechtschaft auf sie zurück.
Ohne Dankbarkeit der Mutter gegenüber ist die Zugehörigkeit zum weiblichen Geschlecht ein Mißgeschick, das schwer auf uns lastet und unser Leben prägt – ein *Unglück*.
Die Bezahlung der symbolischen Schuld ist nicht frei, aber befreiend. Sie stellt die innere Notwendigkeit dar, die an die Stelle der äußeren Zwänge und der Abhängigkeit von anderen tritt, wodurch bisher die Entscheidungen einer Frau bestimmt waren. So kann der Zufall, als Frau geboren zu sein, zum persönlichen Lebensentwurf werden, und das Mißgeschick sich als *Gnade* erweisen, im klassischen Sinne des Wortes, der den Leserinnen von Simone Weil bekannt ist.
Mit anderen Worten: eine Frau ist frei, wenn sie entscheidet, ihre Zugehörigkeit zum weiblichen Geschlecht zum Ausdruck zu bringen und dabei weiß, daß das keine Frage der Entscheidung ist.
Das Paradox dieser Formel der weiblichen Freiheit löst sich auf, wenn wir daran denken, daß die Frau aufgrund ihrer Anatomie in der Gesellschaft versklavt wurde. Sie könnte es nun wie die Tiere machen, die sich aus dem Fangeisen befreien, indem sie sich die eingeklemmte Pfote abbeißen. Aber der Körper, in dem uns die patriarchalische Gesellschaft gefangenhielt, ist mit viel Liebe von einer Mutter hergestellt worden. Von ihr können, ja müssen wir uns ohne Grausamkeit befreien, auf eine menschliche Art – auf symbolische Art.
All diese Überlegungen führen unausweichlich zu dem Schluß, daß die Freiheit, die eine Frau in den Beziehungen zwischen Frauen gewinnt, ihre Freiheit ist, und daß der Pakt, durch den sie sich in Freiheit an ihresgleichen bindet, sie mit der gesamten Welt verbindet. Das heißt, eine Frau ist in dem Maß für die Welt verantwortlich, wie sie den anderen Frauen gegenüber verantwortlich sein muß; und sie hat der Gesellschaft gegenüber keine Verpflichtungen, die nicht aus den Verpflichtungen den anderen Frauen gegenüber abzuleiten sind.
Uns ist bewußt, daß das schrecklich klingt, ebenso wie die Worte, mit denen wir damals die »Ungerechtigkeit« in unseren Beziehungen benannten. Auch diese Aussagen sind »ungerecht«, verglichen mit der bisher geltenden Vorstellung über Gerechtigkeit. Sie entspringen nämlich dem Denken eines bisher in der sozialen Organisation der zwischenmenschlichen Beziehungen Nichtgedachten.
Das ist jedoch ein richtiger und notwendiger Schluß, in dem die Tatsachen mit der Theorie übereinstimmen.
Die Tatsachen beweisen, daß die Gesellschaft die Frauen für das Gemeinwesen nicht zur Verantwortung zieht; der Umstand, daß einige von ihnen Verantwortung übernehmen und aktive Teilhaberinnen werden

wollen, wird absurderweise unter das Kapitel ihrer »Rechte« subsumiert. Wir könnten weitere Beispiele anführen, doch das genügt schon, um zu beweisen, daß die Frauen nicht unmittelbar in dem Vertrag präsent sind, auf den sich das Gemeinwesen gründet. Wäre dieses in gleicher Weise auf den guten Willen der Männer angewiesen wie es sich auf den guten Willen der Frauen verläßt, würde es am nächsten Tag in die Luft fliegen. Ein Mann im Vollbesitz seiner Kräfte, der aus der kollektiven Verantwortlichkeit entlassen ist, ist eine Zeitbombe in der Gesellschaft; die unzähligen Frauen in dieser Situation dienen dem Gemeinwohl, ohne das geringste Problem zu schaffen.

Die Teilnahme einer Frau am gesellschaftlichen Leben ist mit der Mitgliedschaft in einer Freiwilligenorganisation vergleichbar, mit dem einzigen Unterschied, daß die Frau nicht zu einer anderen überwechseln kann, wenn ihr diese nicht gefällt, sondern sich nur zurückziehen, sich unsichtbar machen kann. Übrigens treten nicht wenige Frauen den sozialen Hilfsorganisationen auf ehrenamtlicher Basis bei, weil sie meinen, auf diese Weise am sozialen Leben teilzuhaben. Was sie im alltäglichen Leben machen, scheint ihnen kein richtiges soziales Leben zu sein. Das ist es auch tatsächlich nicht, aber seine Vortäuschung, die ehrenamtliche Tätigkeit, ebensowenig; denn bei beiden fehlt das Element des Tauschhandels, der hier ganz durch den guten Willen ersetzt ist.

Deshalb verwenden die Frauen bei ihrem Versuch, sich die Freiheit vorzustellen, oft Worte, die extrem individualistisch klingen. Woher sollen sie auch kollektiv anerkannte Worte nehmen, wenn sie Verantwortung für kollektive Interessen in Form einer persönlichen, freiwilligen Arbeit übernehmen und zum Gemeinwohl im wesentlichen kraft körperlicher und gefühlsmäßiger Bande beitragen?

Das sind keine großartigen Erkenntnisse. Die Männer wissen, daß im Gesellschaftsvertrag nur die Individuen männlichen Geschlechts präsent sein müssen; die Frauen sind lediglich eine Zugabe.

Die Frauen ihrerseits wissen, daß die Männergesellschaft ihre Präsenz, aber nicht ihre Freiheit braucht. Sie wissen das nur zu gut, und sie neigen dazu, sich ihre Freiheit als ein Recht vorzustellen, das eingeklagt werden muß. Dabei bedenken sie nicht, in welchem Maß sie selbst schon auf die Freiheit verzichtet haben, um den gesellschaftlichen Nachteil, als Frau geboren zu sein, wettzumachen, um – psychologisch ausgedrückt – akzeptiert zu werden. Die Bemühungen, diesen gesellschaftlichen Nachteil wettzumachen, kosten die Frau einen Teil ihrer menschlichen Potenz, und diese Einbuße zeigt sie in der Gesellschaft.

Freiheit zu fordern als Ersatz für eine bereits aufgegebene Freiheit – das kann bei realistischer Überlegung nicht zum erhofften Ergebnis führen. Ebensowenig wie die Freiheitssuche der Frauen, die sich von ihresgleichen abwenden, weil sie sehen, daß diese unfrei sind. Die Zugehörigkeit der Frau zur Menschheit ist durch ihre Zugehörigkeit zum weiblichen Geschlecht bestimmt; das eine zum Ausdruck zu bringen, heißt das andere zum Ausdruck zu bringen. Es gibt keine Alternativen, die nicht als Selbstverleugnung zu deuten wären (und tatsächlich auch so gedeutet werden).

Deshalb sagen wir, daß für eine Frau die Beziehung zur Welt im wesentlichen in der Verbindlichkeit liegt, ihresgleichen gegenüber Dankbarkeit und Anerkennung zu zeigen. So wird ihre Verantwortung real und ihre Position im Tauschhandel stark. Alles übrige ergibt sich entweder aus dieser Beziehung oder es ist so viel wert wie der Beitritt zu irgendeiner Freiwilligenorganisation. Die weibliche Freiheit entsteht nicht dadurch, daß die Frauen in die Männergesellschaft eingelassen werden oder Forderungen an diese stellen, sondern durch jenen elementaren Tauschhandel, in dem eine Frau von anderen Frauen die Anerkennung der eigenen Existenz im Austausch gegen die Anerkennung der gemeinsamen Zugehörigkeit zum weiblichen Geschlecht erhält.

Eigentlich sollte diese Schlußfolgerung für den gemeinen Menschenverstand nichts Ungewöhnliches bedeuten, denn schließlich machen die Frauen die Hälfte der menschlichen Gattung aus. Sicher heißt es keine unbedeutende Beziehung zur Welt zu haben, wenn die Freiheit in der Gesellschaft durch die Zugehörigkeit zum weiblichen Geschlecht bestimmt ist. Sicher ist das eine sozialere, von mehr Personen geteilte Beziehung zur Welt, als jene, die die einzelne bisher über die wenigen Individuen männlichen Geschlechts hatte, deren eigene Interessen immer mit den allgemeinen Interessen übereinstimmten. Diese Beziehung ist auch fester und verlangt mehr Engagement als die, die einige Frauen über sogenannte universelle, aber in Wirklichkeit ihnen fremde Projekte zur Gemeinschaft herstellen.

Aber die hier dargestellte Beziehung, die sich auf die symbolische Schuld der Mutter gegenüber gründet, trägt *das Zeichen des Geschlechts* und bringt innerhalb des Gesellschaftsvertrags die weibliche Differenz zum Ausdruck. Sie führt die Differenz in ein System sozialer Beziehungen ein, das seine Universalität auf die Unbedeutung der weiblichen Differenz gründet. Das genügt schon, um grauenhafte Vorstellungen über gesellschaftliche Ausschreitungen wachzurufen. Wer eine nicht nur oberflächliche Ahnung von der Hexenverfolgung hat (wer zumindest weiß, daß es sich nicht um mittelalterliche, sondern um moderne Geschichte handelt), weiß, was im männlichen Geist vorgehen kann, wenn sich die Vorstellung einer Allianz zwischen Frauen abzeichnet.

Aber selbst der weibliche Geist weicht zurück und zögert, denn all das Noch-nicht-Gedachte dieser Schlußfolgerung bereitet Schwierigkeiten. Es fällt schwer, ihre logische Richtigkeit anzuerkennen, weil noch nicht alle ihre möglichen Konsequenzen abzusehen sind oder weil sich noch

keine Möglichkeit abzeichnet, diese mit dem Schon-Gedachten in Einklang zu bringen.
Damit sind wir wieder bei dem Problem, die geltenden Regeln im Zeichen des Geschlechts zu übertreten, beim Problem der »Transgression« im Interesse des weiblichen Geschlechts. Daran scheitern – trotz ihres Wunsches nach Freiheit – viele Frauen bei ihrem Versuch, sich geistig an den Ort der Freiheit zu bewegen. Das heißt, wenn sie versuchen, sich selbst die Autorität zuzugestehen, die eigene Urteile und Entscheidungen ermöglicht.
Wie die historischen Fakten zeigen, ist es für eine Frau weniger schwer, sich mit dem Körper als mit dem Geist dorthin zu bewegen. So überläßt sie den anderen die Verantwortung für die Konsequenzen, die immer irgendwie unvorhersehbar sind. An den großen Freiheitskämpfen der Menschheit beteiligten sich die Frauen oft in großer Zahl an der Seite der Männer; und sie nahmen sich eine Freiheit, die sie später, als das Abenteuer für die Männer zu Ende war, nicht aufrechterhalten konnten. Denken wir nur an die Frauen, die im italienischen Widerstand oder im algerischen Befreiungskampf engagiert waren. Anscheinend ist es leichter, den Nazis oder den Folterknechten der OAS entgegenzutreten, als die Familienhierarchie in Frage zu stellen oder die Form einer politischen Versammlung zu verändern.
Wir sagten, die Transgression im Zeichen des weiblichen Geschlechts, die Regelverletzung durch die Frau, die aufgrund der weiblichen Erfahrung die herrschende Ordnung nicht respektiert, sei ein unvermeidlicher Schritt, und wir sagten auch, das sei eine persönliche Entscheidung. Uns ist jedoch bewußt, daß nur wenige – das ist bei Frauen nicht anders als bei Männern – die Kraft besitzen, ganz bewußt eine Transgression zu wagen.
Aber die Analyse dieses für die weibliche Freiheit notwendigen Schritts hat gezeigt, daß sich auch hinter der Regelverletzung Regeln entdecken lassen.
Die Politik der Frauen besteht für uns darin, für jede Frau auch diese andere Seite der weiblichen Transgression sichtbar zu machen, so daß jede Frau die Gründe für die regelwidrigen, nicht den gesellschaftlichen Vorschriften entsprechenden Verhaltensweisen anderer Frauen verstehen kann. Sie soll sie beurteilen, sich zu eigen machen und zur Basis für ihr eigenes Leben in der Gesellschaft machen können. Die Gründe der Mutter, die ihr Kind tötet, der Frau, die keinen Mann nimmt, der homosexuellen Dichterin ... undsoweiter, bis hin zu allen Formen, in denen die weibliche Menschheit versucht, ihr Bedürfnis nach einer freien Existenz zum Ausdruck zu bringen – vom Kind, das ihr in den Waschtrog mit kochendem Wasser fällt, bis zum Impuls, im Supermarkt zu klauen.

Die unzähligen Fragmente der gesuchten Freiheit werden in diesem Zustand der Fragmentierung bleiben, wenn sie – zunächst zwar mit starker, dann aber mit erlöschender Kraft – auf eine Gesellschaft treffen, welche weder die Möglichkeit noch den Willen besitzt, ihnen eine zusammenhängende Bedeutung zu verleihen. Die Politik der Frauen hat nun die Aufgabe, in der Praxis zu zeigen und in der Theorie aufzuzeigen, daß diese Fragmente untereinander und mit der Welt eine ganz neue und doch sinnvolle Kombination bilden können: Die scheinbar sinnlose Regelverletzung wird nicht im negativen Sinn mit der Unterdrückung der Frau, die sie begangen hat, sondern im positiven Sinn mit den Gründen der Frau, die die Regeln ganz bewußt durchbricht, in Verbindung gebracht. Das war auch die Methode der ersten Selbsterfahrungsgruppen, auf denen unsere Politik aufbaute: eine neue soziale Kombination und eine Interpretation unserer Handlungen im positiven Sinn.
Die Frauen, die die Kraft haben, sich der Universalität des männlichen Denkens zu widersetzen und die sich in ihrem Verhalten, ihren Urteilen und Entscheidungen nicht an männlichen oder neutralen Maßstäben orientieren, sondern am einzigen Maßstab, von dem sie mit Sicherheit etwas verstehen, nämlich an der menschlichen Erfahrung der Frau – diese Frauen, wie Madame du Deffand, Jane Austen, Carla Lonzi, zeigen den anderen etwas, was nicht Regellosigkeit bedeutet und was viel mehr als eine Revolte ist: Konsequenz und Treue zu sich selbst.
Dieses Licht einer eigenen, nicht von außen kommenden Rationalität kann dem weiblichen Geist auf seiner Suche nach freier Existenz in der Gesellschaft den Weg weisen.
Wenn die Regelübertretung im Zeichen des Geschlechts eine rationale Bedeutung erhält, die auch für jene sichtbar wird, die persönlich nicht die Kraft hatten, die geltenden Regeln zu durchbrechen, so liegt das daran, daß durch diese Transgression die Passion der sexuellen Differenz – dieses blinde Ertragen der eigenen Differenz, dem sich keine Frau ganz entziehen kann – zu Wissen wird; es entsteht ein Bewußtsein vom eigenen Selbst und die Fähigkeit, die gegebene Realität zu beurteilen und zu verändern.
»Politik der Frauen« heißt für uns, die gegebene Realität zu verändern, indem wir von der Fähigkeit ausgehen, die jede Frau, die jeder Mensch besitzt: nämlich die Erfahrungen in der Realität in Wissen über die Realität zu verwandeln. Wer mit einem weiblichen Körper auf die Welt kommt, erfährt durch die natürliche und gesellschaftliche Realität die sexuelle Differenz. Diese Erfahrung in Wissen über Natur und Gesellschaft sowie über deren Verhältnis zu verwandeln, ist die dem Menschen eigene Fähigkeit und sein soziales Mehr.
Manche meinen, die weibliche Differenz habe in dieser Welt keinen Ort, wo sie existieren könne, und sie sei dazu verurteilt, ein Bestandteil der

Utopie zu bleiben – Utopie bedeutet wörtlich *Ort, der nirgends ist*. Wir teilen diese Auffassung nicht, vor allem deshalb nicht, weil ein Verzicht auf eine Übersetzung der weiblichen Differenz ins Gesellschaftliche bedeutet, die Frauen dort zu lassen, wo die Gesellschaft sie hinstellt. Der Olymp der alten Griechen war von wunderbaren weiblichen Gottheiten bevölkert, aber in ihren Städten und Dörfern waren die Frauen unterernährte Sklavinnen, die allzu früh schwanger wurden.
Zweitens teilen wir diese Auffassung nicht, weil wir nicht etwas theoretisch formulieren können, was nicht mit unserer Erfahrung übereinstimmt – und die sagt uns, daß wir eine eigene Existenz in der Gesellschaft wollen. Wir beurteilen es negativ, wenn Frauen in Parteien, Zeitungen etc. einen sozialen Bezugsrahmen suchen und finden, und von dort aus Theorien über die Utopie der weiblichen Differenz aufstellen.

Aber mehr zählt unsere Erfahrung im Positiven. De facto bewegen wir uns in der Gesellschaft mit Hilfe von Beziehungen zu anderen Frauen, und wenn uns diese Beziehungen fehlten, haben wir darunter gelitten. De facto sind wir zum Austausch mit anderen Frauen bereit, weil wir spüren, daß ihr Urteil, wie es auch immer ausfallen mag, das erste Urteil auf gesellschaftlicher Ebene ist, das für uns zählt. De facto fühlen wir uns in der Welt besser, seit wir uns zur Regel gemacht haben, die Interessen unseres Geschlechts zu pflegen, und andere nur dann, wenn sie damit vereinbar sind.
De facto stellt also schon ein nicht explizit genannter Pakt, der auf Dankbarkeit und Austausch mit anderen Frauen beruht, die Verbindung zwischen uns und der Welt her.
Jetzt haben wir ihn beim Namen genannt. Und das kann natürlich nicht ohne Folgen bleiben. Jetzt kann er nicht mehr beliebig hier und da, je nach den Erfordernissen des Moments, eingesetzt werden. Jetzt wird er zur erklärten Form eines autonomen weiblichen Lebenszusammenhangs und damit zum Beurteilungsmaßstab, den wir an uns selbst und an die anderen unseres Geschlechts anlegen.
Eine Frau kann und muß die anderen Frauen beurteilen. Eine Frau kann und muß sich mit dem Urteil der anderen Frauen auseinandersetzen. In einer Gesellschaft, in deren Vorstellung die Beziehungen zwischen Frauen nicht existierten, fürchtete die einzelne das Urteil der anderen Frauen, empfand es als Bedrohung für sich selbst, für ihr Bedürfnis nach Bestätigung, für ihre Einzigartigkeit. Deshalb war in den Anfängen des Feminismus jedes Urteil einer Frau über eine andere quasi verboten, wodurch allerdings nicht verhindert werden konnte, daß Urteile fielen – stumm, aber endgültig. Ausgesprochen und zurückgewiesen mit der Gewalt, die die Dinge annehmen, wenn sie uns treffen, ohne daß das Denken zwischengeschaltet wird.

Das Urteil einer Frau über eine andere Frau trifft diese immer; es kann
– im positiven wie im negativen Sinn – von extremer Wichtigkeit sein,
ob das anerkannt wird oder nicht. Wir sagen nicht, die Frau solle das
Urteil einfach über sich ergehen lassen, sie soll seine Wichtigkeit anerkennen und soziale Beziehungen entwerfen und leben, wo die weibliche
Freiheit von den Frauen selbst gewährleistet wird.

Jedes Urteil zu unterlassen, wie zu Anfang der Frauenbewegung gefordert wurde, führt – ganz abgesehen davon, daß ein solches Vorhaben nicht
aufrechtzuerhalten ist – nicht zur Befreiung. Dagegen führte es, wie wir
gezeigt haben, in den Frauenprojekten zu ungewollter Selbstbeschränkung. Das Verbot eines weiblichen Beurteilungsmaßstabs entstand aus
Rücksicht auf das Begehren, das nicht zum Ausdruck zu kommen wagt,
doch bewirkt diese Rücksichtsmaßnahme nur, daß das Begehren in seiner
Stummheit festgehalten wird. Vielleicht deshalb, weil bedingungslose
Anerkennung nie als positive Bewertung empfunden wird, auch nicht
von denen, die sie nötig haben.

Unter Frauen ist oft das Bedürfnis nach Bestätigung stärker als das Begehren, und so wagen sie es nicht, sich mit ihrem Begehren dem Urteil
anderer auszusetzen, denn sie haben das dunkle Gefühl, daß es jenseits
der bedingungslosen Anerkennung nur Vernichtung und Tod gibt. Durch
unsere Projekte können das Bedürfnis dieser Frauen befriedigt und ihre
Ängste beschwichtigt werden. Aber unsere Projekte werden nicht darüber hinausgehen. Sie werden sich nicht von dem Konformismus abheben, der so oft unsere Existenzen kennzeichnet – ein ungewollter, nicht
selbst gewählter, aber auch nicht von außen auferlegter Konformismus.
Um dagegen das seltsame, in der Geschichte der Menschheit häufig wiederkehrende Phänomen der Frauen zu erklären, die den Mut hatten, sich
den Nazis entgegenzustellen, nicht aber den Mut, sich gegen ein unfreies
häusliches Leben oder gegen eine ihnen fremde politische Praxis aufzulehnen, wollen wir uns noch einmal die Worte der Frauen vor Augen halten, die erklärten, was sie davon abhält, sich in der Gesellschaft ohne
männliche Rückendeckung zu exponieren. Sie haben Angst vor dem
Urteil anderer Frauen; sie haben Angst, in eine Leere zu fallen, wo nichts
mehr einen Sinn hat; sie versuchen sich zu sagen, daß es ihr Recht ist,
etwas für sich selbst zu tun, doch all das genügt nicht.

Nicht die Härte der Unterdrückung erklärt das Fehlen weiblicher Freiheit, sondern der Mangel an Autorität, an symbolischer Zuweisung von
Autorität. Diese kann eine Frau nur von einer Frau bekommen, denn nur
eine Frau legitimiert sie in ihrer Differenz. Und sie bekommt sie nur,
wenn sie an sich einen weiblichen Beurteilungsmaßstab anlegen läßt.
Letzteres ist, das wissen wir, der entscheidende und schwierige Schritt
zur weiblichen Freiheit. Von ihm hängt es ab, ob die weibliche Differenz
lebendig aus ihrem historisch bedingten Gefangensein herauskommt,

aus dem Inneren eines Inneren, denn sie ist doppelt gefangen: in der sozialen Ordnung, die sie in einer un-sagbaren Erfahrung festhält, und in der Erfahrung der einzelnen, die nicht weiß, wie sie herauskommen kann, ohne ihr Geschlecht zu verleugnen.

Die Ebene des Überlebens und die Ebene der Freiheit

Manchmal hören wir die Meinung, die Frauen sollten lieber abwarten und die Anerkennung ihres Geschlechts in der Gesellschaft schrittweise durchsetzen – durch die Abschaffung aller noch bestehenden Formen der Diskriminierung, von den offenen bis zu den fast unsichtbaren, aber äußerst heimtückischen Formen im Familienleben oder in anderen, weniger kontrollierten sozialen Verhaltensmustern –, anstatt den Gesellschaftsvertrag zu zweiteilen und sich nach dem Maßstab ihrer Differenz mit der Welt zu messen.
Diese gemäßigte Perspektive wird auch von Leuten vertreten, die ernsthaft darum besorgt sind, Gerechtigkeit in der Beziehung zwischen den Geschlechtern herzustellen. Eigentlich wäre dagegen nichts einzuwenden, nur fehlt in diesem Modell der sozialen Ordnung – das zwar durchaus Fortschritte erlaubt – die Vorstellung, daß sich die Frau auf ihresgleichen beziehen muß, um Sicherheit und Selbstbestätigung zu gewinnen.

Aber genau diese Art von Beziehung ist das Wesentliche. Wo sie fehlt, ist die Abschaffung der Diskriminierung ein endloser Prozeß.
Wenn diese Beziehung in das System der sozialen Beziehungen eingedrungen und zu einem seiner Bestandteile geworden ist, wird es so sein, wie wir jetzt sagen: Eine Frau wird die Garantie für eine freie Existenz in der Gesellschaft an erster Stelle von ihresgleichen erhalten – oder sie wird sie gar nicht erhalten.
Um diese Garantie zu erhalten, ist es nicht zuviel, die Form des Gesellschaftsvertrags zu zweiteilen. Denn wenn wir die Fortschritte, die man uns verspricht, und die Rechte, die wir schon haben, betrachten, so genügt ein Minimum an historischen Kenntnissen, um zu verstehen, daß all dies von einem gesellschaftlichen Reichtum abhängig ist, der geographisch gesehen beschränkt, historisch gesehen jung und darüber hinaus noch gefährdet ist – durch regelmäßig auftretende Wirtschaftskrisen, durch einen möglichen Atomkrieg oder einen Zusammenbruch des Ökosystems.
Unter diesen Bedingungen wäre die Freiheit an sich schon eine sehr unsichere Sache. Aber es ist gar keine Freiheit. Auch wenn sich eine Frau diese Dinge nicht vorstellen kann, so kann sie doch nicht die Augen vor der Vergangenheit oder vor der Situation anderer, weniger reicher Länder

verschließen. Sie wird spüren, daß ihre Existenz als Frau von einer alles vernichtenden Gewalt bedroht ist, die sie zerfleischen wird, sobald die gesellschaftlichen Erfordernisse das verlangen, Doch diese Bedrohung kommt nicht von außen. In der Gesellschaft mit fortgeschrittener Emanzipation spürt eine Frau sofort – sofern sie nicht im Dienst des Mannes arbeitet –, daß ihre menschliche Differenz eine ebenso sichtbare wie bedeutungslose Besonderheit ist. Sie ist eine Frau, aber sie könnte ein Mann sein, und die Gesellschaft weist sie allenthalben darauf hin, daß es besser für sie wäre, wirklich einer zu sein.

Der versprochene Fortschritt würde nun darin bestehen, daß ihr die Gesellschaft eines Tages dieses Signal nicht mehr sendet. Das wird zur Folge haben, daß sie Frau ist, ohne Grund, es zu sein, aber auch ohne das Gefühl, daß es für sie besser wäre, es nicht zu sein. Der Fortschritt würde also darin bestehen, daß ich in zwei Teile gespalten bin, in einen Körper weiblichen Geschlechts auf einer Seite, in ein denkendes und soziales Subjekt auf der anderen, und die beiden sind nicht einmal mehr durch ein stark empfundenes Unbehagen miteinander verbunden – das ist Vergewaltigung in ihrer perfektesten Form, dem symbolischen Akt.

Damit die weibliche Freiheit sich durch sich selbst garantiert – ansonsten ist es keine Freiheit, sondern Emanzipation, wie es nicht zu Unrecht heißt –, ist es unerläßlich, die historischen Umstände, die unsere Befreiung von außen her begünstigt haben, sozusagen überflüssig zu machen. Sie müssen in Freiheit übersetzt oder durch Freiheit ersetzt werden, die sich selbst immer wieder neu schafft und die materiellen Bedingungen herstellt, die nötig sind, damit sie gelebt werden kann.

Wenn es stimmt, was mancherorts zu lesen war, nämlich daß die Pasteurisierung der Milch mehr zur Befreiung der Frauen beigetragen hat als der Kampf der Suffragetten, muß etwas getan werden, damit das nicht mehr stimmt. Dasselbe gilt für die Medizin, die die Kindersterblichkeit reduziert und empfängnisverhütende Mittel erfunden hat, oder für die Maschinen, die die menschliche Arbeit produktiver gemacht haben, oder für die Fortschritte im Gemeinwesen, denen es zu verdanken ist, daß die Männer die Frauen nicht mehr als niedrigere Wesen betrachten. – Woher kommt diese Freiheit, die ich in einer Flasche pasteurisierter Milch bekomme? Welche Wurzeln hat die Blume, die mir als Zeichen eines höheren Grades an Zivilisation überreicht wird? Wer bin ich, wenn meine Freiheit in dieser Flasche und in dieser Blume steckt, die sie mir in die Hand gedrückt haben?

Es geht weniger um die Vergänglichkeit des Geschenks – auch wenn dieser Aspekt nicht übersehen werden darf – als vielmehr um dessen Herkunft. Wir müssen zur Quelle unserer Freiheit vordringen, um sie sicher zu besitzen – was noch nicht heißt, sie unter Garantie genießen zu können, aber zumindest sicher zu sein, daß wir sie auch unter anderen, weniger

günstigen Umständen reproduzieren können. Die Frauen finden die Quelle ihrer Freiheit, wenn die Gesamtheit der sozialen Beziehungen bis auf den Grund mit dem Zeichen des Geschlechts versehen ist. Das kommt vor dem Stück Papier, das sie Gesetz oder Verfassung nennen; das kommt vor einer bestimmten Organisation der materiellen Produktion oder der wissenschaftlichen Forschung, die mir heute eine Flasche, morgen eine Pille und übermorgen wer weiß was gibt; das kommt vor den gesellschaftlichen Konventionen, die den Männern auferlegen, das andere Geschlecht zu respektieren. Das kommt zuerst, nämlich auf der Ebene, wo die sexuelle Differenz ihre erste Deutung erfährt.
Wir lehnen die Errungenschaften der Zivilisation nicht ab, wenn sie uns von Nutzen sind. Ja, wir wissen sie durchaus zu schätzen, um so mehr, als dahinter nicht nur die Arbeit von freien Männern steckt, sondern auch viel Arbeit von Frauen, die frei sein wollten. Wir wissen die medizinische Wissenschaft zu schätzen, die die Kindersterblichkeit reduziert hat, ebenso wie die Maschinen, die die Handarbeit ersetzen oder erleichtern, ebenso wie die gesellschaftlichen Regeln, die den Mann in seiner sexuellen Aggressivität zügeln, die Reformen, die den Frauen den Zugang zu allen Berufen öffnen, die philosophischen und wissenschaftlichen Theorien, nach denen der anatomische Geschlechterunterschied nicht als Minderwertigkeit der Frauen zu deuten ist.
Das sind nur Fortschritte, doch die Freiheit ist ein Baum, wie schon immer oder zumindest seit der französischen Revolution bekannt ist. Wenn die Freiheit einer Frau nicht dort verwurzelt ist, wo das soziale Leben beginnt, in den ersten Beziehungen, durch die sie erfährt, wer sie ist, und durch die sie in die Welt eingeführt wird, wenn sie sich nicht in Treue zu ihrem Ursprung entwickelt, wenn sie sich nicht kraft dieser Treue in der Gesellschaft absichert, dann wird sie nur aus Zufall »frei« sein, aus jenem Zufall heraus, der dafür verantwortlich ist, daß sie in diesem Jahrhundert und auf diesem Fleck der Erde lebt. Aber der Zufall wollte auch, daß sie nicht als Mann geboren wurde, und durch dieses kleine Mißgeschick wurde ihre armselige, wurzellose Freiheit zu etwas Lächerlichem.
Wir können den Lauf der Geschichte nicht bis vor die Zeit zurückdrehen, die unsere Differenz vom Mann als Minderwertigkeit gedeutet hat. Zu jenem Vorher können wir aber im Geist gelangen, und seine Konsequenzen können wir in der Gegenwart verwirklichen. Wir wollen nicht, daß die weibliche Freiheit – unsere Freiheit und die der anderen Frauen – von den Fortschritten einer Kultur abhängig ist, die sich seit Urzeiten von der Verachtung unseres Geschlechts nährt. Wir werden es umgekehrt machen. Wir binden uns in einem Pakt der Freiheit an die anderen Frauen und über die anderen Frauen an die Welt, und von dort aus, wo uns eine freie Existenz in der Gesellschaft garantiert ist, werden wir tun,

was noch zu tun ist, damit die Gesellschaft von der Verachtung des weiblichen Geschlechts frei werde.

Die Politik der sexuellen Differenz kommt nicht *nach* der Verwirklichung der Gleichheit zwischen den Geschlechtern, sondern sie ersetzt die Politik der Gleichberechtigung, die zu abstrakt und oft widersprüchlich ist. Sie bekämpft jede Form der sexistischen Unterdrückung vom Ort der weiblichen Freiheit aus, die über soziale Beziehungen zwischen Frauen erobert und aufgebaut wurde.

Es gibt eine Ebene des reinen Überlebens bei den Frauen, und das bestätigt, im positiven wie im negativen Sinn, unsere Aussagen. Um zu überleben, haben sich die Frauen gegenseitig schon immer materielle und symbolische Hilfe geleistet, die so elementar ist, daß die Gesellschaft, sollte diese Hilfe ausfallen, keine Garantie für Ersatz bieten kann – weder durch Religion noch durch Gesetze noch durch ein Anstandsbuch. Das zeigt sich vor allem in schwierigen Lebenslagen, aber weniger deutlich können wir das auch in alltäglichen Situationen erkennen. Zum Beispiel wenn eine Frau erwartet, beziehungsweise fordert, von allen anderen Frauen bedingungslos anerkannt zu werden. Wie bereits gesagt, zeigt diese Einstellung den unzivilisierten Zustand der Beziehungen zwischen Frauen. Aber gleichzeitig zeigt sie auch, daß eine Frau in der Welt nicht existieren kann, ohne von ihresgleichen anerkannt zu werden, und daß das wichtiger ist als die kraft Gesetz, Religion oder Anstandsbuch garantierten Rechte – ganz zu schweigen von der sterilisierten Milch oder den Mimosensträußen.

Die Art der gegenseitigen Hilfeleistung, bei der kein Austausch, kein Tauschhandel stattfindet, dient nur der Überlebenssicherung, und in dieser Beschränkung liegt die Ursache für die Schwäche des weiblichen Geschlechts in der Gesellschaft. Eine Schwäche, die vor allem in den Gesellschaften mit fortgeschrittener Emanzipation ins Auge springt und die dort damit erklärt wird, daß es noch versteckte und heimtückische Formen der Frauendiskriminierung gibt.

Tritt eine Frau in die Gesellschaft ein und stellt dabei nicht in Rechnung, was sie von anderen Frauen bekommen hat, erkennt sie nicht, daß sie die Frauen aus Gründen braucht, die eine gesellschaftliche Dimension haben; bezieht sie sich dabei nicht auf weibliche Modelle, so wird sie nie die ungeschriebenen Gesetze von Geben und Nehmen in der Gesellschaft beherrschen, sie wird unsicher sein – und das kostet sie zusätzliche Anstrengungen, um sich an die herrschenden männlichen Modelle anzupassen –, und schließlich wird sie immer das Gefühl haben, daß sie alles, was sie in der Gesellschaft erreicht, ohne Rücksicht auf ihresgleichen, gegen die Interessen ihres eigenen Geschlechts und damit gegen ihre eigenen erreicht hat.

Zweifellos gibt es auch in Gesellschaften mit fortgeschrittener Emanzipation noch verschiedene Formen von Frauendiskriminierung. Aber das ist keine Erklärung, das verlangt eine Erklärung. Wenn die weibliche Differenz in den sozialen Beziehungen eine für die Frauen nachteilige Beurteilung erfährt, so liegt das daran, daß die sozialen Beziehungen das Zeichen des männlichen Geschlechts tragen. Es gibt kein neutrales gesellschaftliches Subjekt, das das Ende jeglicher Diskriminierung wünschen und herbeiführen kann. Wenn nicht die Frauen dafür sorgen, daß der Wert des Frauseins auf gesellschaftlicher Ebene sichtbar wird, dann sorgen die Männer nach ihren Kriterien dafür. Eine Kritik an den Männern und der Versuch, sie zugunsten des weiblichen Geschlechts zu verbessern, kann, wie das Ergebnis auch immer ausfällt, nicht die Lücke füllen, die mangels dieser Umsetzung durch die Frauen selbst entstanden ist.

Es gibt eine Ebene des reinen Überlebens bei den Frauen. Wir wollen sie auf eine Ebene der Freiheit heben, indem wir dem, was ohne Namen und ohne Form zwischen Frauen geschah, einen Namen und eine soziale Form geben. Natürlich wird das sowohl für die Frauen als auch für die gesamte Gesellschaft etwas Neues sein, wenn diese gegenseitige Überlebenshilfe zu einer Allianz wird, die eine Garantie für unsere Existenz in der Gesellschaft darstellt.

Das wird nicht das Ende der Welt sein. Einen Gesellschaftsvertrag zu spalten, der in der Praxis sowieso schon eine Zweiteilung aufwies – Tauschhandel unter den Männern, Solidarität unter den Frauen – das wird kein Chaos hervorbringen.

Das wird eine Gesellschaft hervorbringen, die von Frauen und Männern geplant und regiert wird, in der die Differenz frei zum Ausdruck kommen kann – von der Art, sich zu kleiden bis zur Art, die Justiz zu verwalten, die Arbeit zu organisieren und die Kinder zu erziehen. Wie heute der Ausdruck der sexuellen Differenz kein Problem darstellt, wenn es darum geht, den nackten Körper zu bedecken oder Opern zu singen – ja, wir das sogar noch schön finden, weil das eine von der Natur gegebene Tatsache interpretiert und um eine menschliche Dimension bereichert –, so wird es kein Problem darstellen, wenn nach dem Maßstab der Differenz von Mann- und Frausein die Justiz verwaltet, die Arbeit organisiert und die Gesellschaft geplant wird.

Wann? Jetzt. Es gibt keine Zwischenstationen, sie sind weder möglich noch notwendig.

Zeitliche Verschiebungen sind notwendig, wenn es Zwecke zu erreichen gilt, die sich von den eingesetzten Mitteln unterscheiden, wie zum Beispiel Korn säen, um Brot essen zu können. Bei der Arbeit dagegen, die notwendig ist, um eine freie Existenz in der Gesellschaft zu erreichen, deckt sich das Mittel mit dem Zweck. Denn Freiheit ist das einzige Mittel, um Freiheit zu erlangen.

Um zu wissen, wie die Gesellschaft sein wird, in der die weibliche Differenz frei zum Ausdruck kommen kann, brauchen wir nur zu wissen, wie wir die Zugehörigkeit zum weiblichen Geschlecht zur Garantie für die Freiheit jeder einzelnen Frau machen können.
Vor ein paar Jahren wurde hier in Italien ein mutiges, armes Mädchen namens Palmina von ihrem Freund bei lebendigem Leibe verbrannt, zur Strafe dafür, daß sie sich nicht von ihm zur Prostitution zwingen lassen wollte. Hinter der Ungeheuerlichkeit des männlichen Verhaltens darf nicht die andere Seite dieser Tragödie verborgen bleiben, die weniger sichtbar, aber wesentlich tragischer ist: Die kleine Palmina – sie war vierzehn – fand bei den älteren Frauen keine Hilfe, um ihren Wunsch nach Freiheit gegen das männliche Gebot durchzusetzen. In ihrem Milieu war es allgemein üblich und akzeptiert, daß sich die Frauen für die Männer prostituierten. Wahrscheinlich hätten die anderen Frauen ihr geholfen, die gemeinsame Situation zu ertragen, wenn sie sie akzeptiert hätte.
Das wiederholt sich in gleicher Weise auch in anderen sozialen Zusammenhängen, und das wird sich zwangsläufig wiederholen, wenn die Frauen nicht in den anderen Frauen den Weg zu ihrer Freiheit finden.

Palmina ist – und das ist nicht bildlich, sondern wörtlich gemeint – anstelle der weiblichen Freiheit gestorben, alleingelassen an einem Ort, der leergelassen blieb von einer weiblichen Solidarität, die vor der Frau, die mehr und Besseres für sich will, haltmacht. Bis dorthin dringt die abstrakte Freiheit nicht vor, die den Frauen angeblich garantiert ist, aber keinen Bezug zu ihrem Geschlecht hat.
Dieser Tod läßt sich nicht dadurch wiedergutmachen, daß auf der einen Seite die Solidarität unter Frauen und auf der anderen eine Verstärkung der neutralen Garantien gefordert wird. Das Muster der weiblichen Unfreiheit bleibt unverändert: Auf der einen Seite Beziehungen unter Frauen ohne soziale Form – nur zum Überleben, nur um unter uns das zum Ausdruck zu bringen, was von uns in der Gesellschaft nicht zum Ausdruck kommt; auf der anderen Seite Frauen, die sich mit der gegebenen Realität messen, ohne eine Beziehung untereinander zu haben. In einer Gesellschaft, in der die weibliche Differenz frei zum Ausdruck kommen kann, ist dieses doppelte System nicht mehr gegeben; die einzelne beruft sich auf die gesellschaftliche Autorität ihres Geschlechts, wenn sie der Welt entgegentritt.
Wenn eine Frau von der Freiheit als einem weit entfernten Ziel spricht, von dem uns Hindernisse aller Art trennen – und dann die Männer hervorzieht, die anderen Frauen, die Nachbarinnen, ihre jeweiligen Lebensumstände, Catania, Mailand, die Provinz, die Großstadt, oder – wenn sie ihren Worten den Anschein größerer Objektivität verleihen möchte –

die Institutionen, den Kapitalismus, die Unterentwicklung Süditaliens, die Wirtschaftskonjunktur …, dann erklärt sie in den meisten Fällen mit diesen Ohnmachtserklärungen nichts anderes als ihre Unfähigkeit, einer anderen Frau Autorität zuzuerkennen. Sie ist nicht fähig, der elementarsten Beziehung, die sie in bezug auf die Gesellschaft definiert, nämlich der Beziehung zur anderen Frau, Wert zuzuerkennen, und so zeigt ihr die Gesellschaft Verachtung. Sie ist nicht fähig, sich vorzustellen, daß eine andere Frau Autorität besitzt, und so ist sie unglücklich darüber, keine Autorität zu besitzen. Was sie sagt, stimmt alles, denn die äußere Realität spiegelt ihr immer wieder das Urteil zurück, das sie in ihrem Inneren schon ausgesprochen hat: Das, was eine Frau denkt und will, hat keinen Wert.

Vor dem Feminismus wußten viele Frauen nicht, daß es zwischen ihnen und der Welt eine Vermittlungsebene gab. Und auch später, nachdem sie die männliche Vermittlung erkannt und abgelehnt hatten, wußten sie immer noch nicht, daß eine Vermittlung zwischen der einzelnen und der Welt auf jeden Fall notwendig ist.
Die Erkenntnis dieser Notwendigkeit bedeutete eine wichtige Wende in der Politik der Frauen, so wichtig wie nur die darauf folgende Erkenntnis, daß die notwendige Vermittlung zu einem politischen Inhalt werden muß. Es genügt nicht, zur einzelnen, die sich in ihrem Leben mit ihren Wünschen und Ängsten auseinandersetzt, zu sagen: Verlasse dein psychologisches Gefängnis. Es muß auch ein Weg gefunden werden, wie sie lebendig und frei herausgelangt.
Für jede Frau, die auf die Welt kommt, wäre die Mutter die erste und natürlichste Vermittlerin. In Wirklichkeit kann sie aber diese Funktion oft nicht erfüllen, weil ihre Rolle von den Bedürfnissen der Männer bestimmt ist, weil sie von der väterlichen Autorität eingeschüchtert oder ganz von der Liebe zum Sohn absorbiert ist. Durch die soziale Praxis des affidamento zwischen Frauen gewinnt die Mutter ihre symbolische Funktion der Frau gegenüber wieder zurück.
In diesem Sinn ist die Beziehung des affidamento mehr als eine bestimmte Politik oder eine persönliche Entscheidung. Über diese, wenn auch richtigen Aspekte hinaus, ist sie in einem tieferen Sinn die Wiederherstellung der Größe der Mutter durch die Frauen und die Gründung einer gesellschaftlichen Autorität der Frauen.
Vor diesem Hintergrund nimmt das affidamento die Züge einer *Zeremonie* an. Luce Irigaray beklagte das Fehlen weiblicher Zeremonien im Leben einer Frau, im Gegensatz zu den zahlreichen männlichen Zeremonien, den archaischen und den modernen, die die Sozialisation des Individuums Mann unterstützen. Nun kann das affidamento die Funktion einer Zeremonie im Leben einer Frau annehmen – allerdings muß die gängige

Bedeutung des Wortes verändert werden. In der gängigen Bedeutung hat eine Zeremonie immer etwas Repetitives, Ritualhaftes an sich, denn die Zeremonie dient dazu, etwas Neues zu legitimieren, indem es symbolisch der Autorität des Alten unterstellt wird. Doch das Neue, das in unser Leben getreten ist – und noch treten will –, war immer schon durch den männlichen Willen legitimiert. Denken wir nur an die Konflikte zwischen Mutter und Tochter in der Frage der sogenannten sexuellen Freiheit: das sind Konflikte aufgrund verschiedener Interpretationen des männlichen Willens – die Mutter hält an der fest, die bisher in ihrem Leben galt, die Tochter fühlt sich von neuen, moderneren Interpretationen angezogen.

Für derartige Konflikte brauchen wir keine Zeremonien. Im allgemeinen sind Zeremonien ohne eine autonome symbolische Ordnung überflüssig. Der Konflikt legt sich zwangsläufig von selbst, zum Beispiel, wenn die Tochter merkt, daß die sogenannte sexuelle Freiheit weder ihrem Interesse noch ihren Wünschen entspricht.

Aber wenn eine Frau ihre Zugehörigkeit zum weiblichen Geschlecht akzeptiert, wenn sie um die Notwendigkeit einer weiblichen Vermittlung weiß und darin den wahren Grund für die Autorität der Frau gegenüber der Frau erkennt, wird in ihr unweigerlich das Bedürfnis aufkommen, sich mit der Frau – ihrer Mutter – zu versöhnen, die diese Autorität hatte und sie, nur sie, ihr gegenüber vertreten mußte. In diesem Sinn ist das affidamento auch eine Zeremonie. Wenn eine Frau aus ihrer Beziehung zur Welt die Autorität männlichen Ursprungs ausschließt und es akzeptiert, einer anderen Frau Autorität zuzuerkennen oder ihr gegenüber Autorität zu vertreten, ehrt sie mit diesem Akt die Mutter für das, was sie sein konnte und für das, was sie hätte sein sollen, aber nicht sein konnte, und versöhnt sich mit ihr.

Frauen neigen oft dazu, die Unterordnung der Mutter unter den Willen des Vaters zu übertreiben. Das spiegelt die innere Angst wider, die Grenzen zu durchbrechen, die der Mann um sein Eigentum gezogen hat.

Wir haben Frauen getroffen, die das affidamento mit einer Frau nur unter der Voraussetzung akzeptieren, daß die andere ein weibliches Bewußtsein von sich selbst hat und sich nicht männlichen Maßstäben unterordnet. Unter dieser Bedingung ist das affidamento eine sinnvolle und sicherlich nützliche Allianz; sie bleibt jedoch innerhalb bestimmter Grenzen, über die die Politik der Frauen hinausgehen muß und hinausgehen kann.

Das Bewußtsein einer Frau von sich selbst hängt von den Möglichkeiten ab, die sie vorgefunden hat oder nicht vorgefunden hat, um ihren Platz in der Welt zu bestimmen; und von dem, was sie erfunden hat oder nicht erfunden hat, um mit dem gesellschaftlichen Nachteil, als Frau geboren zu sein, fertig zu werden. Im Bewußtsein einer Frau von sich selbst gibt es erlittene Zwänge und einen weiblichen Willen zur Existenz.

Außerdem hatte die Politik der Frauen noch nie zum Inhalt, alle Formen des richtigen Bewußtseins oder der richtigen Selbstwahrnehmung zu sammeln. Sie ist und bleibt ein Krieg gegen all das, was die Frau von der anderen Frau trennt und sie so ihrer fundamentalen Quelle der Freiheit, nämlich der Zugehörigkeit zum weiblichen Geschlecht, beraubt. Sie war nie, wie behauptet wurde, ein Krieg gegen die Männer, sondern sie ist und bleibt ein Krieg gegen die Einmischung der Männer in die Beziehungen zwischen Frauen und in die Beziehungen der Frauen zur Welt. Wie wir wissen, verhindert die Einmischung der Männer nicht, daß sich die Frauen als Unterdrückte zusammenschließen. Sie verhindert aber eine Beziehung, die der Frau Wert verleiht, sie verhindert Achtung und Autorität.
Es geht hier nicht darum, den Wert des Frauseins dem Wert des Mannseins entgegenzuhalten. Eine Frau statt ein Mann zu sein, hat per se keinen bestimmten Wert. Die sexuelle Differenz ist etwas Begrenztes, ein Zeichen von Endlichkeit, das stärkste Zeichen, das das Denken von seinem Körper-Sein trägt.
Ihr Wert entsteht durch das – kann nur dadurch entstehen –, was durch das Frausein möglich wird, nachdem diese Grenze anerkannt und akzeptiert ist, wenn sie nicht verleugnet, sondern in eine neue Perspektive verwandelt wird. Wir kennen diese Vorstellung schon – es ist die wahre und richtige Transzendenz aus den ersten Texten des Feminismus.
Um zu wissen, was eine Frau ist, müssen wir unseren Blick also auch auf das richten, was durch sie möglich wird. Um zu wissen, was sie denkt, betrachten wir all das, was durch ihr Denken denkbar wird; um eine echte Vorstellung von ihrer Erfahrung zu bekommen, denken wir an das, was dank dieser Erfahrung erfahrbar wird.
Wenn das der wahre Maßstab ist – und wir empfinden ihn als solchen –, der Maßstab, der für die kleine Palmina wie für die große Wissenschaftlerin gilt, und der auch für uns gelten soll, dann kennen wir den Grund des affidamento. Eine Beziehung des affidamento eingehen heißt nicht, sich als Gleiche in der anderen spiegeln, um uns als die bestätigen zu lassen, die wir schon sind, es heißt, der menschlichen Erfahrung der Frau eine Möglichkeit geben, sich zum Ausdruck zu bringen und so in der Welt ihre wahre und große Existenz zu finden.
In der Beziehung des affidamento gibt eine Frau einer anderen Frau einen Maßstab für das, was sie kann und was in ihr zur Existenz gelangen will.
Die weibliche Differenz will nicht beschrieben werden. Um zu existieren, braucht sie Vermittlung, damit sie aus sich selbst heraustreten und ihrerseits Vermittlerin werden kann, in einem Kreislauf unbegrenzter Potenz. Die Beziehung des affidamento setzt diese Befreiung weiblicher Energien in Gang. Es beginnt mit einer Beziehung zwischen zweien,

aber es ist keine Zweierbeziehung, wir sehen, daß sie sich bald verzweigt; andere Beziehungen entstehen, angeregt durch die neue Möglichkeit, die Ganzheit des eigenen Menschseins, den weiblichen Körper und weiblichen Geist, ins Spiel zu bringen.

Schon öfter – sowohl in unserer Politik als auch in diesem Buch – haben wir am Schluß unserer Überlegungen den Sinn der Dinge entdeckt, die uns bereits offen vor Augen lagen.

Das ist gut so, denn es ist wichtiger, das Bestehende interpretieren zu können, als Veränderungen zu planen; die besten Projekte sind immer die, die uns die Tatsachen auferlegen, wenn wir deren Bedeutung verstanden haben.

Auch die Politik des affidamento ist in dieser Form entstanden, und wir möchten, daß sie in dieser Form aufgefaßt wird.

Es hat unter uns lange Diskussionen darüber gegeben, ob wir die Beziehung des affidamento in der Form einer notwendigen Schlußfolgerung darstellen sollten. Wir fanden keine befriedigende Antwort darauf. Mit Ja antworten hieße, dieser Beziehung einen wertvollen und äußerst heiklen Aspekt, nämlich die persönliche Entscheidung zu nehmen. Außerhalb der Beziehung zur Mutter kann eine Frau einer anderen weder Wert zuerkennen noch Wert zuerkannt bekommen, ohne daß dabei subjektive Gefühle und persönliche Vorlieben mitspielen.

Mit Nein antworten hieße, dieser Beziehung etwas noch Wichtigeres zu nehmen. Sie würde dadurch zu einer Beziehung, die auf Freiwilligkeit beruht, und das steht im Gegensatz zu ihrem eigentlichen Grund. Die Beziehung des affidamento ist die Form der Vermittlung im Zeichen des weiblichen Geschlechts, in einer Gesellschaft, die keine Vermittlung im Zeichen des Geschlechts zuläßt – außer der männlichen, die sich mit universaler Gültigkeit umgibt.

In diesem Sinne halten wir diese Beziehung für notwendig und müssen das auch sagen.

Aber wenn wir uns näher ansehen, auf welchem Weg wir zu dieser Schlußfolgerung gelangt sind, erkennen wir, daß nicht nur Reflexionen und zwingende Schlüsse, sondern auch Zufälle und freie Entscheidungen sie bestimmt haben. Außerdem erkennen wir, daß trotz der Kraft, die dieser Schlußfolgerung innewohnt, der Weg dorthin nicht überflüssig ist.

Was heißt das? Das heißt, daß wir die Notwendigkeit des affidamento erkennen, weil sie sich uns gezeigt hat, daß wir sie aber nicht bis ins Allerletzte nachweisen können, weil wir nicht bis ins Allerletzte sehen.

Dieses Eingeständnis schwächt unsere Argumente nicht. Es bedeutet nur, daß unsere Argumente zu einem gewissen Teil durch Umstände geprägt sind, die sich unserer Kontrolle entziehen, die jedoch günstig für uns sind. Viele Frauen haben den Weg der Emanzipation verlassen, und unser Denken öffnet sich der Bedeutung alter weiblicher Verhaltensweisen.

Manche Dinge entstehen nicht aus historischer Notwendigkeit, sondern weil sie begünstigt werden. Die weibliche Freiheit ist eines davon.

Im Altgriechischen gibt es ein Wort, *kairos,* das diese Gunst des Augenblicks bezeichnet, diese Form der Notwendigkeit, die sich zeigt und die wir erkennen, aber nicht vollständig beweisen können. Mehrere verschiedenartige Dinge treffen aufeinander, setzen sich zusammen und führen zur Verwirklichung des Ziels – schneller und besser als die, die es anstrebten. Es ist weder reiner Zufall noch eiserne Notwendigkeit, es umfaßt alles, ist noch besser: Du kannst dich für deinen Teil hineinbegeben, und das Ganze gibt dir eine Antwort.

Bibliographie

Einleitung

Simone Weil: Cahiers II, Paris 1975
E. Benveniste: *Il vocabolario dell istituzioni indoeuropee.* Turin 1976
Luce Irigaray: *Conferenza al Festival delle donne a Tirrenia* (Vortrag beim Festival der KPI-Frauen, Juli 1986, hrsg. von Donne e Politica), Rom 1987
C. Lévi-Strauss: *Les structures élémentaires de la parenté.* Dt.: *Die elementaren Strukturen der Verwandtschaft.* Frankfurt/M. 1981
Virginia Woolf: *A room of one's own.* London 1929. Dt.: *Ein Zimmer für sich allein.* Berlin 1978
Ellen Moers: *Literary Women.* New York 1963
Elisabeth Barrett Browning: *Aurora Leigh.* London 1857
Emily Dickinson: *The poems of Emily Dickinson.* Dt.: *Emily Dickinson: Gedichte.* Englisch/Deutsch, Stuttgart 1970
Liber Ruth, Biblia sacra vulgata, Vetus Testamentum
Jane Austen's Letters to her sister Cassandra and Others. Collected and edited by R. W. Chapman. At the Clarendon Press, 1932
Benedetta Craveri: *Madame du Deffand e il suo mondo.* Milano 1982
H. James: *The Bostonians.* Dt.: *Die Damen aus Boston.* Frankfurt/M. 1984
Lilian Faderman: *Il matrimonio bostoniano.* In: Nuova Dwf 23/24, Rom 1985
Mary McCarthy: *The group.* Dt.: *Die Clique.* München 1964
Vita Sackville-West: *Cara Virginia. Le lettere di Vita Sackville-West a Virginia Woolf.* Mailand 1985
Virginia Woolf: *Orlando.* Dt.: *Orlando.* Frankfurt/M. 1977
H. D. (Helga Doolittle): *I segni sul muro.* Rom 1973. Orig.: *Tribute to Freud. With unpublished letters by Freud.* New York o. J.

Erstes Kapitel

Manifesto programmatico del gruppi Demau. In: I movimenti femministi in Italia, hrsg. von Rosalba Spagnoletti, Rom 1971 (ursprünglich ein Flugblatt vom 1. Dezember 1966; was das Entstehungsjahr der Gruppe, 1965, betrifft, beziehen wir uns auf handschriftliche Erinnerungen und Notizen von Daniela Pellegrini, einer der Gründerinnen des Demau)
Demau: *Alcuni problemi sulla questione femminile.* In: I movimenti femministi in Italia, a.a.O. (ursprünglich ein Flugblatt, Mailand 1967)
Demau: *Il maschile come valore dominante.* In: Il manifesto Nr. 4, September 1969, wiederabgedruckt in: I movimenti femministi , a.a.O.
Manifesto di Rivolta femminile. In: I movimenti femministi, a.a.O. (ursprünglich ein Plakat, Rom, Juli 1970), das an den Häuserwänden in Rom und Mailand hing)
Carla Lonzi: *Sputiamo su Hegel.* (Scritti die Rivolta femminile), Mailand/Rom 1970

Gruppo Annabasi: *Donna è bello.* Mailand 1972
»Sottosopra«. Esperienze dei gruppi femministi in Italia. Mailand 1973 (auch als »Sottosopra« Nr. 1 bezeichnet)
»Sottosopra«. Esperienze dei gruppi femministi in Italia. Mailand 1974 (auch als »Sottosopra« Nr. 2 bezeichnet)
Lilith (gruppo Demau): *Mater mortifera.* In: L'erba voglio Nr. 15, Februar/März 1974
»Sottosopra«. Mailand März 1976 (auch als »Sottosopra« Nr. 3 bezeichnet)
Einige Mailänder Feministinnen: *Pratica dell' inconscio e movimento delle donne.* Einzeln erschienenes Blatt, Mailand 1974, wiederabgedruckt in L'erba voglio Nr. 18/19, Oktober 1974/Januar 1975.

Zweites Kapitel

Die zitierten Texte von Rivolta femminile, vom Kollektiv aus via Cherubini, vom Frauenkollektiv am Mailänder Gericht sowie von den Kollektiven aus Florenz und Turin sind Auszüge von Flugblättern, die teilweise später im sogenannten Rosa »Sottosopra« wiederabgedruckt wurden: »Sessualità procreazione maternità aborto«. »Documenti di gruppi femministi – testimonianze di donne – interventi dell' incontro del 1. e 2. febbraio al Circolo de Amicis di Milano«, Sondernummer von »Sottosopra«, Mailand 1975

Rossana Rossanda: *Considerazioni sull' aborto.* In: Il manifesto, 23. 2. 1975, wiederabgedruckt in: Rossana Rossanda: *Anche per me.* Mailand 1987, S. 35-38, dort wird der Text irrtümlicherweise auf November 1975 datiert
Eine Frauengruppe aus Col di Lana: *Autodeterminazione: Un obiettivo ambiguo.* In: »Sottosopra«, Sondernummer Dezember 1976 (auch als Rosa »Sottosopra« bekannt)
Una legge che sarà di tutte. In: Noi donne Nr. 35, 7. September 1979
Proposta di legge del movimento di liberazione della donna. In: Noi donne, a.a.O.
Conto la violenza sessuale, le donne la legge. Kongreßakten des Treffens in der Umanitaria, 27./28. Oktober 1979, von der Redaktion von »Non è detto« vervielfältigt
Libreria delle donne di Milano: *Quelle che, come noi, non sono d'accordo.* In: Il manifesto, 18. Oktober 1979
Franca und Luisa: *Stupro senza orario.* In: Lotta continua, 16. November 1979
Lia Cigarini: *C'è differenza fra iscrizione simbolica giuridica della non violabilità delle donne e una legge repressiva.* In: Il manifesto, 20. November 1979
Maria vom Frauenbuchladen Turin: *Il desiderio di essere protette dalla violenza con una legge di donna.* In: Il manifesto, 18. Dezember 1979.

Drittes Kapitel

»Sottosopra«. Mailand März 1976 (auch: »Sottosopra« Nr. 3)
Alcuni documenti sulla pratica politica. Sondernummer von »Sottosopra«, Mailand Dezember 1976 (Auch: Rosa »Sottosopra«)
Non esiste un punto di vista femminista. Handgeschriebenes Plakat, Februar 1977, abgedruckt in: Libreria delle donne, *Catalogo di testi di teoria e pratica politica.* Mailand 1978 (auch als Grüner Katalog bekannt)
Einige Frauen vom feministischen Kollektiv aus via Cherubini: *Manifestazioni femministe.* Brief an den Corriere della Sera, 25. April 1976
L'ouvo terremotato. In: Lotta continua, 21. Dezember 1977
Gruppe 150 Stunden, – Mittelschule via Gabbro, – Mailand: *Più polvere in casa meno polvere nel cervello.* Eigenveröffentlichung, Mailand März/April 1977
Dies.: *E sparita la donna pallida e tutta casalinga.* Eigenveröffentlichung, Mailand 1976/77
Dies.: *La traversata.* Eigenveröffentlichung, Mailand ohne Datum, jedoch von 1977/78.

Viertes Kapitel

Libreria delle donne di Milano: *Catalogo di testi di teoria e pratica politica.* (Auch: Grüner Katalog)
A zig-zag. Non scritti / scritti. Einzelnummer, Mailand 1978
Non è detto. Pagine di donne. Mailand Mai 1978
Libreria delle donne di Milano, Biblioteca delle donne di Parma, *Catalogo n. 2 – Romanzi. Le madri di tutte noi.* Mailand 1982 (auch als Gelber Katalog bekannt)
Elsa Morante: *Menzogna e sortilegio.* Turin 1947, dt.: *Lüge und Zauberei.* Frankfurt/M. 1968
Ivy Compton-Burnett: *Più donne che uomini.* Mailand 1950, orig.: *More women than men*
Più donne che uomini. Sondernummer von »Sottosopra«, Mailand Januar 1983, (auch als Grünes »Sottosopra« bekannt)
dt.: *Mehr Frau als Mann.* In: Schwarze Botin 39/1986
Alessandra Bocchetti: *L'indecente differenza.* Programm des Centro culturale Virginia Woolf, Rom 1983
S. Freud: *Die Weiblichkeit.* In: S. F., Gesammelte Werke Bd. XV, Frankfurt/M. 1968, S. 119-145
Ders.: *Die endliche und die unendliche Analyse.* a.a.O., Bd. XVI, S. 59-99
Christa Wolf: *Kassandra.* Darmstadt und Neuwied 1983
Qualcuno lo ha detto per me. In: Via Dogana Nr. O, Mai 1983
Una signora del gioco. ebd.
Disparità, affidamento, generazione. In: Via Dogana Nr. 1, September 1984
Essere due: *Sottosopra a Francoforte.* In: Via Dogana Nr. 3, März 1984
Quando il padre muore. In: Via Dogana Nr. 4, Juni 1984

Rossana Rossanda: *Le altre*. Mailand 1979
Edoarda Masi: *Il libro da nascondere*. Casale Monferrato 1985
Luce Irigaray: *Le donne, il sacro, la moneta*. In: *Luce Irigaray a Parma*. Beilage zu: Un posto al centro, biblioteca delle donne, Parma 1985

Das Material wie Flugblätter, vervielfältigte Papers, maschinengeschriebene Dokumente, Plakate u.a., das nicht in regulären Publikationen abgedruckt wurde, kann im Archiv des Frauenbuchladens Mailand, via Dogana 2, eingesehen werden. Weitere Informationen bei: Centro di studi storici sul movimento di liberazione della donna in Italia c/o Fondazione Feltrinelli, via Romagnosi 3, Mailand

Christel Göttert Verlag

Titel zum Affidamento-Thema

Die Menge im Herzen
von Luisa Muraro

Weltpolitik und Alltagsgeschichten – hinterfragt von der italienischen Philosophin, übersetzt von Traudel Sattler und Angelika Dickmann.

ISBN 3-922499-53-8, 2001,
DM 38,90 / ÖS 284,– / SFr 36,– / E.19,80

Das Patriarchat ist zu Ende
Es ist passiert – nicht aus Zufall
Libreria delle donne di Milano

Das »Rote Sottosopra« zur These »Die Politik ist die Politik der Frauen« in der deutschen Übersetzung von Traudel Sattler.

ISBN 3-922499-28-7, 1996, deutsch/italienisch
DM 19,80 / ÖS 145,– / SFr 19,– / Euro 10,10

frauen-lehren
von Gisela Jürgens und Angelika Dickmann

Das »Grüne Sottosopra« mit dem Thema »Mehr Frau als Mann«, übersetzt von Lilo Schweizer. Und eigene Erfahrungen in der Differenz.

ISBN 3-922499-25-2, 1996
DM 29,80 / ÖS 218,– / SFr 27,50 / Euro 15,20

Liebe zur Freiheit, Hunger nach Sinn
von Ulrike Wagener, Dorothee Markert, Antje Schrupp und Andrea Günter

Flugschrift über Weiberwirtschaft und den Anfang der Politik – eine neu verstandene Politik der Bindungen und Beziehungen.

ISBN 3-922499-36-8, 3. Aufl. 2001
DM 9,80 / ÖS 72,– / SFr 9,80 / Euro 5,–

Christel Göttert Verlag
Virchowstr. 21
65428 Rüsselsheim

T+F: 06142 / 59844
e-mail: info@christel-goettert-verlag.de
internet: www.christel-goettert-verlag.de

Mobbing – Ein Begleitbuch für Betroffene und alle, die lernen wollen, Mobbing vorzubeugen, Gefahren frühzeitig zu erkennen und ihnen etwas entgegenzusetzen.

*Gabriele Haben &
Anette Harms-Böttcher*

Das Hamsterrad
*Mobbing –
Frauen steigen aus*

136 Seiten, DM 19,80
ISBN 3-929823-66-7

Statistisch sind Frauen und Männer gleichermaßen von Mobbing betroffen, doch Frauen gehen anders mit der Krise um und holen sich eher Rat. Die Autorinnen gehen in ihrem Handbuch dem Verhaltensmuster Mobbing auf den Grund: Wer mobbt und wer wird gemobbt? Warum und wie wird gemobbt?

Im praktischen Teil des Buches zeigen sie unter Verwendung zahlreicher Beispiele aus der Beratungsarbeit auf, wie der »Ausstieg aus dem Hamsterrad« gelingen kann.

Orlanda Frauenverlag
Zossener Straße 56–58, 10961 Berlin
Mehr Infos unter: www.orlanda.de